甘肃经济普查年鉴

Gansu Economic Census Yearbook 2018

综｜合｜卷

甘肃省第四次全国经济普查领导小组办公室　编著

图书在版编目（CIP）数据

甘肃经济普查年鉴. 2018. 综合卷 / 甘肃省第四次全国经济普查领导小组办公室编著. -- 北京 : 中国统计出版社, 2020.12
ISBN 978-7-5037-9369-1

Ⅰ. ①甘… Ⅱ. ①甘… Ⅲ. ①经济－普查－甘肃－2018－年鉴 Ⅳ. ①F127.42-54

中国版本图书馆 CIP 数据核字(2020)第 217727 号

甘肃经济普查年鉴—2018/综合卷

作　　者/甘肃省第四次全国经济普查领导小组办公室
责任编辑/冯燕玲
封面设计/黄俊杰　李雪燕
出版发行/中国统计出版社
通信地址/北京市丰台区西三环南路甲 6 号　邮政编码/100073
电　　话/邮购（010）63376909　书店（010）68783171
网　　址/http://www.zgtjcbs.com/
印　　刷/河北鑫兆源印刷有限公司
经　　销/新华书店
开　　本/880mm×1230mm　1/16
字　　数/516 千字
印　　张/16.25
版　　别/2020 年 12 月第 1 版
版　　次/2020 年 12 月第 1 次印刷
定　　价/780.00 元（全四册附光盘）

本书附同版本 CD-ROM 一张，光盘内容以书面文字为准。
如有印装差错，由本社发行部调换。

《综合卷》编辑委员会

第一篇　综合篇

第二篇　企业篇

主　　编：刘金辉　苏海萍

副 主 编：王晓玲　马玉德　安　辉　邵燕宇　范雪涛

编辑人员：（以姓氏笔画为序）

于　斌　王建栋　尹　秋　任天昕　蒲彦峰

数据处理：王建栋

校　　对：王建栋

第三篇　文化及相关产业篇

主　　编：张爱玲

副 主 编：王玉芳

编辑人员：马文雅

数据处理：马文雅

校　　对：马文雅

编者说明

为便于社会各界共同分享甘肃省第四次全国经济普查成果，更方便地开发利用普查资料，现将经济普查资料编辑整理，汇编成《甘肃经济普查年鉴—2018》一书。全书共三卷四册，即综合卷、第二产业卷和第三产业卷，并随书配送同版本光盘一张。《综合卷》分三篇：第一篇为“综合篇”，第二篇为“企业篇”，第三篇为“文化及相关产业篇”。《第二产业卷》按内容分为上、下两册。上册两篇：第一篇为“工业企业生产经营及财务状况篇”，第二篇为“主要工业产品产量篇”。下册两篇：第一篇为“规模以上工业企业科技情况篇”，第二篇为“建筑业企业生产经营及账务状况篇”。《第三产业卷》分六篇：第一篇为“批发和零售业企业基本情况及财务状况篇”，第二篇为“住宿和餐饮业企业基本情况及财务状况篇”，第三篇为“房地产开发经营业生产经营及财务状况篇”，第四篇为“服务业企业财务状况篇”，第五篇为“服务业行政事业及非企业法人单位篇”，第六篇为“企业信息化和电子商务交易情况篇”。为使读者能够更好地使用本资料，现对有关问题做如下说明：

一、第四次全国经济普查的标准时点为 2018 年 12 月 31 日，时期资料为 2018 年度；

二、综合卷中综合篇和企业篇汇总表，均不包含少量无分组标识的单位数据，其中单位数包含兼营二、三产业的农、林、牧、渔业法人单位，从业人员数不包含兼营二、三产业的农、林、牧、渔业法人单位，不包含人民银行、银保监会、证监会监管的金融业以及铁路运输部门单位数据；

三、本资料建筑业按法人单位注册地，其他行业按法人单位经营地进行汇总；

四、本资料对部分数据由于计量单位取舍不同或四舍五入而产生的误差数均未作机械调整；

五、表中空格表示该项统计指标数值为零、不足最小单位、数据不详或无该项数据，“#”表示其中的主要项；

六、为了更准确地使用本年鉴，每卷后附有该卷详细的指标解释。

我们希望此书的面世，能使社会各界对甘肃省第四次全国经济普查有一个全面的了解，更愿本书的内容，能为社会经济研究工作者提供有价值的参考。

甘肃省第四次全国经济普查资料是全省普查工作者共同辛勤工作的成果，也是广大普查对象积极支持配合的结果。在此，我们向全省所有普查工作者、普查对象和所有参与和支持普查工作的人员致以崇高的敬意和衷心的感谢！

甘肃省第四次全国经济普查领导小组办公室

2020 年 7 月

综合卷　目录

第一篇　综合篇

第二篇　企业篇

第三篇 文化及相关产业篇

A.概况

B.文化制造业

C.文化批零业

D.文化服务业

附 录

第1篇

综合篇

1-01 按地区、行业门类

地区	法人单位数(个)	农、林、牧、渔业	采矿业	制造业	电力、热力、燃气及水生产和供应业	建筑业	批发和零售业	交通运输、仓储和邮政业	住宿和餐饮业	信息传输、软件和信息技术服务业
全省	**228994**	**4238**	**1227**	**15209**	**1628**	**13473**	**58213**	**4994**	**5899**	**4146**
兰州	54034	196	98	3772	154	3856	18349	1367	1840	2008
嘉峪关	4639	36	34	347	37	264	1705	127	125	109
金昌	4501	43	70	384	61	223	1352	157	106	67
白银	17210	413	160	1164	72	1141	4799	413	276	314
天水	21700	413	55	1293	67	1250	5126	370	594	220
武威	12055	313	49	908	88	624	3090	209	221	120
张掖	17144	556	95	1058	135	1738	3622	344	422	278
平凉	12239	141	42	653	74	516	2737	463	308	128
酒泉	14949	652	183	1109	251	1222	3852	358	401	251
庆阳	16147	572	112	1170	78	652	3673	360	313	175
定西	17208	550	83	1234	142	699	4102	334	332	150
陇南	15448	168	147	749	202	570	2979	201	292	177
临夏	16202	129	52	1005	119	523	2088	227	327	107
甘南	5518	56	47	363	148	195	739	64	342	42

分组的法人单位数

金融业	房地产业	租赁和商务服务业	科学研究和技术服务业	水利、环境和公共设施管理业	居民服务、修理和其他服务业	教育	卫生和社会工作	文化、体育和娱乐业	公共管理、社会保障和社会组织
918	**7331**	**19942**	**7564**	**1895**	**5882**	**12540**	**3992**	**5870**	**54033**
147	2753	6203	2865	343	1761	2153	751	1401	4017
18	161	563	141	40	196	214	51	149	322
10	145	427	127	33	133	188	75	133	767
30	540	1509	417	127	536	823	275	571	3630
27	575	1179	743	132	511	960	396	424	7365
8	363	730	256	111	227	766	250	236	3486
31	508	2201	542	421	367	581	265	553	3427
73	310	860	359	105	309	914	239	319	3689
53	481	1449	537	176	372	552	212	484	2354
426	357	1510	443	115	453	1445	320	359	3614
61	455	944	479	114	339	1730	332	453	4675
13	276	874	259	86	330	1007	330	332	6456
13	305	1210	277	66	253	893	370	278	7960
8	102	283	119	26	95	314	126	178	2271

1-02 按地区分组的法人单位数及从业人员数

地区	法人单位数(个)	单产业法人单位	多产业法人单位	从业人员数(人)	#女性
全省	**228994**	**221404**	**7590**	**3655778**	**1308982**
兰州	54034	52454	1580	1103419	409623
嘉峪关	4639	4453	186	91632	30114
金昌	4501	4277	224	121632	39607
白银	17210	16775	435	234221	77528
天水	21700	21152	548	316690	116253
武威	12055	11495	560	189951	70105
张掖	17144	16688	456	187930	67963
平凉	12239	11768	471	226262	77555
酒泉	14949	14507	442	174020	63614
庆阳	16147	15658	489	261433	86990
定西	17208	16507	701	234523	89059
陇南	15448	14941	507	210018	75622
临夏	16202	15721	481	205796	69478
甘南	5518	5008	510	98251	35471

1-03　按行业(中类)分组的法人单位数及从业人员数

行业中类	代码	法人单位数(个)	单产业法人单位	多产业法人单位	从业人员数(人)	#女性
总　计	**00**	**228994**	**221404**	**7590**	**3655778**	**1308982**
农、林、牧、渔业	**A**	**4238**	**4204**	**34**	**21183**	**4951**
农业	01	3		3		
谷物种植	011	1		1		
豆类、油料和薯类种植	012	1		1		
棉、麻、糖、烟草种植	013					
蔬菜、食用菌及园艺作物种植	014	1		1		
水果种植	015					
坚果、含油果、香料和饮料作物种植	016					
中药材种植	017					
草种植及割草	018					
其他农业	019					
林业	02	3		3		
林木育种和育苗	021	2		2		
造林和更新	022					
森林经营、管护和改培	023	1		1		
木材和竹材采运	024					
林产品采集	025					
畜牧业	03	4		4		
牲畜饲养	031	3		3		
家禽饲养	032	1		1		
狩猎和捕捉动物	033					
其他畜牧业	039					
渔业	04					
水产养殖	041					
水产捕捞	042					
农、林、牧、渔专业及辅助性活动	05	4228	4204	24	21183	4951
农业专业及辅助性活动	051	3831	3815	16	18575	4254
林业专业及辅助性活动	052	122	118	4	1328	368
畜牧专业及辅助性活动	053	221	218	3	1001	264
渔业专业及辅助性活动	054	54	53	1	279	65
采矿业	**B**	**1227**	**1202**	**25**	**96333**	**15976**
煤炭开采和洗选业	06	91	87	4	54472	9980
烟煤和无烟煤开采洗选	061	86	82	4	54466	9979
褐煤开采洗选	062	1	1			
其他煤炭采选	069	4	4		6	1
石油和天然气开采业	07	7	7		17882	2278
石油开采	071	5	5		17866	2277
天然气开采	072	2	2		16	1
黑色金属矿采选业	08	112	109	3	3533	380
铁矿采选	081	105	102	3	3108	279
锰矿、铬矿采选	082	2	2		419	100
其他黑色金属矿采选	089	5	5		6	1
有色金属矿采选业	09	123	121	2	6970	1371
常用有色金属矿采选	091	84	83	1	4591	917

1-03 续表 1

行业中类	代码	法人单位数(个)	单产业法人单位	多产业法人单位	从业人员数(人)	#女性
贵金属矿采选	092	37	36	1	2122	420
稀有稀土金属矿采选	093	2	2		257	34
非金属矿采选业	10	752	741	11	8605	1403
土砂石开采	101	695	686	9	7540	1124
化学矿开采	102	9	9		62	18
采盐	103	4	2	2	464	188
石棉及其他非金属矿采选	109	44	44		539	73
开采专业及辅助性活动	11	97	92	5	4641	518
煤炭开采和洗选专业及辅助性活动	111	4	3	1	196	42
石油和天然气开采专业及辅助性活动	112	77	73	4	4296	465
其他开采专业及辅助性活动	119	16	16		149	11
其他采矿业	12	45	45		230	46
其他采矿业	120	45	45		230	46
制造业	**C**	**15209**	**14939**	**270**	**464344**	**143787**
农副食品加工业	13	1996	1962	34	32600	12930
谷物磨制	131	285	281	4	3210	958
饲料加工	132	243	240	3	4320	1306
植物油加工	133	228	225	3	1344	527
制糖业	134	8	8		859	238
屠宰及肉类加工	135	250	239	11	6240	2616
水产品加工	136	6	6		6	2
蔬菜、菌类、水果和坚果加工	137	439	438	1	6010	3183
其他农副食品加工	139	537	525	12	10611	4100
食品制造业	14	700	674	26	16122	8339
焙烤食品制造	141	149	133	16	5133	3061
糖果、巧克力及蜜饯制造	142	32	32		638	424
方便食品制造	143	91	91		1558	918
乳制品制造	144	54	50	4	3974	1722
罐头食品制造	145	17	15	2	654	280
调味品、发酵制品制造	146	228	226	2	2028	885
其他食品制造	149	129	127	2	2137	1049
酒、饮料和精制茶制造业	15	589	576	13	16395	6583
酒的制造	151	205	197	8	10545	4260
饮料制造	152	336	333	3	5414	2046
精制茶加工	153	48	46	2	436	277
烟草制品业	16	3	1	2	2669	1010
烟叶复烤	161					
卷烟制造	162	1		1	2413	916
其他烟草制品制造	169	2	1	1	256	94
纺织业	17	157	155	2	4604	2843
棉纺织及印染精加工	171	35	34	1	1335	808
毛纺织及染整精加工	172	26	26		2204	1384
麻纺织及染整精加工	173	2	2		15	7
丝绢纺织及印染精加工	174	3	3		65	53
化纤织造及印染精加工	175	1	1		13	2
针织或钩针编织物及其制品制造	176	19	19		117	72

1-03 续表 2

行业中类	代码	法人单位数(个)	单产业法人单位	多产业法人单位	从业人员数(人)	#女性
家用纺织制成品制造	177	40	40		194	128
产业用纺织制成品制造	178	31	30	1	661	389
纺织服装、服饰业	18	228	225	3	5049	3246
机织服装制造	181	79	78	1	2774	1580
针织或钩针编织服装制造	182	8	8		65	50
服饰制造	183	141	139	2	2210	1616
皮革、毛皮、羽毛及其制品和制鞋业	19	137	137		2499	1611
皮革鞣制加工	191	14	14		282	86
皮革制品制造	192	8	8		108	72
毛皮鞣制及制品加工	193	17	17		693	260
羽毛(绒)加工及制品制造	194	5	5		7	4
制鞋业	195	93	93		1409	1189
木材加工和木、竹、藤、棕、草制品业	20	306	306		2291	845
木材加工	201	133	133		782	281
人造板制造	202	28	28		560	241
木质制品制造	203	119	119		807	241
竹、藤、棕、草等制品制造	204	26	26		142	82
家具制造业	21	275	273	2	1976	607
木质家具制造	211	181	179	2	1527	470
竹、藤家具制造	212	1	1		4	1
金属家具制造	213	33	33		158	38
塑料家具制造	214	1	1			
其他家具制造	219	59	59		287	98
造纸和纸制品业	22	185	183	2	3239	1320
纸浆制造	221	2	2		8	5
造纸	222	37	37		557	254
纸制品制造	223	146	144	2	2674	1061
印刷和记录媒介复制业	23	708	697	11	6337	3089
印刷	231	422	412	10	4896	2282
装订及印刷相关服务	232	286	285	1	1441	807
记录媒介复制	233					
文教、工美、体育和娱乐用品制造业	24	467	461	6	4095	2337
文教办公用品制造	241	22	21	1	206	103
乐器制造	242	4	3	1	19	4
工艺美术及礼仪用品制造	243	431	427	4	3756	2207
体育用品制造	244	7	7		104	20
玩具制造	245	2	2		4	1
游艺器材及娱乐用品制造	246	1	1		6	2
石油、煤炭及其他燃料加工业	25	87	83	4	27905	7517
精炼石油产品制造	251	28	26	2	25121	7014
煤炭加工	252	45	44	1	2697	481
核燃料加工	253					
生物质燃料加工	254	14	13	1	87	22
化学原料和化学制品制造业	26	764	742	22	29594	8917
基础化学原料制造	261	151	146	5	10169	2496
肥料制造	262	182	177	5	5818	1633

1-03 续表 3

行业中类	代码	法人单位数(个)	单产业法人单位	多产业法人单位	从业人员数(人)	#女性
农药制造	263	18	17	1	1407	369
涂料、油墨、颜料及类似产品制造	264	116	115	1	3167	827
合成材料制造	265	29	28	1	943	528
专用化学产品制造	266	150	146	4	6080	2220
炸药、火工及焰火产品制造	267	10	8	2	790	222
日用化学产品制造	268	108	105	3	1220	622
医药制造业	27	666	654	12	18457	8623
化学药品原料药制造	271	19	18	1	1397	591
化学药品制剂制造	272	8	8		217	89
中药饮片加工	273	518	510	8	6614	3205
中成药生产	274	65	63	2	6341	3133
兽用药品制造	275	7	7		495	211
生物药品制品制造	276	39	38	1	3189	1277
卫生材料及医药用品制造	277	10	10		204	117
药用辅料及包装材料	278					
化学纤维制造业	28	6	6		259	104
纤维素纤维原料及纤维制造	281					
合成纤维制造	282	4	4		220	75
生物基材料制造	283	2	2		39	29
橡胶和塑料制品业	29	658	653	5	11470	4090
橡胶制品业	291	59	59		1069	484
塑料制品业	292	599	594	5	10401	3606
非金属矿物制品业	30	3393	3346	47	81859	20219
水泥、石灰和石膏制造	301	229	221	8	16042	3707
石膏、水泥制品及类似制品制造	302	866	843	23	20253	3936
砖瓦、石材等建筑材料制造	303	1897	1887	10	29512	8089
玻璃制造	304	46	46		1932	444
玻璃制品制造	305	65	65		1382	574
玻璃纤维和玻璃纤维增强塑料制品制造	306	26	26		228	87
陶瓷制品制造	307	51	50	1	2911	1439
耐火材料制品制造	308	34	32	2	825	139
石墨及其他非金属矿物制品制造	309	179	176	3	8774	1804
黑色金属冶炼和压延加工业	31	162	158	4	33807	5130
炼铁	311	17	16	1	595	89
炼钢	312	1	1		20	2
钢压延加工	313	109	107	2	26988	3839
铁合金冶炼	314	35	34	1	6204	1200
有色金属冶炼和压延加工业	32	171	157	14	72858	19377
常用有色金属冶炼	321	32	27	5	55810	14656
贵金属冶炼	322	15	15		2958	562
稀有稀土金属冶炼	323	4	3	1	2207	632
有色金属合金制造	324	61	57	4	2971	635
有色金属压延加工	325	59	55	4	8912	2892
金属制品业	33	1463	1448	15	14903	3589
结构性金属制品制造	331	1084	1078	6	9198	2025
金属工具制造	332	40	40		263	42

1-03　续表 4

行业中类	代码	法人单位数(个)	单产业法人单位	多产业法人单位	从业人员数(人)	#女性
集装箱及金属包装容器制造	333	29	28	1	1548	473
金属丝绳及其制品制造	334	23	22	1	309	61
建筑、安全用金属制品制造	335	72	70	2	464	126
金属表面处理及热处理加工	336	33	33		307	85
搪瓷制品制造	337	5	5		24	18
金属制日用品制造	338	57	56	1	386	91
铸造及其他金属制品制造	339	120	116	4	2404	668
通用设备制造业	34	447	438	9	15918	3974
锅炉及原动设备制造	341	55	54	1	3027	546
金属加工机械制造	342	83	80	3	3317	934
物料搬运设备制造	343	12	12		1665	400
泵、阀门、压缩机及类似机械制造	344	28	26	2	2496	510
轴承、齿轮和传动部件制造	345	8	7	1	1774	762
烘炉、风机、包装等设备制造	346	48	47	1	711	165
文化、办公用机械制造	347	5	5		84	23
通用零部件制造	348	186	185	1	2294	530
其他通用设备制造业	349	22	22		550	104
专用设备制造业	35	463	453	10	20307	5000
采矿、冶金、建筑专用设备制造	351	95	90	5	10652	2191
化工、木材、非金属加工专用设备制造	352	55	54	1	2558	630
食品、饮料、烟草及饲料生产专用设备制造	353	17	17		221	47
印刷、制药、日化及日用品生产专用设备制造	354	10	10		373	80
纺织、服装和皮革加工专用设备制造	355	5	5		273	94
电子和电工机械专用设备制造	356	22	22		249	37
农、林、牧、渔专用机械制造	357	94	93	1	1537	254
医疗仪器设备及器械制造	358	39	39		1619	1025
环保、邮政、社会公共服务及其他专用设备制造	359	126	123	3	2825	642
汽车制造业	36	52	51	1	1719	337
汽车整车制造	361	2	2		5	1
汽车用发动机制造	362	1	1		5	1
改装汽车制造	363	9	8	1	176	32
低速汽车制造	364	3	3		224	51
电车制造	365	2	2		468	96
汽车车身、挂车制造	366	4	4		301	56
汽车零部件及配件制造	367	31	31		540	100
铁路、船舶、航空航天和其他运输设备制造业	37	39	39		846	226
铁路运输设备制造	371	18	18		445	110
城市轨道交通设备制造	372	3	3		113	39
船舶及相关装置制造	373	4	4		96	12
航空、航天器及设备制造	374	4	4		47	13
摩托车制造	375	2	2		117	44
自行车和残疾人座车制造	376					
助动车制造	377	6	6		21	7
非公路休闲车及零配件制造	378	2	2		7	1
潜水救捞及其他未列明运输设备制造	379					
电气机械和器材制造业	38	366	360	6	15722	4682

1-03 续表 5

行业中类	代码	法人单位数(个)	单产业法人单位	多产业法人单位	从业人员数(人)	#女性
电机制造	381	19	18	1	3147	696
输配电及控制设备制造	382	185	184	1	6815	2383
电线、电缆、光缆及电工器材制造	383	47	47		3268	941
电池制造	384	15	14	1	395	132
家用电力器具制造	385	20	20		134	53
非电力家用器具制造	386	29	27	2	639	170
照明器具制造	387	23	22	1	662	137
其他电气机械及器材制造	389	28	28		662	170
计算机、通信和其他电子设备制造业	39	96	91	5	12233	5208
计算机制造	391	7	7		14	9
通信设备制造	392	8	8		296	75
广播电视设备制造	393	2	2		43	12
雷达及配套设备制造	394	2	2		1	
非专业视听设备制造	395	2	2		25	4
智能消费设备制造	396	13	13		208	43
电子器件制造	397	10	9	1	10086	4452
电子元件及电子专用材料制造	398	42	40	2	1510	596
其他电子设备制造	399	10	8	2	50	17
仪器仪表制造业	40	60	59	1	786	204
通用仪器仪表制造	401	39	38	1	536	140
专用仪器仪表制造	402	10	10		145	44
钟表与计时仪器制造	403	2	2		18	
光学仪器制造	404	1	1		3	1
衡器制造	405	2	2		9	3
其他仪器仪表制造业	409	6	6		75	16
其他制造业	41	76	73	3	799	319
日用杂品制造	411	18	17	1	197	141
核辐射加工	412					
其他未列明制造业	419	58	56	2	602	178
废弃资源综合利用业	42	170	165	5	2664	589
金属废料和碎屑加工处理	421	74	70	4	1579	315
非金属废料和碎屑加工处理	422	96	95	1	1085	274
金属制品、机械和设备修理业	43	319	313	6	4362	922
金属制品修理	431	6	6		107	24
通用设备修理	432	19	19		114	35
专用设备修理	433	86	84	2	1418	328
铁路、船舶、航空航天等运输设备修理	434	16	15	1	1750	273
电气设备修理	435	37	35	2	303	83
仪器仪表修理	436	4	4		11	4
其他机械和设备修理业	439	151	150	1	659	175
电力、热力、燃气及水生产和供应业	D	**1628**	**1565**	**63**	**110014**	**33354**
电力、热力生产和供应业	44	1250	1219	31	93250	26845
电力生产	441	928	907	21	29663	7728
电力供应	442	61	53	8	50196	15431
热力生产和供应	443	261	259	2	13391	3686

1-03 续表 6

行业中类	代码	法人单位数（个）	单产业法人单位	多产业法人单位	从业人员数（人）	#女性
燃气生产和供应业	45	109	96	13	4888	1980
燃气生产和供应业	451	99	87	12	4825	1963
生物质燃气生产和供应业	452	10	9	1	63	17
水的生产和供应业	46	269	250	19	11876	4529
自来水生产和供应	461	201	182	19	10627	4144
污水处理及其再生利用	462	64	64		1222	375
海水淡化处理	463					
其他水的处理、利用与分配	469	4	4		27	10
建筑业	**E**	**13473**	**13190**	**283**	**541285**	**79002**
房屋建筑业	47	3602	3465	137	357687	45631
住宅房屋建筑	471	3116	2994	122	328913	41323
体育场馆建筑	472	2	2		14	5
其他房屋建筑业	479	484	469	15	28760	4303
土木工程建筑业	48	3643	3545	98	117442	19922
铁路、道路、隧道和桥梁工程建筑	481	1272	1232	40	58934	9972
水利和水运工程建筑	482	301	286	15	15960	2752
海洋工程建筑	483					
工矿工程建筑	484	49	48	1	7343	437
架线和管道工程建筑	485	225	216	9	13171	2235
节能环保工程施工	486	62	62		744	125
电力工程施工	487	123	117	6	5411	788
其他土木工程建筑	489	1611	1584	27	15879	3613
建筑安装业	49	1789	1766	23	36766	6422
电气安装	491	341	332	9	20486	3002
管道和设备安装	492	547	542	5	7966	1563
其他建筑安装业	499	901	892	9	8314	1857
建筑装饰、装修和其他建筑业	50	4439	4414	25	29390	7027
建筑装饰和装修业	501	3610	3591	19	21303	5423
建筑物拆除和场地准备活动	502	190	189	1	1824	342
提供施工设备服务	503	67	67		1538	212
其他未列明建筑业	509	572	567	5	4725	1050
批发和零售业	**F**	**58213**	**56929**	**1284**	**323477**	**149848**
批发业	51	27901	27493	408	151757	59277
农、林、牧、渔产品批发	511	3598	3561	37	16022	4994
食品、饮料及烟草制品批发	512	4492	4429	63	33981	13798
纺织、服装及家庭用品批发	513	1655	1621	34	8065	4520
文化、体育用品及器材批发	514	930	923	7	3873	1952
医药及医疗器材批发	515	1826	1780	46	19931	10232
矿产品、建材及化工产品批发	516	9144	9007	137	43212	14340
机械设备、五金产品及电子产品批发	517	4472	4418	54	19820	6989
贸易经纪与代理	518	250	250		792	336
其他批发业	519	1534	1504	30	6061	2116
零售业	52	30312	29436	876	171720	90571
综合零售	521	3616	3466	150	36681	24728
食品、饮料及烟草制品专门零售	522	3947	3865	82	17184	8267

1-03 续表 7

行业中类	代码	法人单位数(个)	单产业法人单位	多产业法人单位	从业人员数(人)	#女性
纺织、服装及日用品专门零售	523	2018	1919	99	9729	6704
文化、体育用品及器材专门零售	524	1881	1830	51	6621	3824
医药及医疗器材专门零售	525	2947	2706	241	21780	15724
汽车、摩托车、零配件和燃料及其他动力销售	526	3560	3451	109	33709	12503
家用电器及电子产品专门零售	527	3830	3765	65	15226	7047
五金、家具及室内装饰材料专门零售	528	5255	5229	26	18462	7463
货摊、无店铺及其他零售业	529	3258	3205	53	12328	4311
交通运输、仓储和邮政业	**G**	**4994**	**4705**	**289**	**124241**	**36742**
铁路运输业	53	1	1		162	27
铁路旅客运输	531					
铁路货物运输	532					
铁路运输辅助活动	533	1	1		162	27
道路运输业	54	3064	2940	124	73352	18626
城市公共交通运输	541	268	255	13	25702	6328
公路旅客运输	542	194	168	26	9813	3208
道路货物运输	543	2173	2119	54	23923	3929
道路运输辅助活动	544	429	398	31	13914	5161
水上运输业	55	12	12		115	29
水上旅客运输	551	7	7		89	21
水上货物运输	552					
水上运输辅助活动	553	5	5		26	8
航空运输业	56	28	23	5	3985	1408
航空客货运输	561	9	8	1	383	81
通用航空服务	562	13	11	2	1255	367
航空运输辅助活动	563	6	4	2	2347	960
管道运输业	57	2	2		268	69
海底管道运输	571					
陆地管道运输	572	2	2		268	69
多式联运和运输代理业	58	412	392	20	4631	1463
多式联运	581	3	3		12	2
运输代理业	582	409	389	20	4619	1461
装卸搬运和仓储业	59	1075	1059	16	11910	3282
装卸搬运	591	215	215		2494	499
通用仓储	592	130	125	5	1489	436
低温仓储	593	88	87	1	930	325
危险品仓储	594	4	4		29	7
谷物、棉花等农产品仓储	595	498	489	9	5413	1529
中药材仓储	596	16	16		56	25
其他仓储业	599	124	123	1	1499	461
邮政业	60	400	276	124	29818	11838
邮政基本服务	601	45	30	15	19169	9587
快递服务	602	348	240	108	10590	2248
其他寄递服务	609	7	6	1	59	3
住宿和餐饮业	**H**	**5899**	**5658**	**241**	**101662**	**62995**
住宿业	61	2423	2334	89	48585	32316

1-03　续表 8

行业中类	代码	法人单位数(个)	单产业法人单位	多产业法人单位	从业人员数(人)	#女性
旅游饭店	611	618	583	35	26247	16688
一般旅馆	612	1536	1492	44	19050	13354
民宿服务	613	37	37		299	223
露营地服务	614	3	3		11	5
其他住宿业	619	229	219	10	2978	2046
餐饮业	62	3476	3324	152	53077	30679
正餐服务	621	2989	2869	120	46870	26913
快餐服务	622	134	121	13	3251	2230
饮料及冷饮服务	623	87	82	5	495	267
餐饮配送及外卖送餐服务	624	62	59	3	926	410
其他餐饮业	629	204	193	11	1535	859
信息传输、软件和信息技术服务业	**I**	**4146**	**4051**	**95**	**60798**	**25097**
电信、广播电视和卫星传输服务	63	300	245	55	32206	12492
电信	631	249	203	46	26740	10667
广播电视传输服务	632	44	35	9	5145	1693
卫星传输服务	633	7	7		321	132
互联网和相关服务	64	1086	1081	5	4648	1887
互联网接入及相关服务	641	187	187		699	269
互联网信息服务	642	398	397	1	1661	667
互联网平台	643	93	91	2	525	188
互联网安全服务	644	14	14		84	30
互联网数据服务	645	16	16		135	55
其他互联网服务	649	378	376	2	1544	678
软件和信息技术服务业	65	2760	2725	35	23944	10718
软件开发	651	1303	1289	14	7977	2654
集成电路设计	652	13	13		188	67
信息系统集成和物联网技术服务	653	248	239	9	10618	6167
运行维护服务	654	45	45		736	151
信息处理和存储支持服务	655	17	17		110	35
信息技术咨询服务	656	896	885	11	3474	1317
数字内容服务	657	40	40		194	82
其他信息技术服务业	659	198	197	1	647	245
金融业	**J**	**918**	**914**	**4**	**5570**	**1614**
货币金融服务	66	826	824	2	4557	1192
中央银行服务	661					
货币银行服务	662	355	355		1736	100
非货币银行服务	663	471	469	2	2821	1092
银行理财服务	664					
银行监管服务	665					
资本市场服务	67	25	25		203	72
证券市场服务	671					
公开募集证券投资基金	672					
非公开募集证券投资基金	673					
期货市场服务	674					
证券期货监管服务	675					

1-03 续表 9

行业中类	代码	法人单位数(个)	单产业法人单位	多产业法人单位	从业人员数(人)	#女性
资本投资服务	676	19	19		79	36
其他资本市场服务	679	6	6		124	36
保险业	68	12	12		89	27
人身保险	681					
财产保险	682					
再保险	683					
商业养老金	684					
保险中介服务	685					
保险资产管理	686					
保险监管服务	687					
其他保险活动	689	12	12		89	27
其他金融业	69	55	53	2	721	323
金融信托与管理服务	691	3	3		11	8
控股公司服务	692	1	1		9	2
非金融机构支付服务	693					
金融信息服务	694	3	3		20	11
金融资产管理公司	695	2	2		27	7
其他未列明金融业	699	46	44	2	654	295
房地产业	**K**	**7331**	**6967**	**364**	**141986**	**60654**
房地产业	70	7331	6967	364	141986	60654
房地产开发经营	701	2480	2383	97	48295	17375
物业管理	702	2767	2705	62	74675	35263
房地产中介服务	703	1284	1141	143	8350	3898
房地产租赁经营	704	724	664	60	9982	3819
其他房地产业	709	76	74	2	684	299
租赁和商务服务业	**L**	**19942**	**19621**	**321**	**149333**	**50705**
租赁业	71	3322	3285	37	15734	3342
机械设备经营租赁	711	3260	3226	34	15180	3236
文体设备和用品出租	712	51	49	2	140	45
日用品出租	713	11	10	1	414	61
商务服务业	72	16620	16336	284	133599	47363
组织管理服务	721	1974	1915	59	33486	11276
综合管理服务	722	529	516	13	8182	3600
法律服务	723	504	503	1	4262	1718
咨询与调查	724	2881	2843	38	12738	7294
广告业	725	4295	4276	19	14867	6163
人力资源服务	726	2982	2966	16	28240	8229
安全保护服务	727	425	415	10	17242	2215
会议、展览及相关服务	728	300	297	3	1502	698
其他商务服务业	729	2730	2605	125	13080	6170
科学研究和技术服务业	**M**	**7564**	**7344**	**220**	**120501**	**35102**
研究和试验发展	73	485	474	11	11825	4129
自然科学研究和试验发展	731	16	16		1318	442
工程和技术研究和试验发展	732	177	171	6	3924	1242
农业科学研究和试验发展	733	156	152	4	4111	1545

1-03 续表 10

行业中类	代码	法人单位数(个)	单产业法人单位	多产业法人单位	从业人员数(人)	#女性
医学研究和试验发展	734	81	81		711	313
社会人文科学研究	735	55	54	1	1761	587
专业技术服务业	74	4587	4419	168	79324	23039
气象服务	741	138	115	23	1831	722
地震服务	742	63	62	1	1060	392
海洋服务	743					
测绘地理信息服务	744	159	153	6	2221	854
质检技术服务	745	729	715	14	11969	4189
环境与生态监测检测服务	746	190	189	1	2569	1039
地质勘查	747	170	164	6	10132	2240
工程技术与设计服务	748	2133	2038	95	41183	10973
工业与专业设计及其他专业技术服务	749	1005	983	22	8359	2630
科技推广和应用服务业	75	2492	2451	41	29352	7934
技术推广服务	751	2228	2189	39	27953	7326
知识产权服务	752	95	93	2	397	202
科技中介服务	753	30	30		133	57
创业空间服务	754	29	29		193	85
其他科技推广服务业	759	110	110		676	264
水利、环境和公共设施管理业	**N**	**1895**	**1819**	**76**	**46769**	**19849**
水利管理业	76	512	472	40	10033	2867
防洪除涝设施管理	761	24	22	2	374	124
水资源管理	762	358	333	25	6190	1842
天然水收集与分配	763	36	34	2	1325	249
水文服务	764	14	10	4	581	167
其他水利管理业	769	80	73	7	1563	485
生态保护和环境治理业	77	229	220	9	4527	1358
生态保护	771	131	124	7	3703	1113
环境治理业	772	98	96	2	824	245
公共设施管理业	78	1107	1081	26	31683	15396
市政设施管理	781	129	125	4	3289	1003
环境卫生管理	782	139	137	2	10445	6535
城乡市容管理	783	32	29	3	6510	2986
绿化管理	784	516	506	10	4824	2019
城市公园管理	785	34	34		911	427
游览景区管理	786	257	250	7	5704	2426
土地管理业	79	47	46	1	526	228
土地整治服务	791	19	19		138	66
土地调查评估服务	792	16	15	1	236	94
土地登记服务	793	4	4		100	48
土地登记代理服务	794					
其他土地管理服务	799	8	8		52	20
居民服务、修理和其他服务业	**O**	**5882**	**5804**	**78**	**35395**	**14323**
居民服务业	80	2211	2167	44	13798	7999
家庭服务	801	528	521	7	3319	2084
托儿所服务	802	27	27		229	202

1-03 续表 11

行业中类	代码	法人单位数(个)	单产业法人单位	多产业法人单位	从业人员数(人)	#女性
洗染服务	803	66	64	2	452	263
理发及美容服务	804	262	250	12	1068	812
洗浴和保健养生服务	805	327	317	10	2832	1849
摄影扩印服务	806	291	287	4	1572	912
婚姻服务	807	307	306	1	963	405
殡葬服务	808	129	126	3	1352	452
其他居民服务业	809	274	269	5	2011	1020
机动车、电子产品和日用产品修理业	81	2827	2797	30	12723	2866
汽车、摩托车等修理与维护	811	2336	2312	24	11055	2293
计算机和办公设备维修	812	248	244	4	780	280
家用电器修理	813	187	186	1	701	230
其他日用产品修理业	819	56	55	1	187	63
其他服务业	82	844	840	4	8874	3458
清洁服务	821	434	432	2	4045	2231
宠物服务	822	18	17	1	83	30
其他未列明服务业	829	392	391	1	4746	1197
教育	**P**	**12540**	**11786**	**754**	**409021**	**220143**
教育	83	12540	11786	754	409021	220143
学前教育	831	3083	3058	25	48071	43227
初等教育	832	3847	3480	367	111271	62890
中等教育	833	1752	1660	92	151435	66738
高等教育	834	75	64	11	36799	17774
特殊教育	835	48	48		1042	681
技能培训、教育辅助及其他教育	839	3735	3476	259	60403	28833
卫生和社会工作	**Q**	**3992**	**3776**	**216**	**185404**	**127169**
卫生	84	3380	3166	214	179962	123770
医院	841	688	659	29	119405	83216
基层医疗卫生服务	842	2213	2038	175	41125	26765
专业公共卫生服务	843	419	413	6	16971	12025
其他卫生活动	849	60	56	4	2461	1764
社会工作	85	612	610	2	5442	3399
提供住宿社会工作	851	459	457	2	4654	2942
不提供住宿社会工作	852	153	153		788	457
文化、体育和娱乐业	**R**	**5870**	**5801**	**69**	**58803**	**27664**
新闻和出版业	86	100	94	6	9624	4019
新闻业	861	31	31		1519	573
出版业	862	69	63	6	8105	3446
广播、电视、电影和录音制作业	87	575	565	10	7781	3610
广播	871	23	22	1	937	433
电视	872	36	35	1	1742	829
影视节目制作	873	308	306	2	2260	899
广播电视集成播控	874	12	12		397	148
电影和广播电视节目发行	875	15	15		172	66
电影放映	876	174	168	6	2249	1232
录音制作	877	7	7		24	3

1-03　续表 12

行业中类	代码	法人单位数(个)	单产业法人单位	多产业法人单位	从业人员数(人)	#女性
文化艺术业	88	2112	2095	17	23094	11703
文艺创作与表演	881	710	707	3	8748	4284
艺术表演场馆	882	22	21	1	589	285
图书馆与档案馆	883	187	182	5	2530	1676
文物及非物质文化遗产保护	884	119	116	3	2874	1134
博物馆	885	149	148	1	2382	1231
烈士陵园、纪念馆	886	63	63		713	388
群众文体活动	887	334	333	1	2424	1311
其他文化艺术业	889	528	525	3	2834	1394
体育	89	474	457	17	3324	1403
体育组织	891	132	127	5	814	299
体育场地设施管理	892	17	17		141	56
健身休闲活动	893	314	303	11	2332	1027
其他体育	899	11	10	1	37	21
娱乐业	90	2609	2590	19	14980	6929
室内娱乐活动	901	1795	1779	16	7568	3560
游乐园	902	36	36		1476	660
休闲观光活动	903	181	181		2555	1080
彩票活动	904	12	12		551	282
文化体育娱乐活动与经纪代理服务	905	530	528	2	2104	1056
其他娱乐业	909	55	54	1	726	291
公共管理、社会保障和社会组织	**S**	**54033**	**51129**	**2904**	**659659**	**200007**
中国共产党机关	91	978	770	208	21249	5853
中国共产党机关	910	978	770	208	21249	5853
国家机构	92	11067	8419	2648	466443	160231
国家权力机构	921	221	184	37	5168	1184
国家行政机构	922	10564	8022	2542	442155	151765
人民法院和人民检察院	923	228	161	67	18295	7049
其他国家机构	929	54	52	2	825	233
人民政协、民主党派	93	193	180	13	3310	774
人民政协	931	97	84	13	2803	600
民主党派	932	96	96		507	174
社会保障	94	113	110	3	1908	1020
基本保险	941	86	84	2	1659	899
补充保险	942					
其他社会保障	949	27	26	1	249	121
群众团体、社会团体和其他成员组织	95	24228	24201	27	75595	11403
群众团体	951	452	434	18	3621	1891
社会团体	952	16457	16453	4	45997	7082
基金会	953	39	39		194	77
宗教组织	954	7280	7275	5	25783	2353
基层群众自治组织	96	17454	17449	5	91154	20726
社区居民自治组织	961	1319	1318	1	15310	10885
村民自治组织	962	16135	16131	4	75844	9841

1-04 按机构类型、从业人员组距分组的法人单位数及从业人员数

分 组	法人单位数(个)	单产业法人单位	多产业法人单位	从业人员数(人)	#女性
总 计	**228994**	**221404**	**7590**	**3655778**	**1308982**
按机构类型分组					
企业	145228	141627	3601	2287904	732882
事业单位	18440	17055	1385	708242	360530
机关	6808	4252	2556	381148	124110
社会团体	17378	17354	24	51042	9199
民办非企业单位	4648	4642	6	62715	47120
基金会	39	39		194	77
居委会	1319	1318	1	15310	10885
村委会	16135	16131	4	75844	9841
其他法人	18999	18986	13	73379	14338
按从业人员组距分组					
7人及以下	169768	168451	1317	449492	144870
8-19人	30828	29554	1274	362444	146148
20-49人	16355	14627	1728	496503	207789
50-99人	6822	5099	1723	469385	192523
100-299人	3977	2839	1138	637904	256348
300-499人	634	446	188	242139	81776
500-999人	365	252	113	246551	82492
1000-4999人	215	128	87	383316	112058
5000-9999人	18	5	13	142087	38656
10000人及以上	12	3	9	225957	46322

1-05 按开业(成立)时间分组的法人单位数及从业人员数

开业(成立)时间	法人单位数(个)	单产业法人单位	多产业法人单位	从业人员数(人)	#女性
总 计	**228994**	**221404**	**7590**	**3655778**	**1308982**
1949年以前	2380	2132	248	139070	62076
1950-1977年	10440	9396	1044	557072	180756
1978-1991年	18138	16798	1340	500295	165891
1992-2000年	9015	8370	645	334439	115554
2001年	2162	1977	185	85166	26637
2002年	2711	2484	227	115153	38595
2003年	2788	2574	214	94564	31015
2004年	2931	2713	218	88749	31978
2005年	3131	2936	195	93650	38135
2006年	3337	3180	157	94185	33152
2007年	4491	4339	152	94414	33869
2008年	4014	3849	165	100330	32063
2009年	4459	4317	142	80087	28529
2010年	5902	5570	332	107475	38736
2011年	6194	5943	251	103037	35673
2012年	8026	7778	248	114367	43428
2013年	10159	9939	220	109893	42489
2014年	14590	14311	279	130157	50435
2015年	23603	23191	412	175295	66989
2016年	30142	29772	370	196991	76917
2017年	29611	29262	349	191446	77679
2018年	30606	30409	197	149720	58300
无开业年份	164	164		223	86

1-06 按登记注册类型分组的法人单位数及从业人员数

登记注册类型	法人单位数(个)	单产业法人单位	多产业法人单位	从业人员数(人)	#女性
总 计	**228994**	**221404**	**7590**	**3655778**	**1308982**
内资	**228822**	**221262**	**7560**	**3630728**	**1298664**
国有	26647	22635	4012	1259023	522490
集体	4854	4737	117	75558	20536
股份合作	263	258	5	2929	1113
联营	331	326	5	2577	1325
国有联营	34	33	1	969	549
集体联营	134	131	3	715	305
国有与集体联营	25	25		148	64
其他联营	138	137	1	745	407
有限责任公司	38709	37521	1188	922826	266259
国有独资公司	988	885	103	159816	39549
其他有限责任公司	37721	36636	1085	763010	226710
股份有限公司	3624	3448	176	229043	67816
私营	102887	100886	2001	890116	345526
私营独资	10744	10623	121	77474	43106
私营合伙	872	868	4	11467	6593
私营有限责任公司	87916	86118	1798	759078	281345
私营股份有限公司	3355	3277	78	42097	14482
其他	51507	51451	56	248656	73599
港、澳、台商投资	**65**	**57**	**8**	**7133**	**3015**
合资经营企业(港或澳、台资)	34	32	2	3895	1304
合作经营企业(港或澳、台资)	3	3		13	2
港、澳、台商独资经营	21	15	6	2472	1308
港、澳、台商投资股份有限公司	3	3		87	29
其他港、澳、台商投资	4	4		666	372
外商投资	**107**	**85**	**22**	**17917**	**7303**
中外合资经营	47	39	8	9061	2958
中外合作经营	4	3	1	449	168
外资企业	23	14	9	5817	2893
外商投资股份有限公司	5	1	4	2349	1205
其他外商投资	28	28		241	79

1-07　按行业(大类)、

行业大类	代码	法人单位数(个)	兰州	嘉峪关	金昌	白银
总　计	**00**	**228994**	**54034**	**4639**	**4501**	**17210**
农、林、牧、渔业	**A**	**4238**	**196**	**36**	**43**	**413**
农业	01	3				
林业	02	3				
畜牧业	03	4				
渔业	04					
农、林、牧、渔专业及辅助性活动	05	4228	196	36	43	413
采矿业	**B**	**1227**	**98**	**34**	**70**	**160**
煤炭开采和洗选业	06	91	12	1	3	24
石油和天然气开采业	07	7	1			
黑色金属矿采选业	08	112	7	22	12	5
有色金属矿采选业	09	123	2	1		6
非金属矿采选业	10	752	67	9	48	121
开采专业及辅助性活动	11	97	2		7	1
其他采矿业	12	45	7	1		3
制造业	**C**	**15209**	**3772**	**347**	**384**	**1164**
农副食品加工业	13	1996	350	14	29	167
食品制造业	14	700	164	8	20	46
酒、饮料和精制茶制造业	15	589	45	10	10	24
烟草制品业	16	3	3			
纺织业	17	157	31	1	4	11
纺织服装、服饰业	18	228	55	5	3	16
皮革、毛皮、羽毛及其制品和制鞋业	19	137	6		1	2
木材加工和木、竹、藤、棕、草制品业	20	306	57	5	9	15
家具制造业	21	275	157	3	3	8
造纸和纸制品业	22	185	50		3	10
印刷和记录媒介复制业	23	708	192	9	23	42
文教、工美、体育和娱乐用品制造业	24	467	66	4	9	21
石油、煤炭及其他燃料加工业	25	87	23	4	2	9
化学原料和化学制品制造业	26	764	230	17	51	91
医药制造业	27	666	46	1	1	23
化学纤维制造业	28	6	3	1		1
橡胶和塑料制品业	29	658	220	14	25	46
非金属矿物制品业	30	3393	661	59	79	376
黑色金属冶炼和压延加工业	31	162	43	26	6	8
有色金属冶炼和压延加工业	32	171	38	13	11	27
金属制品业	33	1463	483	57	48	84
通用设备制造业	34	447	214	22	7	32
专用设备制造业	35	463	190	13	9	39

地区分组的法人单位数

天水	武威	张掖	平凉	酒泉	庆阳	定西	陇南	临夏	甘南	代码
21700	**12055**	**17144**	**12239**	**14949**	**16147**	**17208**	**15448**	**16202**	**5518**	**00**
413	**313**	**556**	**141**	**652**	**572**	**550**	**168**	**129**	**56**	**A**
1						1		1		01
1		1							1	02
		1	1			1		1		03
										04
411	313	554	140	652	572	548	168	127	55	05
55	**49**	**95**	**42**	**183**	**112**	**83**	**147**	**52**	**47**	**B**
	13	7	18	5	4		3		1	06
					6					07
5	3	16		37			5			08
4		7	1	29		4	65	1	3	09
35	33	56	21	95	31	79	64	51	42	10
4		2	1	7	71		1		1	11
7		7	1	10			9			12
1293	**908**	**1058**	**653**	**1109**	**1170**	**1234**	**749**	**1005**	**363**	**C**
109	199	224	80	168	124	190	115	148	79	13
73	52	50	33	31	56	57	28	64	18	14
69	31	48	35	29	79	51	84	47	27	15
										16
24	8	13	4	11	15		2	27	6	17
43	8	7	9	6	15	17	4	25	15	18
9			1	1	1	2	2	112		19
39	25	31	19	26	13	21	14	26	6	20
19	7	12	10	9	19	6	8	10	4	21
27	12	11	25	8	9	14	10	6		22
58	76	58	23	51	81	33	20	22	20	23
48	15	26	24	14	100	15	19	56	50	24
2	6	7	5	16	5	5	2	1		25
38	45	67	22	56	42	36	25	30	14	26
23	20	26	5	16	15	295	170	4	21	27
		1								28
48	48	62	36	40	39	45	12	21	2	29
227	197	195	179	323	359	257	185	229	67	30
9	12	12	9	7	17	5	1	4	3	31
1	6	10	3	13	4	18	11	11	5	32
126	61	83	72	129	100	83	24	99	14	33
50	20	15	7	40	7	18	2	13		34
52	27	36	16	24	13	24	2	16	2	35

1-07 续表 1

行业大类	代码	法 人 单位数 (个)	兰州	嘉峪关	金昌	白银
汽车制造业	36	52	22	2		5
铁路、船舶、航空航天和其他运输设备制造业	37	39	16			2
电气机械和器材制造业	38	366	133	5	7	11
计算机、通信和其他电子设备制造业	39	96	39			6
仪器仪表制造业	40	60	33	2		5
其他制造业	41	76	21	7	2	4
废弃资源综合利用业	42	170	34	23	12	14
金属制品、机械和设备修理业	43	319	147	22	10	19
电力、热力、燃气及水生产和供应业	**D**	**1628**	**154**	**37**	**61**	**72**
电力、热力生产和供应业	44	1250	119	31	49	47
燃气生产和供应业	45	109	8	2	2	11
水的生产和供应业	46	269	27	4	10	14
建筑业	**E**	**13473**	**3856**	**264**	**223**	**1141**
房屋建筑业	47	3602	828	46	67	304
土木工程建筑业	48	3643	950	51	43	275
建筑安装业	49	1789	677	56	42	155
建筑装饰、装修和其他建筑业	50	4439	1401	111	71	407
批发和零售业	**F**	**58213**	**18349**	**1705**	**1352**	**4799**
批发业	51	27901	10945	895	545	2302
零售业	52	30312	7404	810	807	2497
交通运输、仓储和邮政业	**G**	**4994**	**1367**	**127**	**157**	**413**
铁路运输业	53	1	1			
道路运输业	54	3064	837	91	113	310
水上运输业	55	12	2			
航空运输业	56	28	12	3	1	1
管道运输业	57	2	2			
多式联运和运输代理业	58	412	187	10	2	13
装卸搬运和仓储业	59	1075	271	13	31	54
邮政业	60	400	55	10	10	35
住宿和餐饮业	**H**	**5899**	**1840**	**125**	**106**	**276**
住宿业	61	2423	542	75	38	124
餐饮业	62	3476	1298	50	68	152
信息传输、软件和信息技术服务业	**I**	**4146**	**2008**	**109**	**67**	**314**
电信、广播电视和卫星传输服务	63	300	89	8	9	17
互联网和相关服务	64	1086	332	39	21	105
软件和信息技术服务业	65	2760	1587	62	37	192
金融业	**J**	**918**	**147**	**18**	**10**	**30**
货币金融服务	66	826	108	14	8	29
资本市场服务	67	25	15	1	1	
保险业	68	12	9	1		
其他金融业	69	55	15	2	1	1

天水	武威	张掖	平凉	酒泉	庆阳	定西	陇南	临夏	甘南	代码
5	1	3	2	6	1	4	1			36
9	2	6		1		1		2		37
114	14	9	7	39	7	11		8	1	38
33	1	5		1	4	6		1		39
15		2			1	1		1		40
1		6	5	6	5	4	2	9	4	41
10	11	14	14	9	9	9	4	5	2	42
12	4	19	8	29	30	6	2	8	3	43
67	**88**	**135**	**74**	**251**	**78**	**142**	**202**	**119**	**148**	**D**
40	72	108	36	212	24	109	171	95	137	44
5	4	6	14	14	11	8	5	17	2	45
22	12	21	24	25	43	25	26	7	9	46
1250	**624**	**1738**	**516**	**1222**	**652**	**699**	**570**	**523**	**195**	**E**
528	229	462	128	207	165	213	144	198	83	47
227	170	755	124	374	183	151	196	108	36	48
116	56	128	72	228	67	82	50	42	18	49
379	169	393	192	413	237	253	180	175	58	50
5126	**3090**	**3622**	**2737**	**3852**	**3673**	**4102**	**2979**	**2088**	**739**	**F**
2436	1709	1489	1199	1351	1287	1893	1026	659	165	51
2690	1381	2133	1538	2501	2386	2209	1953	1429	574	52
370	**209**	**344**	**463**	**358**	**360**	**334**	**201**	**227**	**64**	**G**
										53
178	140	177	201	246	227	212	131	160	41	54
							1	9		55
1		6	1		2			1		56
										57
33	11	35	18	28	10	19	17	24	5	58
100	28	95	211	63	76	79	29	18	7	59
58	30	31	32	21	45	24	23	15	11	60
594	**221**	**422**	**308**	**401**	**313**	**332**	**292**	**327**	**342**	**H**
270	79	201	149	245	101	142	132	145	180	61
324	142	221	159	156	212	190	160	182	162	62
220	**120**	**278**	**128**	**251**	**175**	**150**	**177**	**107**	**42**	**I**
26	7	14	9	10	22	21	51	10	7	63
96	28	120	43	74	62	50	50	45	21	64
98	85	144	76	167	91	79	76	52	14	65
27	**8**	**31**	**73**	**53**	**426**	**61**	**13**	**13**	**8**	**J**
20	6	27	62	45	420	59	12	10	6	66
2			2	2	2					67
				1	1					68
5	2	4	9	5	3	2	1	3	2	69

1-07 续表 2

行业大类	代码	法　人单位数(个)	兰州	嘉峪关	金昌	白银
房地产业	**K**	**7331**	**2753**	**161**	**145**	**540**
房地产业	70	7331	2753	161	145	540
租赁和商务服务业	**L**	**19942**	**6203**	**563**	**427**	**1509**
租赁业	71	3322	815	81	90	306
商务服务业	72	16620	5388	482	337	1203
科学研究和技术服务业	**M**	**7564**	**2865**	**141**	**127**	**417**
研究和试验发展	73	485	274	8	2	41
专业技术服务业	74	4587	1847	103	92	236
科技推广和应用服务业	75	2492	744	30	33	140
水利、环境和公共设施管理业	**N**	**1895**	**343**	**40**	**33**	**127**
水利管理业	76	512	31	6	5	20
生态保护和环境治理业	77	229	50	3	4	17
公共设施管理业	78	1107	238	30	24	85
土地管理业	79	47	24	1		5
居民服务、修理和其他服务业	**O**	**5882**	**1761**	**196**	**133**	**536**
居民服务业	80	2211	685	78	49	126
机动车、电子产品和日用产品修理业	81	2827	887	84	74	196
其他服务业	82	844	189	34	10	214
教育	**P**	**12540**	**2153**	**214**	**188**	**823**
教育	83	12540	2153	214	188	823
卫生和社会工作	**Q**	**3992**	**751**	**51**	**75**	**275**
卫生	84	3380	625	34	57	241
社会工作	85	612	126	17	18	34
文化、体育和娱乐业	**R**	**5870**	**1401**	**149**	**133**	**571**
新闻和出版业	86	100	54	1	1	6
广播、电视、电影和录音制作业	87	575	227	14	11	37
文化艺术业	88	2112	319	56	40	262
体育	89	474	152	24	17	25
娱乐业	90	2609	649	54	64	241
公共管理、社会保障和社会组织	**S**	**54033**	**4017**	**322**	**767**	**3630**
中国共产党机关	91	978	101	6	23	73
国家机构	92	11067	1159	155	340	895
人民政协、民主党派	93	193	27	6	9	14
社会保障	94	113	16		3	9
群众团体、社会团体和其他成员组织	95	24228	1590	108	218	1829
基层群众自治组织	96	17454	1124	47	174	810

天水	武威	张掖	平凉	酒泉	庆阳	定西	陇南	临夏	甘南	代码
575	**363**	**508**	**310**	**481**	**357**	**455**	**276**	**305**	**102**	K
575	363	508	310	481	357	455	276	305	102	70
1179	**730**	**2201**	**860**	**1449**	**1510**	**944**	**874**	**1210**	**283**	L
179	147	269	208	332	297	208	115	243	32	71
1000	583	1932	652	1117	1213	736	759	967	251	72
743	**256**	**542**	**359**	**537**	**443**	**479**	**259**	**277**	**119**	M
19	19	27	8	24	17	17	15	6	8	73
271	149	343	228	364	321	241	170	139	83	74
453	88	172	123	149	105	221	74	132	28	75
132	**111**	**421**	**105**	**176**	**115**	**114**	**86**	**66**	**26**	N
38	21	270	27	35	11	27	12	8	1	76
10	24	36	8	28	8	15	11	7	8	77
81	66	113	67	108	95	69	63	51	17	78
3		2	3	5	1	3				79
511	**227**	**367**	**309**	**372**	**453**	**339**	**330**	**253**	**95**	O
176	85	191	127	172	154	123	120	90	35	80
297	104	126	153	144	246	173	174	128	41	81
38	38	50	29	56	53	43	36	35	19	82
960	**766**	**581**	**914**	**552**	**1445**	**1730**	**1007**	**893**	**314**	P
960	766	581	914	552	1445	1730	1007	893	314	83
396	**250**	**265**	**239**	**212**	**320**	**332**	**330**	**370**	**126**	Q
354	214	185	189	168	281	274	304	337	117	84
42	36	80	50	44	39	58	26	33	9	85
424	**236**	**553**	**319**	**484**	**359**	**453**	**332**	**278**	**178**	R
3	2	9	4	5	4	2	3	4	2	86
35	15	32	36	30	39	26	26	29	18	87
173	72	163	181	153	178	233	126	80	76	88
48	12	34	18	49	17	39	11	22	6	89
165	135	315	80	247	121	153	166	143	76	90
7365	**3486**	**3427**	**3689**	**2354**	**3614**	**4675**	**6456**	**7960**	**2271**	S
86	53	52	87	61	106	73	105	77	75	91
917	558	976	775	832	1190	753	1042	888	587	92
17	15	19	18	9	14	14	12	10	9	93
19	1	14	3	4	14	4	7	18	1	94
3721	1649	1483	1287	936	965	1811	1946	5780	905	95
2605	1210	883	1519	512	1325	2020	3344	1187	694	96

1-08 按行业(大类)、地区分组的

行业大类	代码	从业人员数(人)	兰州	嘉峪关	金昌	白银
总　计	**00**	**3655778**	**1103419**	**91632**	**121632**	**234221**
农、林、牧、渔业	**A**	**21183**	**1772**	**135**	**341**	**1488**
农业	01					
林业	02					
畜牧业	03					
渔业	04					
农、林、牧、渔专业及辅助性活动	05	21183	1772	135	341	1488
采矿业	**B**	**96333**	**10767**	**178**	**544**	**18658**
煤炭开采和洗选业	06	54472	9804	1	49	16994
石油和天然气开采业	07	17882	1			
黑色金属矿采选业	08	3533	46	91	155	10
有色金属矿采选业	09	6970	1	11		162
非金属矿采选业	10	8605	835	75	303	1478
开采专业及辅助性活动	11	4641	4		37	
其他采矿业	12	230	76			14
制造业	**C**	**464344**	**128707**	**39187**	**44318**	**40904**
农副食品加工业	13	32600	3900	58	653	1921
食品制造业	14	16122	3484	291	408	752
酒、饮料和精制茶制造业	15	16395	3211	482	450	250
烟草制品业	16	2669	2669			
纺织业	17	4604	1548	2	11	42
纺织服装、服饰业	18	5049	1167	141	331	484
皮革、毛皮、羽毛及其制品和制鞋业	19	2499	526		5	4
木材加工和木、竹、藤、棕、草制品业	20	2291	371	16	122	108
家具制造业	21	1976	852	7	22	26
造纸和纸制品业	22	3239	884		5	110
印刷和记录媒介复制业	23	6337	3001	52	223	185
文教、工美、体育和娱乐用品制造业	24	4095	335	50	122	110
石油、煤炭及其他燃料加工业	25	27905	14585	645	748	68
化学原料和化学制品制造业	26	29594	9555	1003	3449	4958
医药制造业	27	18457	6350	9	45	316
化学纤维制造业	28	259	108	1		135
橡胶和塑料制品业	29	11470	4250	127	1105	291
非金属矿物制品业	30	81859	20368	4344	2563	8464
黑色金属冶炼和压延加工业	31	33807	7065	22208	489	676
有色金属冶炼和压延加工业	32	72858	7476	6478	31800	16667
金属制品业	33	14903	5666	492	1232	664
通用设备制造业	34	15918	6456	152	30	1176
专用设备制造业	35	20307	11360	1340	107	1389

法人单位从业人员数

天水	武威	张掖	平凉	酒泉	庆阳	定西	陇南	临夏	甘南	代码
316690	**189951**	**187930**	**226262**	**174020**	**261433**	**234523**	**210018**	**205796**	**98251**	**00**
1848	**2033**	**2758**	**987**	**3175**	**2355**	**2503**	**992**	**480**	**316**	**A**
										01
										02
										03
										04
1848	2033	2758	987	3175	2355	2503	992	480	316	05
1015	**2474**	**4492**	**24272**	**3387**	**23110**	**1053**	**5437**	**558**	**388**	**B**
	2008	900	23923	30	757		6			06
					17881					07
145	115	1770		1082			119			08
322		424	45	1118		174	4624		89	09
392	351	1253	217	1062	312	879	593	558	297	10
108		140	59	50	4160		81		2	11
48		5	28	45			14			12
43752	**23910**	**20691**	**13607**	**28549**	**19132**	**22879**	**15714**	**17042**	**5952**	**C**
1902	5525	5421	928	2742	2184	2896	1240	2106	1124	13
1275	3842	801	372	580	1074	758	436	1415	634	14
1829	1278	2132	447	560	679	536	3354	1069	118	15
										16
963	25	167	931	53	218		4	538	102	17
740	153	66	207	429	426	331	36	341	197	18
776				9	6	6	37	1130		19
480	209	345	102	112	85	104	75	127	35	20
132	300	97	79	187	105	22	32	88	27	21
528	76	88	1072	87	61	202	59	67		22
784	454	316	211	224	309	231	81	161	105	23
679	158	133	327	29	486	85	147	985	449	24
44	185	38	26	10091	1429	43	3			25
552	1768	2823	280	673	714	700	643	2256	220	26
1144	1338	1114	326	728	888	4730	1170	60	239	27
		15								28
811	1386	810	318	585	542	931	142	166	6	29
5061	4161	3937	6032	4315	8114	5590	3534	4201	1175	30
94	653	909	207	48	84	24	1120	226	4	31
2	326	87	11	1521	28	3215	3417	497	1333	32
1443	363	617	431	1536	751	626	100	867	115	33
3877	395	98	560	1943	242	786	9	194		34
2849	684	324	356	917	167	728	13	66	7	35

1-08 续表 1

行业大类	代码	从业人员数(人)	兰州	嘉峪关	金昌	白银
汽车制造业	36	1719	1045	109		264
铁路、船舶、航空航天和其他运输设备制造业	37	846	439			14
电气机械和器材制造业	38	15722	6474	167	141	1332
计算机、通信和其他电子设备制造业	39	12233	1037			36
仪器仪表制造业	40	786	328	18		13
其他制造业	41	799	319	72	7	19
废弃资源综合利用业	42	2664	578	805	62	369
金属制品、机械和设备修理业	43	4362	3300	118	188	61
电力、热力、燃气及水生产和供应业	**D**	**110014**	**58253**	**2683**	**2833**	**5719**
电力、热力生产和供应业	44	93250	53993	2428	2379	4632
燃气生产和供应业	45	4888	1802	101	77	263
水的生产和供应业	46	11876	2458	154	377	824
建筑业	**E**	**541285**	**182528**	**6155**	**26182**	**32756**
房屋建筑业	47	357687	95010	4697	24056	21173
土木工程建筑业	48	117442	50332	725	1358	8399
建筑安装业	49	36766	24545	261	474	1551
建筑装饰、装修和其他建筑业	50	29390	12641	472	294	1633
批发和零售业	**F**	**323477**	**117949**	**7515**	**7369**	**18852**
批发业	51	151757	61999	3495	3173	8051
零售业	52	171720	55950	4020	4196	10801
交通运输、仓储和邮政业	**G**	**124241**	**55038**	**1872**	**3466**	**7192**
铁路运输业	53	162	162			
道路运输业	54	73352	24862	1197	2791	4931
水上运输业	55	115	56			
航空运输业	56	3985	3842	2		
管道运输业	57	268	268			
多式联运和运输代理业	58	4631	2820	204	2	601
装卸搬运和仓储业	59	11910	4172	158	256	615
邮政业	60	29818	18856	311	417	1045
住宿和餐饮业	**H**	**101662**	**36942**	**2402**	**1881**	**3309**
住宿业	61	48585	15886	1314	649	1400
餐饮业	62	53077	21056	1088	1232	1909
信息传输、软件和信息技术服务业	**I**	**60798**	**37829**	**648**	**1381**	**2072**
电信、广播电视和卫星传输服务	63	32206	16467	427	691	1197
互联网和相关服务	64	4648	1998	79	67	238
软件和信息技术服务业	65	23944	19364	142	623	637
金融业	**J**	**5570**	**1494**	**148**	**50**	**100**
货币金融服务	66	4557	783	121	35	93
资本市场服务	67	203	156	3	9	
保险业	68	89	83	2		
其他金融业	69	721	472	22	6	7

天水	武威	张掖	平凉	酒泉	庆阳	定西	陇南	临夏	甘南	代码
105	58	28	13	34	60	3				36
158	117	24				4		90		37
6042	319	57	102	764	37	129		143	15	38
11006	8	32		2	52	55		5		39
374		21			5	25		2		40
		26	50	65	18	24	4	180	15	41
42	116	110	153	174	111	73	47	22	2	42
60	13	55	66	141	257	22	11	40	30	43
2494	**3400**	**4582**	**5416**	**6240**	**4146**	**2951**	**3654**	**4639**	**3004**	**D**
1655	2844	3929	3711	5226	1349	2041	2930	3604	2529	44
88	117	105	236	347	1108	157	90	385	12	45
751	439	548	1469	667	1689	753	634	650	463	46
50147	**31538**	**27602**	**31655**	**20953**	**40427**	**30407**	**20864**	**34257**	**5814**	**E**
41416	25095	15893	26472	13035	24967	22475	9944	28966	4488	47
5523	4627	8885	2606	4383	11966	5825	8644	3785	384	48
882	493	973	1345	1999	2064	744	748	382	305	49
2326	1323	1851	1232	1536	1430	1363	1528	1124	637	50
30245	**15844**	**19515**	**15431**	**18779**	**20238**	**20633**	**16023**	**11151**	**3933**	**F**
13801	8984	9057	7491	7386	7227	10141	6192	3675	1085	51
16444	6860	10458	7940	11393	13011	10492	9831	7476	2848	52
7779	**3948**	**5446**	**6137**	**4366**	**12110**	**7653**	**4606**	**3332**	**1296**	**G**
										53
4614	2489	3623	3748	2759	9911	5858	3259	2307	1003	54
							2	57		55
95		38	3		2			3		56
										57
165	46	188	58	97	52	118	114	145	21	58
1198	544	811	1318	550	855	818	379	180	56	59
1707	869	786	1010	960	1290	859	852	640	216	60
9294	**3584**	**4996**	**5320**	**6305**	**5855**	**6044**	**4626**	**5956**	**5148**	**H**
4316	1663	2692	2809	4167	2194	2550	2846	2642	3457	61
4978	1921	2304	2511	2138	3661	3494	1780	3314	1691	62
3460	**1508**	**1993**	**1723**	**1562**	**1862**	**1772**	**2467**	**1472**	**1049**	**I**
2652	1011	987	1302	959	1372	1436	1837	1105	763	63
343	106	394	163	199	197	160	281	189	234	64
465	391	612	258	404	293	176	349	178	52	65
209	**57**	**154**	**477**	**284**	**2073**	**310**	**115**	**65**	**34**	**J**
152	38	136	414	258	2040	305	109	49	24	66
3			6	5	21					67
				3	1					68
54	19	18	57	18	11	5	6	16	10	69

1-08 续表 2

行业大类	代码	从业人员数(人)	兰州	嘉峪关	金昌	白银
房地产业	K	**141986**	**74780**	**2840**	**2188**	**7891**
房地产业	70	141986	74780	2840	2188	7891
租赁和商务服务业	L	**149333**	**68034**	**6639**	**2645**	**7389**
租赁业	71	15734	5329	303	354	1056
商务服务业	72	133599	62705	6336	2291	6333
科学研究和技术服务业	M	**120501**	**67900**	**1876**	**1270**	**4237**
研究和试验发展	73	11825	8275	109	21	260
专业技术服务业	74	79324	42599	1642	1090	3285
科技推广和应用服务业	75	29352	17026	125	159	692
水利、环境和公共设施管理业	N	**46769**	**13867**	**1185**	**1094**	**2682**
水利管理业	76	10033	1339	141	302	1482
生态保护和环境治理业	77	4527	620	49	19	48
公共设施管理业	78	31683	11514	990	773	1147
土地管理业	79	526	394	5		5
居民服务、修理和其他服务业	O	**35395**	**13338**	**871**	**1250**	**1863**
居民服务业	80	13798	4253	419	902	661
机动车、电子产品和日用产品修理业	81	12723	4203	272	258	674
其他服务业	82	8874	4882	180	90	528
教育	P	**409021**	**79969**	**4831**	**5632**	**24439**
教育	83	409021	79969	4831	5632	24439
卫生和社会工作	Q	**185404**	**42765**	**3534**	**4204**	**10297**
卫生	84	179962	40938	3372	4039	10022
社会工作	85	5442	1827	162	165	275
文化、体育和娱乐业	R	**58803**	**21008**	**2039**	**1266**	**3144**
新闻和出版业	86	9624	8535	69	67	88
广播、电视、电影和录音制作业	87	7781	3376	253	177	234
文化艺术业	88	23094	4141	912	590	1826
体育	89	3324	1274	122	97	121
娱乐业	90	14980	3682	683	335	875
公共管理、社会保障和社会组织	S	**659659**	**90479**	**6894**	**13718**	**41229**
中国共产党机关	91	21249	3626	166	416	1439
国家机构	92	466443	66709	6036	11381	29260
人民政协、民主党派	93	3310	423	43	90	129
社会保障	94	1908	355		34	29
群众团体、社会团体和其他成员组织	95	75595	8632	353	682	4926
基层群众自治组织	96	91154	10734	296	1115	5446

天水	武威	张掖	平凉	酒泉	庆阳	定西	陇南	临夏	甘南	代码
9758	**5804**	**7267**	**5217**	**4736**	**5519**	**6052**	**4007**	**4757**	**1170**	K
9758	5804	7267	5217	4736	5519	6052	4007	4757	1170	70
6779	**5180**	**13092**	**5354**	**7948**	**7366**	**5600**	**4344**	**7253**	**1710**	L
911	562	1162	997	1024	1322	992	401	1108	213	71
5868	4618	11930	4357	6924	6044	4608	3943	6145	1497	72
9022	**3679**	**5526**	**4759**	**4833**	**4900**	**4746**	**3117**	**3447**	**1189**	M
988	316	314	183	190	232	331	217	209	180	73
5983	2299	4154	3106	3638	3854	2850	2296	1827	701	74
2051	1064	1058	1470	1005	814	1565	604	1411	308	75
2837	**5052**	**3901**	**3413**	**2838**	**1685**	**2352**	**2359**	**2063**	**1441**	N
600	1164	2086	593	1057	221	680	248	116	4	76
121	270	549	314	468	30	210	1043	80	706	77
2080	3618	1260	2483	1265	1434	1453	1068	1867	731	78
36		6	23	48		9				79
3014	**1236**	**1788**	**1819**	**2394**	**2574**	**1865**	**1597**	**1337**	**449**	O
1367	508	955	962	764	953	798	685	377	194	80
1326	483	519	736	506	1230	829	769	744	174	81
321	245	314	121	1124	391	238	143	216	81	82
42355	**25092**	**19141**	**32692**	**14990**	**37940**	**42039**	**36464**	**29078**	**14359**	P
42355	25092	19141	32692	14990	37940	42039	36464	29078	14359	83
19770	**14556**	**10111**	**13548**	**8354**	**13886**	**16563**	**12358**	**11897**	**3561**	Q
19456	13971	9760	13154	8048	13610	16311	12191	11575	3515	84
314	585	351	394	306	276	252	167	322	46	85
3887	**1944**	**3456**	**3508**	**4454**	**3607**	**3746**	**2424**	**2897**	**1423**	R
76	8	129	113	136	67	94	74	76	92	86
323	217	339	477	397	680	306	400	492	110	87
2068	569	1432	2270	2290	1939	2111	1121	918	907	88
290	70	266	119	228	107	360	48	186	36	89
1130	1080	1290	529	1403	814	875	781	1225	278	90
69025	**39112**	**31419**	**50927**	**29873**	**52648**	**55355**	**68850**	**64115**	**46015**	S
2202	1091	846	1381	987	1708	2072	1866	1669	1780	91
43378	27715	22073	38196	23398	40978	38435	45520	41738	31626	92
269	118	158	372	165	337	279	285	267	375	93
74	31	37	38	117	263	128	212	587	3	94
11320	4037	3071	4426	2184	3054	5131	5142	14817	7820	95
11782	6120	5234	6514	3022	6308	9310	15825	5037	4411	96

1-09 按地区、机构类型分组的法人单位数

地区	法人单位数（个）	企业	事业单位	机关	社会团体	民办非企业单位	基金会	居委会	村委会	其他法人
全省	**228994**	**145228**	**18440**	**6808**	**17378**	**4648**	**39**	**1319**	**16135**	**18999**
兰州	54034	46819	2018	766	1330	1254	22	393	731	701
嘉峪关	4639	3962	201	73	100	207	2	30	17	47
金昌	4501	3283	351	192	195	126		36	138	180
白银	17210	11052	1404	404	1652	379	1	112	698	1508
天水	21700	11518	1459	557	2781	493	2	119	2486	2285
武威	12055	6631	938	403	1572	305		76	1134	996
张掖	17144	11628	1379	514	1644	200	3	46	837	893
平凉	12239	6628	1459	520	905	171		64	1455	1037
酒泉	14949	10769	1071	449	844	256	3	74	438	1045
庆阳	16147	8993	2252	569	953	282	1	63	1262	1772
定西	17208	8360	2151	551	1642	417	2	76	1944	2065
陇南	15448	6752	1615	741	1725	247	3	138	3206	1021
临夏	16202	6191	1500	568	1302	285		59	1128	5169
甘南	5518	2642	642	501	733	26		33	661	280

1-10 按地区、机构类型分组的法人单位从业人员数

地区	从业人员数（人）	企业	事业单位	机关	社会团体	民办非企业单位	基金会	居委会	村委会	其他法人
全省	**3655778**	**2287904**	**708242**	**381148**	**51042**	**62715**	**194**	**15310**	**75844**	**73379**
兰州	1103419	863434	143542	54963	7104	19184	137	6226	4508	4321
嘉峪关	91632	75284	9106	4016	289	2395	25	205	91	221
金昌	121632	96418	13329	7972	598	1180		286	829	1020
白银	234221	150069	43538	22753	4276	3666	1	1492	3954	4472
天水	316690	175367	72037	34028	8478	7067	9	1017	10765	7922
武威	189951	103468	46360	19884	3787	6254		1015	5105	4078
张掖	187930	118754	35528	19396	3041	1925	10	658	4576	4042
平凉	226262	122770	55665	31630	3091	2217		771	5743	4375
酒泉	174020	111258	32324	17929	1829	3025	1	616	2406	4632
庆阳	261433	148597	60846	30884	3001	4644	5	645	5663	7148
定西	234523	106862	66799	34656	4208	4019	2	650	8660	8667
陇南	210018	87331	54234	40954	4206	3520	4	890	14935	3944
临夏	205796	95494	49592	35022	4057	3323		488	4549	13271
甘南	98251	32798	25342	27061	3077	296		351	4060	5266

1-11 按地区、开业(成立)

地 区	法 人单位数(个)	1949年以前	1950-1977年	1978-1991年	1992-2000年	2001年	2002年	2003年	2004年	2005年	2006年
全 省	**228994**	**2380**	**10440**	**18138**	**9015**	**2162**	**2711**	**2788**	**2931**	**3131**	**3337**
兰 州	54034	181	993	1633	2374	795	758	784	863	945	1027
嘉峪关	4639	1	40	90	162	36	45	49	67	62	80
金 昌	4501	21	61	308	189	44	66	76	54	77	91
白 银	17210	67	452	774	528	101	171	164	224	206	298
天 水	21700	248	986	2273	811	183	246	237	195	240	256
武 威	12055	51	559	1091	479	134	168	144	162	126	174
张 掖	17144	72	641	813	608	178	191	190	176	282	208
平 凉	12239	198	1059	1407	370	89	151	123	126	114	162
酒 泉	14949	63	337	535	558	123	183	176	196	219	285
庆 阳	16147	204	1086	1195	441	118	242	228	155	229	183
定 西	17208	423	1248	1420	585	128	136	248	309	191	145
陇 南	15448	310	1041	2571	460	76	134	169	183	173	175
临 夏	16202	448	1368	3466	1193	132	173	140	157	199	139
甘 南	5518	93	569	562	257	25	47	60	64	68	114

1-12 按地区、开业(成立)时间

地 区	从 业人员数(人)	1949年以前	1950-1977年	1978-1991年	1992-2000年	2001年	2002年	2003年	2004年	2005年	2006年
全 省	**3655778**	**139070**	**557072**	**500295**	**334439**	**85166**	**115153**	**94564**	**88749**	**93650**	**94185**
兰 州	1103419	38147	162997	133155	142620	30056	33654	35676	26409	42557	33633
嘉峪关	91632	6	24667	5173	5707	1067	3254	889	1980	1215	6995
金 昌	121632	1792	54145	12564	5203	937	1826	2402	2722	1609	2663
白 银	234221	3331	31961	37898	18128	4884	4961	7864	6748	4466	4329
天 水	316690	10391	53573	41644	21726	7824	11850	8645	9314	8752	15300
武 威	189951	4871	19424	28377	16710	3618	4337	3701	6915	7078	2742
张 掖	187930	5903	19374	18277	14669	4965	4340	3666	4493	4788	3593
平 凉	226262	14518	33347	33819	17077	4484	24300	4157	4720	3098	4621
酒 泉	174020	5811	13458	17746	21884	4175	3039	3194	3188	3812	5015
庆 阳	261433	8020	32369	35834	17397	6833	10150	8512	3974	3493	3231
定 西	234523	17496	29672	32975	17941	7016	5106	6344	6848	4106	3845
陇 南	210018	13641	27604	41142	14413	4789	3685	4624	5140	3186	3158
临 夏	205796	9576	31667	48161	13374	3137	3241	2768	4628	3520	2420
甘 南	98251	5567	22814	13530	7590	1381	1410	2122	1670	1970	2640

时间分组的法人单位数

2007年	2008年	2009年	2010年	2011年	2012年	2013年	2014年	2015年	2016年	2017年	2018年	无开业年份
4491	**4014**	**4459**	**5902**	**6194**	**8026**	**10159**	**14590**	**23603**	**30142**	**29611**	**30606**	**164**
1099	1204	1346	1672	1683	1967	2496	4556	5373	6664	7508	8064	49
98	92	106	149	160	246	244	353	475	646	689	747	2
80	106	92	186	153	227	225	308	387	593	651	506	
242	288	329	396	613	618	722	1033	1912	2548	2658	2854	12
643	297	315	503	475	587	677	1027	2518	3381	2806	2782	14
480	215	249	362	340	434	564	642	1280	1591	1442	1363	5
288	300	238	403	416	618	732	1083	1621	2747	2777	2556	6
169	201	167	256	392	408	481	734	1307	1536	1337	1449	3
297	276	291	442	491	586	736	1025	1407	2050	2231	2436	6
171	247	246	373	390	616	704	1060	2254	2164	1907	1932	2
177	206	252	429	403	665	772	1012	1911	2294	1868	2350	36
468	279	291	331	298	401	511	745	1503	2204	1693	1419	13
160	218	460	275	271	440	1047	668	1096	1167	1387	1588	10
119	85	77	125	109	213	248	344	559	557	657	560	6

分组的法人单位从业人员数

2007年	2008年	2009年	2010年	2011年	2012年	2013年	2014年	2015年	2016年	2017年	2018年	无开业年份
94414	**100330**	**80087**	**107475**	**103037**	**114367**	**109893**	**130157**	**175295**	**196991**	**191446**	**149720**	**223**
27626	27999	21824	25045	32134	32973	30555	40359	45488	50041	52626	37828	17
1148	3837	2778	3197	2559	4005	2618	4298	3476	5951	3766	3040	6
720	3573	1058	3173	1856	3026	3951	2714	4015	4775	3610	3298	
15687	4692	5028	9190	7627	7086	6704	6268	11799	11612	13500	10457	1
6201	5525	6501	9733	8650	6955	6726	9732	15998	18209	18640	14797	4
7110	3146	3776	6689	3907	9092	7126	6374	11298	11796	13356	8476	32
2796	2887	4394	7514	6075	5984	7395	9829	12360	17303	15026	12265	34
3450	5155	3503	5244	4935	6645	6077	8159	10353	11470	8830	8289	11
6293	4974	5267	8420	7192	6554	5923	6658	7959	12942	10493	10014	9
5254	23071	10345	9109	7739	7708	8778	8906	15139	13617	12420	9534	
4355	4950	4799	6131	6718	9135	7282	10081	12637	13750	11917	11354	65
5214	5397	5741	7359	7222	6219	4426	7052	9174	12452	11347	7014	19
6120	4118	3749	3990	4035	5248	9385	6951	10656	8638	10644	9751	19
2440	1006	1324	2681	2388	3737	2947	2776	4943	4435	5271	3603	6

1-13 按行业(大类)、开业(成立)时间分组的法人单位数

行业大类	代码	法人单位数(个)	1949年以前	1950-1977年	1978-1991年
总　计	**00**	**228994**	**2380**	**10440**	**18138**
农、林、牧、渔业	**A**	**4238**	**3**	**58**	**68**
农业	01	3			
林业	02	3			1
畜牧业	03	4			
渔业	04				
农、林、牧、渔专业及辅助性活动	05	4228	3	58	67
采矿业	**B**	**1227**	**2**	**7**	**27**
煤炭开采和洗选业	06	91		7	10
石油和天然气开采业	07	7			
黑色金属矿采选业	08	112			1
有色金属矿采选业	09	123			8
非金属矿采选业	10	752			6
开采专业及辅助性活动	11	97			1
其他采矿业	12	45	2		1
制造业	**C**	**15209**	**9**	**59**	**220**
农副食品加工业	13	1996			13
食品制造业	14	700		2	7
酒、饮料和精制茶制造业	15	589		4	5
烟草制品业	16	3	1		
纺织业	17	157		1	4
纺织服装、服饰业	18	228		2	6
皮革、毛皮、羽毛及其制品和制鞋业	19	137	1		4
木材加工和木、竹、藤、棕、草制品业	20	306			4
家具制造业	21	275			2
造纸和纸制品业	22	185			4
印刷和记录媒介复制业	23	708	1	5	28
文教、工美、体育和娱乐用品制造业	24	467			7
石油、煤炭及其他燃料加工业	25	87		1	3
化学原料和化学制品制造业	26	764		4	7
医药制造业	27	666	3	4	5
化学纤维制造业	28	6			
橡胶和塑料制品业	29	658		2	13
非金属矿物制品业	30	3393		6	53
黑色金属冶炼和压延加工业	31	162		2	4
有色金属冶炼和压延加工业	32	171		1	2
金属制品业	33	1463	1	4	11
通用设备制造业	34	447		9	13
专用设备制造业	35	463	1	4	9

1992–2000年	2001年	2002年	2003年	2004年	2005年	2006年	2007年	2008年	代码
9015	**2162**	**2711**	**2788**	**2931**	**3131**	**3337**	**4491**	**4014**	**00**
65	**11**	**10**	**24**	**15**	**14**	**14**	**29**	**39**	**A**
									01
									02
1									03
									04
64	11	10	24	15	14	14	29	39	05
37	**15**	**11**	**18**	**39**	**36**	**44**	**48**	**58**	**B**
6	1	1	2	8	1	4	3	4	06
				1	1	1		1	07
5	3	1	5	10	16	14	9	2	08
11	5	5	5	10	10	11	6	13	09
12	6	3	5	9	3	10	23	26	10
1			1	1	3	3	3	10	11
2		1			2	1	4	2	12
839	**226**	**277**	**301**	**322**	**339**	**334**	**378**	**462**	**C**
108	25	40	42	41	58	47	64	64	13
46	16	13	15	13	15	15	21	22	14
34	15	17	17	17	11	12	11	15	15
1									16
11	4	2	7		2	6		2	17
15		3	2	5	1	1	3	6	18
11	1	3			2	1	3	4	19
16	2	2	3	2	3	7	4	10	20
5		1	3	3	6	5	7	6	21
11	5	2	2	4	2	4	3	7	22
63	14	13	27	19	17	16	14	21	23
11	1	2	6	1	7	4	12	9	24
5	1	1	3		3	1	2	5	25
52	14	19	16	31	34	28	21	22	26
23	7	9	11	10	16	10	16	6	27
									28
26	8	7	8	13	11	16	15	21	29
178	49	76	62	72	72	61	78	121	30
11	1	4	5	12	3	4	2	8	31
17	4	4	7	8	5	6	11	2	32
60	15	19	21	29	21	25	27	40	33
36	13	13	11	13	8	21	17	22	34
30	12	11	8	13	13	17	12	14	35

1-13 续表 1

行业大类	代码	法人单位数(个)	1949年以前	1950-1977年	1978-1991年
汽车制造业	36	52	1	2	1
铁路、船舶、航空航天和其他运输设备制造业	37	39			1
电气机械和器材制造业	38	366		3	8
计算机、通信和其他电子设备制造业	39	96		1	
仪器仪表制造业	40	60		1	1
其他制造业	41	76			
废弃资源综合利用业	42	170			
金属制品、机械和设备修理业	43	319		1	5
电力、热力、燃气及水生产和供应业	**D**	**1628**		**26**	**78**
电力、热力生产和供应业	44	1250		13	45
燃气生产和供应业	45	109			1
水的生产和供应业	46	269		13	32
建筑业	**E**	**13473**	**2**	**68**	**158**
房屋建筑业	47	3602	1	43	108
土木工程建筑业	48	3643		21	28
建筑安装业	49	1789	1	4	8
建筑装饰、装修和其他建筑业	50	4439			14
批发和零售业	**F**	**58213**	**15**	**104**	**342**
批发业	51	27901	7	34	163
零售业	52	30312	8	70	179
交通运输、仓储和邮政业	**G**	**4994**	**5**	**56**	**96**
铁路运输业	53	1			
道路运输业	54	3064	4	35	57
水上运输业	55	12			
航空运输业	56	28		1	
管道运输业	57	2			
多式联运和运输代理业	58	412			2
装卸搬运和仓储业	59	1075	1	16	29
邮政业	60	400		4	8
住宿和餐饮业	**H**	**5899**	**3**	**20**	**65**
住宿业	61	2423	2	12	53
餐饮业	62	3476	1	8	12
信息传输、软件和信息技术服务业	**I**	**4146**	**3**	**3**	**19**
电信、广播电视和卫星传输服务	63	300	2	3	15
互联网和相关服务	64	1086			1
软件和信息技术服务业	65	2760	1		3
金融业	**J**	**918**			**1**
货币金融服务	66	826			1
资本市场服务	67	25			
保险业	68	12			
其他金融业	69	55			

1992–2000年	2001年	2002年	2003年	2004年	2005年	2006年	2007年	2008年	代码
1	2	1	1		1	2		3	36
1	2				2	2	1	4	37
31	9	9	12	8	17	7	14	12	38
8	4	1	5	2		3	2	3	39
9	1		1			2	3	1	40
4			1			4	1	4	41
2		2	3	3	4		5	2	42
13	1	3	2	3	5	7	9	6	43
109	**20**	**23**	**36**	**53**	**55**	**77**	**66**	**60**	**D**
73	15	16	24	44	51	71	58	48	44
4	2		3	1	3	2	4	4	45
32	3	7	9	8	1	4	4	8	46
458	**141**	**106**	**120**	**95**	**105**	**118**	**118**	**128**	**E**
178	59	35	34	33	28	26	29	30	47
105	32	23	28	26	25	37	37	50	48
74	16	15	29	20	17	20	23	14	49
101	34	33	29	16	35	35	29	34	50
1368	**448**	**462**	**556**	**630**	**722**	**744**	**760**	**1051**	**F**
674	232	232	275	362	405	449	450	636	51
694	216	230	281	268	317	295	310	415	52
188	**43**	**68**	**72**	**75**	**77**	**100**	**124**	**124**	**G**
									53
114	31	52	54	49	51	60	68	82	54
	1			2		1			55
				2		1	3	1	56
							1		57
10	4	2	2	10	9	10	10	9	58
42	7	12	13	9	14	27	42	29	59
22		2	3	3	3	1		3	60
166	**30**	**58**	**51**	**50**	**65**	**51**	**60**	**88**	**H**
107	20	38	27	33	32	25	34	42	61
59	10	20	24	17	33	26	26	46	62
75	**28**	**35**	**23**	**61**	**36**	**44**	**40**	**42**	**I**
24	9	4	3	27	2	5	10	4	63
6	4	7	4	9	6	5	8	9	64
45	15	24	16	25	28	34	22	29	65
6	**2**	**3**	**4**	**5**	**8**	**6**	**15**	**10**	**J**
4	2	2	3	5	7	6	12	7	66
1							2	2	67
									68
1		1	1		1		1	1	69

1-13 续表 2

行业大类	代码	法人单位数(个)	1949年以前	1950-1977年	1978-1991年
房地产业	K	**7331**	**1**	**14**	**97**
房地产业	70	7331	1	14	97
租赁和商务服务业	L	**19942**	**13**	**24**	**157**
租赁业	71	3322	2	2	7
商务服务业	72	16620	11	22	150
科学研究和技术服务业	M	**7564**	**22**	**234**	**396**
研究和试验发展	73	485	2	24	34
专业技术服务业	74	4587	20	150	178
科技推广和应用服务业	75	2492		60	184
水利、环境和公共设施管理业	N	**1895**	**7**	**83**	**130**
水利管理业	76	512	4	61	69
生态保护和环境治理业	77	229	1	15	21
公共设施管理业	78	1107	2	7	39
土地管理业	79	47			1
居民服务、修理和其他服务业	O	**5882**	**2**	**7**	**30**
居民服务业	80	2211	1	5	16
机动车、电子产品和日用产品修理业	81	2827	1		11
其他服务业	82	844		2	3
教育	P	**12540**	**975**	**2530**	**1256**
教育	83	12540	975	2530	1256
卫生和社会工作	Q	**3992**	**55**	**1038**	**499**
卫生	84	3380	53	1023	443
社会工作	85	612	2	15	56
文化、体育和娱乐业	R	**5870**	**19**	**121**	**263**
新闻和出版业	86	100	3	2	27
广播、电视、电影和录音制作业	87	575		7	22
文化艺术业	88	2112	14	102	197
体育	89	474	1	3	9
娱乐业	90	2609	1	7	8
公共管理、社会保障和社会组织	S	**54033**	**1244**	**5988**	**14236**
中国共产党机关	91	978	96	217	334
国家机构	92	11067	252	1384	2767
人民政协、民主党派	93	193	5	28	98
社会保障	94	113			18
群众团体、社会团体和其他成员组织	95	24228	487	899	3733
基层群众自治组织	96	17454	404	3460	7286

1992–2000年	2001年	2002年	2003年	2004年	2005年	2006年	2007年	2008年	代码
460	**167**	**157**	**174**	**177**	**184**	**200**	**284**	**241**	K
460	167	157	174	177	184	200	284	241	70
406	**97**	**105**	**122**	**139**	**162**	**190**	**209**	**277**	L
24	8	13	9	9	12	23	16	26	71
382	89	92	113	130	150	167	193	251	72
320	**65**	**93**	**102**	**91**	**90**	**177**	**128**	**130**	M
16	2	4	7	7	7	9	3	7	73
223	47	75	70	72	67	141	95	87	74
81	16	14	25	12	16	27	30	36	75
124	**22**	**45**	**34**	**22**	**26**	**27**	**55**	**77**	N
70	9	25	22	7	11	7	22	55	76
12	5	5	2	4	4	2	7	6	77
39	8	13	8	10	10	15	26	15	78
3		2	2	1	1	3		1	79
102	**34**	**40**	**40**	**45**	**42**	**51**	**60**	**69**	O
40	10	17	15	12	13	14	23	23	80
51	19	15	17	22	22	29	29	36	81
11	5	8	8	11	7	8	8	10	82
684	**82**	**142**	**233**	**164**	**157**	**186**	**165**	**235**	P
684	82	142	233	164	157	186	165	235	83
216	**33**	**70**	**74**	**61**	**57**	**72**	**82**	**100**	Q
188	25	59	67	55	51	65	73	80	84
28	8	11	7	6	6	7	9	20	85
127	**27**	**84**	**75**	**82**	**52**	**85**	**61**	**68**	R
14	1	3		1	1	3	1	2	86
18	2	3	2	8	4	6	8	5	87
68	9	20	16	21	17	18	17	24	88
6		5	1	2	5	1	1	3	89
21	15	53	56	50	25	57	34	34	90
3265	**671**	**922**	**729**	**805**	**904**	**817**	**1809**	**755**	S
50	15	76	15	11	12	5	7	10	91
936	191	443	296	257	320	210	278	240	92
15	2	10	1	8	4	3	2	1	93
11	6	10	3	2	3	4	7	5	94
1556	141	193	162	135	254	291	538	309	95
697	316	190	252	392	311	304	977	190	96

1-13 续表 3

行业大类	代码	2009年	2010年	2011年	2012年
总　计	00	**4459**	**5902**	**6194**	**8026**
农、林、牧、渔业	A	**56**	**112**	**99**	**163**
农业	01			1	
林业	02		1		
畜牧业	03				1
渔业	04				
农、林、牧、渔专业及辅助性活动	05	56	111	98	162
采矿业	B	**51**	**70**	**58**	**73**
煤炭开采和洗选业	06	2	3	7	2
石油和天然气开采业	07				
黑色金属矿采选业	08	3	5	6	4
有色金属矿采选业	09	3	7	3	2
非金属矿采选业	10	39	46	32	51
开采专业及辅助性活动	11	3	6	8	12
其他采矿业	12	1	3	2	2
制造业	C	**509**	**600**	**724**	**864**
农副食品加工业	13	64	85	91	110
食品制造业	14	17	19	25	45
酒、饮料和精制茶制造业	15	17	19	21	34
烟草制品业	16				
纺织业	17	5	9	4	7
纺织服装、服饰业	18	2	4	7	10
皮革、毛皮、羽毛及其制品和制鞋业	19	1	3	5	6
木材加工和木、竹、藤、棕、草制品业	20	5	8	10	16
家具制造业	21	9	5	13	13
造纸和纸制品业	22	11	5	3	7
印刷和记录媒介复制业	23	13	21	25	29
文教、工美、体育和娱乐用品制造业	24	12	10	24	43
石油、煤炭及其他燃料加工业	25	4	2	2	4
化学原料和化学制品制造业	26	24	28	31	38
医药制造业	27	17	24	18	45
化学纤维制造业	28				
橡胶和塑料制品业	29	17	33	31	50
非金属矿物制品业	30	153	185	239	227
黑色金属冶炼和压延加工业	31	6	5	6	9
有色金属冶炼和压延加工业	32	6	7	8	8
金属制品业	33	33	42	50	72
通用设备制造业	34	24	24	24	16
专用设备制造业	35	23	20	30	15

2013年	2014年	2015年	2016年	2017年	2018年	无开业年份	代码
10159	**14590**	**23603**	**30142**	**29611**	**30606**	**164**	**00**
231	**334**	**776**	**725**	**549**	**839**	**4**	**A**
		1	1				01
		1					02
1	1						03
							04
230	333	774	724	549	839	4	05
82	**82**	**72**	**135**	**129**	**133**		**B**
3	4	5	4	9	5		06
	2				1		07
7	5	2	7	4	3		08
6	5	2	3	4	4		09
53	56	58	114	98	102		10
8	6	3	6	10	12		11
5	4	2	1	4	6		12
1005	**1385**	**1622**	**1594**	**1536**	**1586**	**18**	**C**
151	184	271	193	164	181		13
48	71	101	77	58	53	1	14
39	51	91	67	47	44	1	15
				1			16
8	17	12	13	28	15		17
13	21	25	20	23	59		18
5	12	4	7	4	60		19
22	32	35	41	39	45		20
21	30	25	42	41	36	2	21
12	21	27	19	19	17		22
37	56	81	83	82	42	1	23
59	43	41	61	56	58		24
3	7	6	13	7	12	2	25
41	63	78	64	75	72	2	26
42	56	103	64	68	103	6	27
2			2	2			28
50	72	68	70	69	58		29
253	283	293	321	324	284	3	30
1	17	13	10	22	17		31
12	8	9	17	15	14		32
77	158	157	215	219	167		33
23	29	27	31	33	40		34
30	37	36	42	39	47		35

1-13 续表 4

行业大类	代码	2009年	2010年	2011年	2012年
汽车制造业	36	1	1	4	4
铁路、船舶、航空航天和其他运输设备制造业	37	3	4		
电气机械和器材制造业	38	17	18	16	30
计算机、通信和其他电子设备制造业	39	3	2		3
仪器仪表制造业	40	3	1	5	
其他制造业	41	1	3	2	4
废弃资源综合利用业	42	5	6	10	6
金属制品、机械和设备修理业	43	13	7	20	13
电力、热力、燃气及水生产和供应业	**D**	**91**	**73**	**77**	**97**
电力、热力生产和供应业	44	80	58	60	84
燃气生产和供应业	45	8	7	8	6
水的生产和供应业	46	3	8	9	7
建筑业	**E**	**211**	**202**	**273**	**365**
房屋建筑业	47	62	61	81	130
土木工程建筑业	48	64	58	89	99
建筑安装业	49	36	32	42	57
建筑装饰、装修和其他建筑业	50	49	51	61	79
批发和零售业	**F**	**1262**	**1694**	**1920**	**2482**
批发业	51	743	973	1083	1372
零售业	52	519	721	837	1110
交通运输、仓储和邮政业	**G**	**134**	**207**	**200**	**215**
铁路运输业	53	1			
道路运输业	54	87	115	102	104
水上运输业	55	1			
航空运输业	56	1		1	1
管道运输业	57		1		
多式联运和运输代理业	58	10	16	13	20
装卸搬运和仓储业	59	28	53	65	67
邮政业	60	6	22	19	23
住宿和餐饮业	**H**	**72**	**132**	**149**	**236**
住宿业	61	40	72	79	134
餐饮业	62	32	60	70	102
信息传输、软件和信息技术服务业	**I**	**56**	**78**	**79**	**101**
电信、广播电视和卫星传输服务	63	4	9	8	12
互联网和相关服务	64	17	18	7	19
软件和信息技术服务业	65	35	51	64	70
金融业	**J**	**28**	**36**	**43**	**77**
货币金融服务	66	25	32	33	68
资本市场服务	67		1	3	1
保险业	68				
其他金融业	69	3	3	7	8

2013年	2014年	2015年	2016年	2017年	2018年	无开业年份	代码
2	3	5	5	5	7		36
2	6	3	3		5		37
17	26	26	31	22	33		38
7	7	6	6	15	18		39
	4	2	5	8	13		40
1	13	14	8	4	12		41
13	19	22	19	16	33		42
14	39	41	45	31	41		43
136	**95**	**128**	**119**	**79**	**128**	**2**	**D**
105	72	94	87	47	103	2	44
15	8	9	10	8	6		45
16	15	25	22	24	19		46
384	**893**	**1253**	**2038**	**3050**	**3169**	**18**	**E**
112	256	298	448	724	821	5	47
94	228	333	613	879	770	4	48
64	130	166	261	362	395	3	49
114	279	456	716	1085	1183	6	50
2816	**4869**	**7039**	**9359**	**9850**	**9673**	**47**	**F**
1493	2365	3275	4071	4276	4309	22	51
1323	2504	3764	5288	5574	5364	25	52
289	**393**	**524**	**622**	**656**	**720**	**6**	**G**
							53
168	205	283	398	457	483	5	54
1	3		3				55
2	1	2	3	1	8		56
							57
24	41	48	55	47	70		58
81	118	130	111	88	92	1	59
13	25	61	52	63	67		60
293	**478**	**852**	**1045**	**1035**	**893**	**7**	**H**
143	191	340	390	363	245	1	61
150	287	512	655	672	648	6	62
125	**298**	**494**	**667**	**805**	**1027**	**7**	**I**
6	25	26	36	23	43		63
26	87	159	213	246	233	2	64
93	186	309	418	536	751	5	65
105	**38**	**386**	**85**	**29**	**29**	**2**	**J**
99	32	382	69	20	15	2	66
2	3	1	7		2		67
			3	2	7		68
4	3	3	6	7	5		69

1-13 续表 5

行业大类	代码	2009年	2010年	2011年	2012年
房地产业	**K**	**286**	**389**	**331**	**285**
房地产业	70	286	389	331	285
租赁和商务服务业	**L**	**265**	**402**	**459**	**616**
租赁业	71	29	57	61	95
商务服务业	72	236	345	398	521
科学研究和技术服务业	**M**	**165**	**175**	**231**	**258**
研究和试验发展	73	14	20	23	22
专业技术服务业	74	117	116	147	168
科技推广和应用服务业	75	34	39	61	68
水利、环境和公共设施管理业	**N**	**26**	**49**	**52**	**79**
水利管理业	76	3	17	8	22
生态保护和环境治理业	77	4	2	6	8
公共设施管理业	78	19	28	36	44
土地管理业	79		2	2	5
居民服务、修理和其他服务业	**O**	**92**	**117**	**143**	**153**
居民服务业	80	29	34	46	52
机动车、电子产品和日用产品修理业	81	44	71	81	80
其他服务业	82	19	12	16	21
教育	**P**	**207**	**275**	**228**	**362**
教育	83	207	275	228	362
卫生和社会工作	**Q**	**72**	**97**	**81**	**104**
卫生	84	51	74	70	73
社会工作	85	21	23	11	31
文化、体育和娱乐业	**R**	**93**	**124**	**130**	**219**
新闻和出版业	86	1	3	3	10
广播、电视、电影和录音制作业	87	8	16	6	30
文化艺术业	88	20	29	55	108
体育	89	8	8	1	7
娱乐业	90	56	68	65	64
公共管理、社会保障和社会组织	**S**	**783**	**1070**	**917**	**1277**
中国共产党机关	91	5	36	16	17
国家机构	92	156	568	439	396
人民政协、民主党派	93		2	3	
社会保障	94		7	6	9
群众团体、社会团体和其他成员组织	95	543	388	405	711
基层群众自治组织	96	79	69	48	144

2013年	2014年	2015年	2016年	2017年	2018年	无开业年份	代码
491	**583**	**591**	**660**	**712**	**844**	**3**	K
491	583	591	660	712	844	3	70
842	**1493**	**2450**	**3189**	**3861**	**4447**	**17**	L
153	230	408	598	777	759	4	71
689	1263	2042	2591	3084	3688	13	72
307	**520**	**646**	**864**	**984**	**1558**	**8**	M
23	29	37	57	71	67		73
207	332	413	526	603	731	2	74
77	159	196	281	310	760	6	75
91	**97**	**162**	**214**	**225**	**247**	**1**	N
21	12	9	26	16	16		76
15	11	15	28	23	32	1	77
53	71	131	155	182	196		78
2	3	7	5	4	3		79
259	**501**	**934**	**989**	**1078**	**1088**	**6**	O
95	185	272	368	427	513	1	80
139	261	404	507	534	451	3	81
25	55	258	114	117	124	2	82
363	**498**	**743**	**1083**	**950**	**1017**	**5**	P
363	498	743	1083	950	1017	5	83
111	**137**	**217**	**263**	**291**	**259**	**3**	Q
76	104	162	207	204	175	2	84
35	33	55	56	87	84	1	85
292	**447**	**712**	**988**	**917**	**879**	**5**	R
7	3	4	4	5	2		86
29	37	84	90	90	100		87
112	196	254	275	271	266	3	88
10	30	57	89	92	135		89
134	181	313	530	459	376	2	90
1937	**1449**	**4002**	**5503**	**2875**	**2070**	**5**	S
4	4	3	9	17	19		91
366	236	381	312	368	271		92
2		1	3	5			93
3		6	3	3	7		94
1472	1068	3420	4913	1493	1114	3	95
90	141	191	263	989	659	2	96

1-14 按行业(大类)、开业(成立)

行业大类	代码	从业人员数(人)	1949年以前	1950-1977年	1978-1991年
总 计	00	**3655778**	**139070**	**557072**	**500295**
农、林、牧、渔业	A	**21183**	**18**	**1731**	**677**
农业	01				
林业	02				
畜牧业	03				
渔业	04				
农、林、牧、渔专业及辅助性活动	05	21183	18	1731	677
采矿业	B	**96333**		**25164**	**3742**
煤炭开采和洗选业	06	54472		25164	1776
石油和天然气开采业	07	17882			
黑色金属矿采选业	08	3533			1
有色金属矿采选业	09	6970			1862
非金属矿采选业	10	8605			101
开采专业及辅助性活动	11	4641			
其他采矿业	12	230			2
制造业	C	**464344**	**6045**	**62480**	**17733**
农副食品加工业	13	32600			256
食品制造业	14	16122		24	153
酒、饮料和精制茶制造业	15	16395		511	1115
烟草制品业	16	2669	2413		
纺织业	17	4604		3	210
纺织服装、服饰业	18	5049		417	518
皮革、毛皮、羽毛及其制品和制鞋业	19	2499	514		47
木材加工和木、竹、藤、棕、草制品业	20	2291			45
家具制造业	21	1976			5
造纸和纸制品业	22	3239			88
印刷和记录媒介复制业	23	6337	480	549	922
文教、工美、体育和娱乐用品制造业	24	4095			294
石油、煤炭及其他燃料加工业	25	27905		1395	104
化学原料和化学制品制造业	26	29594		2359	1418
医药制造业	27	18457	2636	620	170
化学纤维制造业	28	259			
橡胶和塑料制品业	29	11470		107	416
非金属矿物制品业	30	81859		679	4158
黑色金属冶炼和压延加工业	31	33807		20950	715
有色金属冶炼和压延加工业	32	72858		28270	4058
金属制品业	33	14903	2	7	271
通用设备制造业	34	15918		1790	882
专用设备制造业	35	20307		2020	475

时间分组的法人单位从业人员数

1992–2000年	2001年	2002年	2003年	2004年	2005年	2006年	2007年	2008年	代码
334439	**85166**	**115153**	**94564**	**88749**	**93650**	**94185**	**94414**	**100330**	**00**
476	**63**	**70**	**146**	**114**	**161**	**178**	**201**	**213**	**A**
									01
									02
									03
									04
476	63	70	146	114	161	178	201	213	05
3264	**564**	**18897**	**1241**	**4842**	**2370**	**892**	**972**	**19950**	**B**
2732	11	18636	303	3477	23	65	32	630	06
				480	17	4		17350	07
39	28	121	652	237	615	108	90	82	08
305	306	119	249	464	985	431	47	686	09
183	219	15	30	176	16	95	682	356	10
5			7	8	700	185	75	842	11
		6			14	4	46	4	12
58200	**12036**	**19309**	**17589**	**14955**	**14137**	**28800**	**31117**	**16794**	**C**
3109	1756	1325	1158	1075	1892	1436	2154	1266	13
1761	841	456	606	585	3147	323	1150	667	14
1003	369	365	974	2703	680	707	962	842	15
256									16
1414	98	453	400		5	109		9	17
704		742	19	87	3		30	127	18
238	4	34			420	6	7	104	19
99	6	16	16	43	19	39	31	279	20
90			19	16	49	132	75	26	21
419	585	17	11	21	6	10	136	169	22
713	149	219	294	160	157	134	255	297	23
227	13	60	71	85	53	26	371	94	24
23283	2	10	67		5	10	12	761	25
3342	1917	1158	638	1717	1520	3052	841	874	26
2044	212	1006	1537	670	391	1320	1429	155	27
									28
1004	111	172	63	669	253	247	326	260	29
7737	1561	2689	2274	3204	1600	1514	2232	3829	30
2010	5	203	5193	1269	491	728	96	71	31
2536	680	55	2398	891	633	5292	17302	1858	32
944	845	287	218	474	367	1053	328	1006	33
829	1820	1998	754	315	69	1308	129	1369	34
1239	457	7388	492	557	853	358	242	1851	35

1-14 续表 1

行业大类	代码	从业人员数(人)	1949年以前	1950-1977年	1978-1991年
汽车制造业	36	1719			12
铁路、船舶、航空航天和其他运输设备制造业	37	846			3
电气机械和器材制造业	38	15722		794	465
计算机、通信和其他电子设备制造业	39	12233		249	
仪器仪表制造业	40	786		179	
其他制造业	41	799			
废弃资源综合利用业	42	2664			
金属制品、机械和设备修理业	43	4362		1557	933
电力、热力、燃气及水生产和供应业	**D**	**110014**		**6319**	**52583**
电力、热力生产和供应业	44	93250		2393	50325
燃气生产和供应业	45	4888			174
水的生产和供应业	46	11876		3926	2084
建筑业	**E**	**541285**	**43**	**133775**	**89585**
房屋建筑业	47	357687	4	105031	74853
土木工程建筑业	48	117442		13169	10883
建筑安装业	49	36766	39	15575	1123
建筑装饰、装修和其他建筑业	50	29390			2726
批发和零售业	**F**	**323477**	**30**	**2989**	**7027**
批发业	51	151757	20	1736	4724
零售业	52	171720	10	1253	2303
交通运输、仓储和邮政业	**G**	**124241**	**194**	**4308**	**5564**
铁路运输业	53	162			
道路运输业	54	73352	192	3729	4457
水上运输业	55	115			
航空运输业	56	3985		36	
管道运输业	57	268			
多式联运和运输代理业	58	4631			71
装卸搬运和仓储业	59	11910	2	523	1025
邮政业	60	29818		20	11
住宿和餐饮业	**H**	**101662**	**16**	**2519**	**3814**
住宿业	61	48585	6	2146	3531
餐饮业	62	53077	10	373	283
信息传输、软件和信息技术服务业	**I**	**60798**	**72**	**43**	**552**
电信、广播电视和卫星传输服务	63	32206	45	43	535
互联网和相关服务	64	4648			7
软件和信息技术服务业	65	23944	27		10
金融业	**J**	**5570**			**5**
货币金融服务	66	4557			5
资本市场服务	67	203			
保险业	68	89			
其他金融业	69	721			

1992–2000年	2001年	2002年	2003年	2004年	2005年	2006年	2007年	2008年	代码
18	83	25	8		29	642		47	36
19	28				40	42	14	228	37
1568	297	569	242	124	1317	662	2726	424	38
1067	125	4	24	35		9486	12	45	39
174	52		43			66	27	4	40
62			8			42	3	14	41
111		27	24	241	10		94	93	42
180	20	31	38	14	128	56	133	25	43
8849	**1149**	**2608**	**1510**	**2228**	**1459**	**1981**	**3089**	**2904**	D
5201	865	2429	1345	1962	1398	1931	1972	2665	44
1681	223		99	109	46	23	1029	21	45
1967	61	179	66	157	15	27	88	218	46
67697	**33588**	**15498**	**16386**	**8711**	**9768**	**11647**	**4653**	**8046**	E
44995	19131	11397	7747	3951	7624	9635	1570	5004	47
16679	12393	3065	5536	4015	1051	1189	2064	2216	48
2959	1014	501	2222	510	604	500	353	528	49
3064	1050	535	881	235	489	323	666	298	50
26024	**6343**	**10805**	**7365**	**7635**	**9467**	**6184**	**7081**	**8199**	F
11411	3045	2375	2867	3612	5697	3112	3877	4173	51
14613	3298	8430	4498	4023	3770	3072	3204	4026	52
25754	**2575**	**4289**	**12052**	**4201**	**2972**	**2287**	**6972**	**3036**	G
									53
6878	2147	2372	11802	1850	2803	1372	3952	2165	54
	6			19		15			55
				1312		5	2243	3	56
							5		57
96	53	1510	146	763	85	184	93	25	58
917	369	126	100	223	58	705	679	528	59
17863		281	4	34	26	6		315	60
6403	**763**	**1370**	**1895**	**1480**	**1596**	**1476**	**2290**	**2195**	H
4070	518	921	1248	962	564	767	1320	756	61
2333	245	449	647	518	1032	709	970	1439	62
6790	**1809**	**472**	**1023**	**9312**	**7754**	**620**	**500**	**718**	I
5691	1388	63	101	8962	60	130	283	29	63
69	15	60	20	42	76	18	52	37	64
1030	406	349	902	308	7618	472	165	652	65
54	**16**	**102**	**48**	**11**	**43**	**22**	**138**	**98**	J
13	16	12	22	11	30	22	58	87	66
35							79	4	67
									68
6		90	26		13		1	7	69

1-14 续表 2

行业大类	代码	从业人员数（人）	1949年以前	1950–1977年	1978–1991年
房地产业	K	**141986**		**177**	**2417**
房地产业	70	141986		177	2417
租赁和商务服务业	L	**149333**	**34**	**577**	**6736**
租赁业	71	15734	9	45	432
商务服务业	72	133599	25	532	6304
科学研究和技术服务业	M	**120501**	**501**	**15865**	**10362**
研究和试验发展	73	11825	51	4688	1588
专业技术服务业	74	79324	450	10038	4827
科技推广和应用服务业	75	29352		1139	3947
水利、环境和公共设施管理业	N	**46769**	**282**	**5517**	**10628**
水利管理业	76	10033	121	3126	1665
生态保护和环境治理业	77	4527	6	1258	1152
公共设施管理业	78	31683	155	1133	7800
土地管理业	79	526			11
居民服务、修理和其他服务业	O	**35395**	**17**	**249**	**383**
居民服务业	80	13798	16	239	126
机动车、电子产品和日用产品修理业	81	12723	1		232
其他服务业	82	8874		10	25
教育	P	**409021**	**60199**	**102605**	**66590**
教育	83	409021	60199	102605	66590
卫生和社会工作	Q	**185404**	**27335**	**71193**	**28909**
卫生	84	179962	27331	70722	28134
社会工作	85	5442	4	471	775
文化、体育和娱乐业	R	**58803**	**971**	**2516**	**7050**
新闻和出版业	86	9624	398	87	1675
广播、电视、电影和录音制作业	87	7781		206	693
文化艺术业	88	23094	557	1991	4401
体育	89	3324	4	117	119
娱乐业	90	14980	12	115	162
公共管理、社会保障和社会组织	S	**659659**	**43313**	**119045**	**185938**
中国共产党机关	91	21249	3130	5495	6554
国家机构	92	466443	34558	92315	128304
人民政协、民主党派	93	3310	140	872	1734
社会保障	94	1908			579
群众团体、社会团体和其他成员组织	95	75595	3705	3876	14330
基层群众自治组织	96	91154	1780	16487	34437

1992–2000年	2001年	2002年	2003年	2004年	2005年	2006年	2007年	2008年	代码
15184	**3823**	**4832**	**4076**	**5077**	**8926**	**9586**	**5284**	**5714**	K
15184	3823	4832	4076	5077	8926	9586	5284	5714	70
10276	**1177**	**2618**	**3162**	**2198**	**7338**	**2876**	**3695**	**9294**	L
278	197	77	284	55	104	75	80	158	71
9998	980	2541	2878	2143	7234	2801	3615	9136	72
30579	**1847**	**3491**	**2491**	**2545**	**2671**	**3686**	**1951**	**2877**	M
797	307	271	153	48	534	308	5	62	73
17015	1328	3093	2109	2289	2024	3135	1612	2362	74
12767	212	127	229	208	113	243	334	453	75
3882	**494**	**570**	**284**	**544**	**188**	**695**	**1370**	**1317**	N
1993	85	78	209	102	66	21	142	236	76
100	211	174	8	100	5	242	166	220	77
1766	198	293	61	342	108	401	1062	839	78
23		25	6		9	31		22	79
941	**391**	**936**	**298**	**436**	**3546**	**423**	**764**	**574**	O
409	194	672	91	158	169	139	235	216	80
344	124	154	88	126	205	234	201	240	81
188	73	110	119	152	3172	50	328	118	82
25572	**4167**	**5048**	**9433**	**7398**	**5686**	**6917**	**5292**	**7230**	P
25572	4167	5048	9433	7398	5686	6917	5292	7230	83
6220	**1215**	**2242**	**2261**	**1477**	**1541**	**1692**	**1364**	**1853**	Q
5934	1171	2204	2219	1434	1435	1574	1305	1728	84
286	44	38	42	43	106	118	59	125	85
2045	**226**	**843**	**774**	**1100**	**425**	**5321**	**962**	**1954**	R
277	14	279			11	4380	6	1573	86
503	70	133	27	715	144	316	551	124	87
789	83	167	504	203	127	360	155	121	88
32		53	17	3	22	20	15	5	89
444	59	211	226	179	121	245	235	131	90
36229	**12920**	**21153**	**12530**	**14485**	**13602**	**8902**	**16719**	**7364**	S
912	357	1575	328	266	369	43	153	188	91
25847	7930	16464	9437	11735	10246	6486	10433	5112	92
55	39	175	73	56		2	3	3	93
191	97	143	21		26	58	85	72	94
5230	605	587	506	325	893	643	1286	878	95
3994	3892	2209	2165	2103	2068	1670	4759	1111	96

1-14 续表 3

行业大类	代码	2009年	2010年	2011年	2012年
总 计	00	**80087**	**107475**	**103037**	**114367**
农、林、牧、渔业	A	**342**	**625**	**572**	**1045**
农业	01				
林业	02				
畜牧业	03				
渔业	04				
农、林、牧、渔专业及辅助性活动	05	342	625	572	1045
采矿业	B	**500**	**1952**	**1353**	**1041**
煤炭开采和洗选业	06	100	356	280	47
石油和天然气开采业	07				
黑色金属矿采选业	08	5	31	45	87
有色金属矿采选业	09	73	405	604	1
非金属矿采选业	10	242	868	241	516
开采专业及辅助性活动	11	80	274	128	389
其他采矿业	12		18	55	1
制造业	C	**16366**	**18765**	**20927**	**16195**
农副食品加工业	13	1113	2473	1785	1897
食品制造业	14	188	556	741	764
酒、饮料和精制茶制造业	15	2445	324	350	255
烟草制品业	16				
纺织业	17	733	318	8	136
纺织服装、服饰业	18	5	218	30	68
皮革、毛皮、羽毛及其制品和制鞋业	19	15	31	118	43
木材加工和木、竹、藤、棕、草制品业	20	40	127	41	233
家具制造业	21	67	28	108	121
造纸和纸制品业	22	82	53	76	68
印刷和记录媒介复制业	23	58	98	172	147
文教、工美、体育和娱乐用品制造业	24	98	90	153	451
石油、煤炭及其他燃料加工业	25	530	201	11	391
化学原料和化学制品制造业	26	343	1530	946	1601
医药制造业	27	320	761	728	662
化学纤维制造业	28				
橡胶和塑料制品业	29	571	916	383	1230
非金属矿物制品业	30	4650	5768	7935	5603
黑色金属冶炼和压延加工业	31	544	319	193	56
有色金属冶炼和压延加工业	32	796	795	2965	627
金属制品业	33	783	291	784	727
通用设备制造业	34	424	1428	357	345
专用设备制造业	35	484	780	551	216

2013年	2014年	2015年	2016年	2017年	2018年	无开业年份	代码
109893	**130157**	**175295**	**196991**	**191446**	**149720**	**223**	00
1026	**1572**	**3269**	**3066**	**2466**	**3149**	**3**	A
							01
							02
							03
							04
1026	1572	3269	3066	2466	3149	3	05
2159	**1347**	**610**	**3273**	**1481**	**719**		B
171	446	46	86	79	12		06
	16				15		07
18	27	23	1308	8	8		08
68	116	1	9	202	37		09
608	477	514	1801	991	474		10
1271	245	16	68	181	167		11
23	20	10	1	20	6		12
18412	**16934**	**15779**	**18372**	**12754**	**10611**	**34**	C
1404	1578	2021	1882	1565	1455		13
471	1323	892	626	598	230	20	14
333	715	675	578	216	273		15
							16
201	145	57	45	130	130		17
285	206	138	168	509	775		18
121	162	29	114	28	464		19
202	200	209	240	182	224		20
316	137	90	282	281	134		21
453	318	350	170	87	120		22
229	247	361	259	330	107		23
470	222	258	384	289	386		24
81	120	71	721	93	37		25
1212	1359	1164	1409	709	485		26
511	1236	484	672	466	413	14	27
159			96	4			28
953	953	958	943	475	460		29
6901	4881	4387	3601	4138	2518		30
147	276	281	60	100	100		31
1320	113	171	1935	110	53		32
1319	923	909	1352	1363	650		33
301	606	190	577	206	221		34
485	295	301	803	280	180		35

1-14 续表 4

行业大类	代码	2009年	2010年	2011年	2012年
汽车制造业	36		18	14	107
铁路、船舶、航空航天和其他运输设备制造业	37	170	183		
电气机械和器材制造业	38	756	1330	2169	293
计算机、通信和其他电子设备制造业	39	391	22		30
仪器仪表制造业	40	51	2	51	
其他制造业	41	3	17	10	4
废弃资源综合利用业	42	601	42	94	60
金属制品、机械和设备修理业	43	105	46	154	60
电力、热力、燃气及水生产和供应业	D	**3308**	**2061**	**3510**	**1861**
电力、热力生产和供应业	44	2916	1746	2472	1659
燃气生产和供应业	45	352	102	139	87
水的生产和供应业	46	40	213	899	115
建筑业	E	**12973**	**10821**	**9668**	**18166**
房屋建筑业	47	4344	7501	5736	13449
土木工程建筑业	48	7416	2602	2524	2739
建筑安装业	49	942	276	793	1199
建筑装饰、装修和其他建筑业	50	271	442	615	779
批发和零售业	F	**12451**	**12057**	**12809**	**14387**
批发业	51	5018	6379	6213	7631
零售业	52	7433	5678	6596	6756
交通运输、仓储和邮政业	G	**3639**	**3779**	**8435**	**4200**
铁路运输业	53	162			
道路运输业	54	2500	1848	3438	2608
水上运输业	55	2			
航空运输业	56				2
管道运输业	57		263		
多式联运和运输代理业	58	46	88	42	234
装卸搬运和仓储业	59	727	433	427	790
邮政业	60	202	1147	4528	566
住宿和餐饮业	H	**2336**	**3513**	**2775**	**7590**
住宿业	61	1290	1752	1184	3341
餐饮业	62	1046	1761	1591	4249
信息传输、软件和信息技术服务业	I	**633**	**1323**	**4756**	**1399**
电信、广播电视和卫星传输服务	63	89	507	3996	301
互联网和相关服务	64	74	175	32	230
软件和信息技术服务业	65	470	641	728	868
金融业	J	**172**	**228**	**289**	**692**
货币金融服务	66	150	202	234	546
资本市场服务	67		6	13	2
保险业	68				
其他金融业	69	22	20	42	144

2013年	2014年	2015年	2016年	2017年	2018年	无开业年份	代码
170	31	74	145	13	283		36
19	50	24	12		14		37
188	249	639	485	148	277		38
13	59	85	349	150	87		39
	10	5	41	50	31		40
20	206	178	65	8	159		41
89	193	491	183	151	160		42
39	121	287	175	75	185		43
2825	**1376**	**6059**	**2267**	**1438**	**627**	**3**	**D**
2330	1055	5381	1573	1128	501	3	44
248	135	65	199	125	31		45
247	186	613	495	185	95		46
8773	**15227**	**14020**	**16331**	**20461**	**15428**	**20**	**E**
5011	8197	6128	5361	6557	4458	3	47
2614	4505	4432	6185	7555	4604	6	48
420	1200	966	1570	1751	1721		49
728	1325	2494	3215	4598	4645	11	50
16826	**22792**	**29341**	**36081**	**37094**	**30408**	**82**	**F**
9502	10372	13807	16409	16778	12961	38	51
7324	12420	15534	19672	20316	17447	44	52
3482	**6041**	**5533**	**5916**	**5068**	**3941**	**3**	**G**
							53
2330	4359	2160	4472	3041	2874	3	54
55	6		12				55
27	4	281	44	1	27		56
							57
233	202	163	226	148	223		58
565	1077	1013	762	489	372		59
272	393	1916	400	1389	445		60
5930	**7279**	**11613**	**13481**	**13645**	**7680**	**3**	**H**
2698	3271	4661	5793	5876	1907	3	61
3232	4008	6952	7688	7769	5773		62
665	**2011**	**4882**	**9361**	**3002**	**3097**	**4**	**I**
16	490	2276	6900	79	222		63
172	489	852	633	874	721		64
477	1032	1754	1828	2049	2154	4	65
685	**276**	**1819**	**454**	**192**	**226**		**J**
616	161	1796	392	107	77		66
30	1	3	24		6		67
			6	3	80		68
39	114	20	32	82	63		69

1-14 续表 5

行业大类	代码	2009年	2010年	2011年	2012年
房地产业	K	**7087**	**9317**	**6964**	**7203**
房地产业	70	7087	9317	6964	7203
租赁和商务服务业	L	**1849**	**3230**	**3798**	**7004**
租赁业	71	108	173	300	971
商务服务业	72	1741	3057	3498	6033
科学研究和技术服务业	M	**2185**	**2400**	**3702**	**3595**
研究和试验发展	73	271	307	437	249
专业技术服务业	74	1556	1827	2961	2921
科技推广和应用服务业	75	358	266	304	425
水利、环境和公共设施管理业	N	**266**	**638**	**875**	**1185**
水利管理业	76	21	185	96	208
生态保护和环境治理业	77	65	1	38	30
公共设施管理业	78	180	445	587	902
土地管理业	79		7	154	45
居民服务、修理和其他服务业	O	**957**	**916**	**1173**	**1074**
居民服务业	80	611	246	583	474
机动车、电子产品和日用产品修理业	81	232	395	448	401
其他服务业	82	114	275	142	199
教育	P	**6685**	**10034**	**6751**	**10261**
教育	83	6685	10034	6751	10261
卫生和社会工作	Q	**1360**	**2387**	**2080**	**3109**
卫生	84	1233	2207	1981	2909
社会工作	85	127	180	99	200
文化、体育和娱乐业	R	**821**	**1325**	**1085**	**3449**
新闻和出版业	86	219	70	17	133
广播、电视、电影和录音制作业	87	75	408	113	698
文化艺术业	88	146	505	593	2126
体育	89	66	95	7	71
娱乐业	90	315	247	355	421
公共管理、社会保障和社会组织	S	**6157**	**22104**	**11515**	**10911**
中国共产党机关	91	45	574	242	195
国家机构	92	4188	20065	9941	8135
人民政协、民主党派	93			4	
社会保障	94		107	57	97
群众团体、社会团体和其他成员组织	95	1481	989	989	1670
基层群众自治组织	96	443	369	282	814

2013年	2014年	2015年	2016年	2017年	2018年	无开业年份	代码
8686	**10361**	**7143**	**6865**	**7686**	**5571**	**7**	K
8686	10361	7143	6865	7686	5571	7	70
5471	**9116**	**16301**	**16999**	**18341**	**17230**	**13**	L
897	974	1927	2730	3330	2530		71
4574	8142	14374	14269	15011	14700	13	72
3528	**4344**	**4499**	**5048**	**6292**	**6034**	**8**	M
198	176	208	423	390	354		73
2485	3301	3466	3436	4260	2829		74
845	867	825	1189	1642	2851	8	75
1665	**1383**	**2533**	**2140**	**7169**	**3144**		N
133	245	205	157	250	689		76
128	107	149	136	123	108		77
1376	1018	2066	1830	6784	2337		78
28	13	113	17	12	10		79
1726	**2715**	**3794**	**5138**	**4719**	**4225**		O
616	907	1417	1917	2122	2241		80
726	1206	1682	2062	2083	1539		81
384	602	695	1159	514	445		82
8132	**9407**	**13547**	**15952**	**14825**	**7270**	**20**	P
8132	9407	13547	15952	14825	7270	20	83
2220	**3497**	**6733**	**7530**	**5648**	**3529**	**9**	Q
1970	3121	6044	7014	5094	3194	4	84
250	376	689	516	554	335	5	85
2750	**3964**	**5614**	**5841**	**5189**	**4576**	**2**	R
160	172	20	116	13	4		86
460	284	686	666	528	381		87
1081	1912	1997	1733	1820	1721	2	88
81	456	424	513	605	599		89
968	1140	2487	2813	2223	1871		90
14932	**10515**	**22206**	**22876**	**23976**	**22255**	**12**	S
14	20	212	175	288	114		91
9755	6658	10655	8530	14211	15438		92
24		74	4	52			93
109		51	71	60	84		94
4423	3150	10155	12630	4318	2918	8	95
607	687	1059	1466	5047	3701	4	96

1-15 按地区、从业人员组距

地区	法人单位数(个)	7人及以下	8-19人	20-49人	50-99人
全省	**228994**	**169768**	**30828**	**16355**	**6822**
兰州	54034	39877	7300	3960	1518
嘉峪关	4639	3532	576	313	111
金昌	4501	3113	725	401	139
白银	17210	13842	1714	951	352
天水	21700	16440	2741	1363	632
武威	12055	8765	1691	901	412
张掖	17144	12984	2256	1195	418
平凉	12239	8606	1833	989	433
酒泉	14949	11459	1960	948	339
庆阳	16147	11583	2466	1223	516
定西	17208	12585	2398	1289	539
陇南	15448	11237	2170	1126	589
临夏	16202	12408	1910	1096	497
甘南	5518	3337	1088	600	327

1-16 按地区、从业人员组距

地区	从业人员数(人)	7人及以下	8-19人	20-49人	50-99人
全省	**3655778**	**449492**	**362444**	**496503**	**469385**
兰州	1103419	102162	86207	118458	104638
嘉峪关	91632	8170	6656	9427	7547
金昌	121632	8126	8703	12004	9466
白银	234221	30061	20017	28850	24644
天水	316690	48121	31394	41101	44469
武威	189951	25123	20640	28098	28019
张掖	187930	30829	26539	35850	28788
平凉	226262	25591	21359	30484	30136
酒泉	174020	28174	23395	29028	22764
庆阳	261433	35622	28908	37778	35162
定西	234523	33191	28054	39166	37164
陇南	210018	33262	25086	34463	40238
临夏	205796	30989	22570	33360	33636
甘南	98251	10071	12916	18436	22714

分组的法人单位数

100-299人	300-499人	500-999人	1000-4999人	5000-9999人	10000人及以上
3977	**634**	**365**	**215**	**18**	**12**
967	182	117	95	13	5
66	21	14	5		1
93	12	11	4	1	2
265	48	19	17		2
417	61	31	12	3	
219	35	15	17		
240	32	15	4		
292	43	28	14		1
186	37	13	6	1	
266	43	36	13		1
323	43	22	9		
268	29	24	5		
230	32	16	13		
145	16	4	1		

分组的法人单位从业人员数

100-299人	300-499人	500-999人	1000-4999人	5000-9999人	10000人及以上
637904	**242139**	**246551**	**383316**	**142087**	**225957**
158612	68945	78119	187137	98869	100272
10997	8223	9031	10639		20942
15083	4683	8189	6249	8903	40226
43320	17995	13159	27644		28531
65586	23802	21252	15821	25144	
34797	13149	10279	29846		
38221	12178	10341	5184		
44109	16714	19200	20033		18636
29846	14216	9251	8175	9171	
42936	17036	24948	21693		17350
51736	15781	13929	15502		
42808	10534	15436	8191		
36978	12782	10748	24733		
22875	6101	2669	2469		

1-17 按行业(大类)、从业人员

行业大类	代码	法人单位数(个)	7人及以下	8-19人	20-49人
总　计	**00**	**228994**	**169768**	**30828**	**16355**
农、林、牧、渔业	**A**	**4238**	**3621**	**479**	**111**
农业	01	3	3		
林业	02	3	3		
畜牧业	03	4	4		
渔业	04				
农、林、牧、渔专业及辅助性活动	05	4228	3611	479	111
采矿业	**B**	**1227**	**693**	**272**	**141**
煤炭开采和洗选业	06	91	31	10	18
石油和天然气开采业	07	7	2	3	
黑色金属矿采选业	08	112	76	13	13
有色金属矿采选业	09	123	59	13	21
非金属矿采选业	10	752	447	206	76
开采专业及辅助性活动	11	97	44	18	11
其他采矿业	12	45	34	9	2
制造业	**C**	**15209**	**9220**	**2774**	**1947**
农副食品加工业	13	1996	1271	343	240
食品制造业	14	700	407	152	71
酒、饮料和精制茶制造业	15	589	368	114	61
烟草制品业	16	3	1		
纺织业	17	157	101	25	15
纺织服装、服饰业	18	228	131	45	31
皮革、毛皮、羽毛及其制品和制鞋业	19	137	82	37	9
木材加工和木、竹、藤、棕、草制品业	20	306	223	61	18
家具制造业	21	275	201	58	13
造纸和纸制品业	22	185	112	35	24
印刷和记录媒介复制业	23	708	552	106	37
文教、工美、体育和娱乐用品制造业	24	467	343	72	38
石油、煤炭及其他燃料加工业	25	87	43	22	10
化学原料和化学制品制造业	26	764	391	163	119
医药制造业	27	666	428	91	70
化学纤维制造业	28	6	2	1	1
橡胶和塑料制品业	29	658	377	145	88
非金属矿物制品业	30	3393	1617	678	758
黑色金属冶炼和压延加工业	31	162	88	24	12
有色金属冶炼和压延加工业	32	171	82	21	15
金属制品业	33	1463	1082	227	102
通用设备制造业	34	447	266	82	50
专用设备制造业	35	463	286	75	55

组距分组的法人单位数

50-99人	100-299人	300-499人	500-999人	1000-4999人	5000-9999人	10000人及以上	代码
6822	**3977**	**634**	**365**	**215**	**18**	**12**	**00**
19	**7**	**1**					**A**
							01
							02
							03
							04
19	7	1					05
44	**47**	**15**	**7**	**4**	**1**	**3**	**B**
4	12	8	2	3	1	2	06
		1				1	07
5	2	2		1			08
9	17	1	3				09
14	7	1	1				10
12	9	2	1				11
							12
685	**391**	**97**	**50**	**38**	**3**	**4**	**C**
85	47	6	4				13
38	28	2	1	1			14
16	19	5	4	2			15
	1			1			16
7	6	1	1	1			17
7	11	3					18
5	2	1	1				19
2	2						20
2	1						21
8	5	1					22
6	4	2	1				23
10	4						24
1	2	4	2	1	1	1	25
39	30	9	8	5			26
35	29	10	1	2			27
1	1						28
28	18		2				29
234	76	18	8	4			30
14	15	4		4		1	31
16	14	5	8	8		2	32
35	14	2	1				33
21	13	10	2	3			34
21	15	6	1	3	1		35

1-17 续表 1

行业大类	代码	法人单位数(个)	7人及以下	8-19人	20-49人
汽车制造业	36	52	31	8	5
铁路、船舶、航空航天和其他运输设备制造业	37	39	19	7	8
电气机械和器材制造业	38	366	201	72	36
计算机、通信和其他电子设备制造业	39	96	60	13	13
仪器仪表制造业	40	60	44	5	7
其他制造业	41	76	50	17	5
废弃资源综合利用业	42	170	109	36	16
金属制品、机械和设备修理业	43	319	252	39	20
电力、热力、燃气及水生产和供应业	**D**	**1628**	**695**	**387**	**323**
电力、热力生产和供应业	44	1250	536	313	247
燃气生产和供应业	45	109	47	30	15
水的生产和供应业	46	269	112	44	61
建筑业	**E**	**13473**	**9535**	**1847**	**956**
房屋建筑业	47	3602	2062	539	356
土木工程建筑业	48	3643	2422	576	299
建筑安装业	49	1789	1337	255	122
建筑装饰、装修和其他建筑业	50	4439	3714	477	179
批发和零售业	**F**	**58213**	**51177**	**4724**	**1607**
批发业	51	27901	24189	2621	789
零售业	52	30312	26988	2103	818
交通运输、仓储和邮政业	**G**	**4994**	**3421**	**775**	**423**
铁路运输业	53	1			
道路运输业	54	3064	2085	457	267
水上运输业	55	12	9	2	
航空运输业	56	28	17	3	3
管道运输业	57	2	1		
多式联运和运输代理业	58	412	341	45	16
装卸搬运和仓储业	59	1075	723	209	89
邮政业	60	400	245	59	48
住宿和餐饮业	**H**	**5899**	**2941**	**1637**	**917**
住宿业	61	2423	1161	690	353
餐饮业	62	3476	1780	947	564
信息传输、软件和信息技术服务业	**I**	**4146**	**3482**	**402**	**136**
电信、广播电视和卫星传输服务	63	300	178	30	26
互联网和相关服务	64	1086	961	90	25
软件和信息技术服务业	65	2760	2343	282	85
金融业	**J**	**918**	**764**	**128**	**16**
货币金融服务	66	826	703	108	10
资本市场服务	67	25	17	6	1
保险业	68	12	11		
其他金融业	69	55	33	14	5

50-99人	100-299人	300-499人	500-999人	1000-4999人	5000-9999人	10000人及以上	代码
3	4	1					36
2	3						37
30	18	4	3	2			38
3	3	2	1		1		39
3	1						40
3	1						41
5	3	1					42
5	1		1	1			43
111	**70**	**20**	**15**	**6**		**1**	**D**
69	52	15	13	4		1	44
11	4		1	1			45
31	14	5	1	1			46
416	**402**	**135**	**89**	**83**	**7**	**3**	**E**
185	239	80	67	66	6	2	47
146	126	39	20	14	1		48
39	21	10	2	2		1	49
46	16	6		1			50
449	**201**	**32**	**17**	**6**			**F**
190	87	20	5				51
259	114	12	12	6			52
201	**114**	**26**	**23**	**9**	**2**		**G**
	1						53
131	85	22	13	3	1		54
1							55
1	2			2			56
	1						57
5	3		1	1			58
42	11	1					59
21	11	3	9	3	1		60
258	**133**	**6**	**6**	**1**			**H**
129	82	4	4				61
129	51	2	2	1			62
56	**39**	**18**	**8**	**3**	**2**		**I**
13	25	16	8	3	1		63
9	1						64
34	13	2			1		65
7	**3**						**J**
4	1						66
1							67
1							68
1	2						69

1-17 续表 2

行业大类	代码	法人单位数(个)	7人及以下	8-19人	20-49人
房地产业	K	**7331**	**3569**	**1999**	**1240**
房地产业	70	7331	3569	1999	1240
租赁和商务服务业	L	**19942**	**16893**	**1993**	**712**
租赁业	71	3322	2959	272	61
商务服务业	72	16620	13934	1721	651
科学研究和技术服务业	M	**7564**	**5219**	**1262**	**709**
研究和试验发展	73	485	335	60	45
专业技术服务业	74	4587	2936	876	494
科技推广和应用服务业	75	2492	1948	326	170
水利、环境和公共设施管理业	N	**1895**	**1217**	**298**	**220**
水利管理业	76	512	321	70	74
生态保护和环境治理业	77	229	149	40	22
公共设施管理业	78	1107	719	175	120
土地管理业	79	47	28	13	4
居民服务、修理和其他服务业	O	**5882**	**4899**	**751**	**193**
居民服务业	80	2211	1812	279	94
机动车、电子产品和日用产品修理业	81	2827	2402	368	55
其他服务业	82	844	685	104	44
教育	P	**12540**	**5115**	**3111**	**2040**
教育	83	12540	5115	3111	2040
卫生和社会工作	Q	**3992**	**1373**	**994**	**1019**
卫生	84	3380	966	854	970
社会工作	85	612	407	140	49
文化、体育和娱乐业	R	**5870**	**4382**	**852**	**481**
新闻和出版业	86	100	40	21	18
广播、电视、电影和录音制作业	87	575	377	98	73
文化艺术业	88	2112	1380	387	270
体育	89	474	361	79	29
娱乐业	90	2609	2224	267	91
公共管理、社会保障和社会组织	S	**54033**	**41552**	**6143**	**3164**
中国共产党机关	91	978	290	338	265
国家机构	92	11067	3328	2331	2414
人民政协、民主党派	93	193	88	24	67
社会保障	94	113	46	23	37
群众团体、社会团体和其他成员组织	95	24228	22768	1246	146
基层群众自治组织	96	17454	15032	2181	235

50-99人	100-299人	300-499人	500-999人	1000-4999人	5000-9999人	10000人及以上	代码
352	**135**	**22**	**10**	**4**			**K**
352	135	22	10	4			70
207	**100**	**17**	**14**	**5**	**1**		**L**
21	6	2	1				71
186	94	15	13	5	1		72
210	**116**	**26**	**19**	**2**		**1**	**M**
24	11	5	5				73
153	92	20	14	2			74
33	13	1				1	75
86	**56**	**7**	**7**	**3**	**1**		**N**
28	16	1	1	1			76
11	5		2				77
46	34	6	4	2	1		78
1	1						79
23	**11**	**3**	**1**	**1**			**O**
17	8		1				80
2							81
4	3	3		1			82
1211	**993**	**44**	**16**	**9**	**1**		**P**
1211	993	44	16	9	1		83
304	**180**	**57**	**41**	**24**			**Q**
293	175	57	41	24			84
11	5						85
109	**34**	**7**	**2**	**3**			**R**
13	4	1	1	2			86
18	7	1	1				87
59	13	2		1			88
2	3						89
17	7	3					90
2074	**945**	**101**	**40**	**14**			**S**
59	23	3					91
1944	903	94	40	13			92
13	1						93
7							94
45	18	4		1			95
6							96

1-18 按行业(大类)、从业人员

行业大类	代码	从业人员数(人)	7人及以下	8-19人	20-49人
总　计	**00**	**3655778**	**449492**	**362444**	**496503**
农、林、牧、渔业	**A**	**21183**	**10008**	**5364**	**3206**
农业	01				
林业	02				
畜牧业	03				
渔业	04				
农、林、牧、渔专业及辅助性活动	05	21183	10008	5364	3206
采矿业	**B**	**96333**	**1650**	**3201**	**4119**
煤炭开采和洗选业	06	54472	56	148	546
石油和天然气开采业	07	17882	5	47	
黑色金属矿采选业	08	3533	164	161	386
有色金属矿采选业	09	6970	114	182	693
非金属矿采选业	10	8605	1107	2358	2082
开采专业及辅助性活动	11	4641	150	202	339
其他采矿业	12	230	54	103	73
制造业	**C**	**464344**	**26067**	**32542**	**59590**
农副食品加工业	13	32600	3667	4064	7301
食品制造业	14	16122	1242	1755	2094
酒、饮料和精制茶制造业	15	16395	1113	1323	1831
烟草制品业	16	2669			
纺织业	17	4604	262	293	441
纺织服装、服饰业	18	5049	329	538	859
皮革、毛皮、羽毛及其制品和制鞋业	19	2499	239	434	267
木材加工和木、竹、藤、棕、草制品业	20	2291	670	643	513
家具制造业	21	1976	609	634	365
造纸和纸制品业	22	3239	317	390	737
印刷和记录媒介复制业	23	6337	1765	1192	1083
文教、工美、体育和娱乐用品制造业	24	4095	964	829	1042
石油、煤炭及其他燃料加工业	25	27905	93	268	352
化学原料和化学制品制造业	26	29594	981	1890	3560
医药制造业	27	18457	984	1106	2196
化学纤维制造业	28	259	4	15	24
橡胶和塑料制品业	29	11470	1191	1615	2666
非金属矿物制品业	30	81859	4319	8205	23754
黑色金属冶炼和压延加工业	31	33807	212	278	378
有色金属冶炼和压延加工业	32	72858	198	249	490
金属制品业	33	14903	3213	2573	3172
通用设备制造业	34	15918	796	952	1486
专用设备制造业	35	20307	900	888	1676

组距分组的法人单位从业人员数

50-99人	100-299人	300-499人	500-999人	1000-4999人	5000-9999人	10000人及以上	代码
469385	**637904**	**242139**	**246551**	**383316**	**142087**	**225957**	**00**
1315	**901**	**389**					**A**
							01
							02
							03
							04
1315	901	389					05
3006	**8580**	**5798**	**4657**	**4966**	**8462**	**51894**	**B**
245	2374	3010	1419	3668	8462	34544	06
		480				17350	07
359	295	870		1298			08
641	3281	315	1744				09
954	1171	334	599				10
807	1459	789	895				11
							12
45712	**65235**	**37328**	**32408**	**65878**	**24451**	**75133**	**C**
5463	7169	2325	2611				13
2475	4580	705	530	2741			14
1190	3207	2053	2775	2903			15
	256			2413			16
466	851	450	710	1131			17
486	1696	1141					18
372	253	420	514				19
115	350						20
175	193						21
576	867	352					22
404	510	820	563				23
665	595						24
60	343	1554	1371	1395	9171	13298	25
2702	5178	3587	5226	6470			26
2480	4925	3569	566	2631			27
81	135						28
1838	2940		1220				29
15080	12506	6603	4734	6658			30
1198	2342	1639		6818		20942	31
1021	2823	2064	5646	19474		40893	32
2411	2264	758	512				33
1420	2116	3939	1243	3966			34
1485	3303	2196	535	3495	5829		35

1-18 续表 1

行业大类	代码	从业人员数(人)			
			7人及以下	8-19人	20-49人
汽车制造业	36	1719	80	110	167
铁路、船舶、航空航天和其他运输设备制造业	37	846	48	99	251
电气机械和器材制造业	38	15722	577	881	1118
计算机、通信和其他电子设备制造业	39	12233	168	147	354
仪器仪表制造业	40	786	127	74	220
其他制造业	41	799	125	212	126
废弃资源综合利用业	42	2664	249	442	546
金属制品、机械和设备修理业	43	4362	625	443	521
电力、热力、燃气及水生产和供应业	**D**	**110014**	**1934**	**4772**	**10056**
电力、热力生产和供应业	44	93250	1500	3813	7584
燃气生产和供应业	45	4888	137	382	497
水的生产和供应业	46	11876	297	577	1975
建筑业	**E**	**541285**	**24552**	**21285**	**28507**
房屋建筑业	47	357687	5333	6238	10654
土木工程建筑业	48	117442	6327	6745	8880
建筑安装业	49	36766	3390	2907	3560
建筑装饰、装修和其他建筑业	50	29390	9502	5395	5413
批发和零售业	**F**	**323477**	**127957**	**53065**	**47023**
批发业	51	151757	62130	29505	22578
零售业	52	171720	65827	23560	24445
交通运输、仓储和邮政业	**G**	**124241**	**9311**	**9092**	**13061**
铁路运输业	53	162			
道路运输业	54	73352	5523	5405	8230
水上运输业	55	115	27	33	
航空运输业	56	3985	29	37	84
管道运输业	57	268	5		
多式联运和运输代理业	58	4631	858	504	539
装卸搬运和仓储业	59	11910	2163	2395	2667
邮政业	60	29818	706	718	1541
住宿和餐饮业	**H**	**101662**	**9566**	**19400**	**26953**
住宿业	61	48585	4053	8124	10311
餐饮业	62	53077	5513	11276	16642
信息传输、软件和信息技术服务业	**I**	**60798**	**7970**	**4427**	**3986**
电信、广播电视和卫星传输服务	63	32206	395	335	822
互联网和相关服务	64	4648	2204	948	669
软件和信息技术服务业	65	23944	5371	3144	2495
金融业	**J**	**5570**	**2749**	**1457**	**410**
货币金融服务	66	4557	2577	1227	242
资本市场服务	67	203	32	66	35
保险业	68	89	19		
其他金融业	69	721	121	164	133

50-99人	100-299人	300-499人	500-999人	1000-4999人	5000-9999人	10000人及以上	代码
179	775	408					36
130	318						37
1964	2979	1551	2426	4226			38
205	649	704	555		9451		39
186	179						40
207	129						41
333	604	490					42
345	200		671	1557			43
7608	**12044**	**7603**	**11020**	**8778**		**46199**	**D**
4718	8893	5559	9540	5444		46199	44
791	634		901	1546			45
2099	2517	2044	579	1788			46
28940	**71646**	**52919**	**61996**	**152539**	**57882**	**41019**	**E**
13156	44221	31770	47463	120980	49515	28357	47
10184	21125	14744	13455	27615	8367		48
2518	3826	3912	1078	2913		12662	49
3082	2474	2493		1031			50
30532	**30622**	**12212**	**11413**	**10653**			**F**
13218	13575	7541	3210				51
17314	17047	4671	8203	10653			52
13918	**18756**	**9487**	**14983**	**16414**	**19219**		**G**
	162						53
9161	14149	7837	8620	4856	9571		54
55							55
95	430			3310			56
	263						57
322	411		575	1422			58
2838	1458	389					59
1447	1883	1261	5788	6826	9648		60
17303	**21389**	**2109**	**3462**	**1480**			**H**
8764	13641	1411	2281				61
8539	7748	698	1181	1480			62
3974	**6936**	**7573**	**5605**	**6494**	**13833**		**I**
948	4420	6591	5605	6494	6596		63
636	191						64
2390	2325	982			7237		65
531	**423**						**J**
301	210						66
70							67
70							68
90	213						69

1-18 续表 2

行业大类	代码	从业人员数(人)			
			7人及以下	8-19人	20-49人
房地产业	K	**141986**	**10468**	**24594**	**37198**
房地产业	70	141986	10468	24594	37198
租赁和商务服务业	L	**149333**	**42301**	**22820**	**20335**
租赁业	71	15734	7508	3001	1759
商务服务业	72	133599	34793	19819	18576
科学研究和技术服务业	M	**120501**	**12790**	**15341**	**20863**
研究和试验发展	73	11825	806	706	1369
专业技术服务业	74	79324	7790	10621	14469
科技推广和应用服务业	75	29352	4194	4014	5025
水利、环境和公共设施管理业	N	**46769**	**2494**	**3615**	**6829**
水利管理业	76	10033	323	843	2371
生态保护和环境治理业	77	4527	353	498	696
公共设施管理业	78	31683	1743	2122	3661
土地管理业	79	526	75	152	101
居民服务、修理和其他服务业	O	**35395**	**13507**	**8496**	**5425**
居民服务业	80	13798	4821	3285	2616
机动车、电子产品和日用产品修理业	81	12723	7073	4037	1490
其他服务业	82	8874	1613	1174	1319
教育	P	**409021**	**14111**	**37278**	**64358**
教育	83	409021	14111	37278	64358
卫生和社会工作	Q	**185404**	**3334**	**12870**	**31750**
卫生	84	179962	2392	11240	30357
社会工作	85	5442	942	1630	1393
文化、体育和娱乐业	R	**58803**	**11480**	**9891**	**14214**
新闻和出版业	86	9624	56	271	571
广播、电视、电影和录音制作业	87	7781	1023	1139	2285
文化艺术业	88	23094	3296	4603	7851
体育	89	3324	969	880	859
娱乐业	90	14980	6136	2998	2648
公共管理、社会保障和社会组织	S	**659659**	**117243**	**72934**	**98620**
中国共产党机关	91	21249	906	4377	7823
国家机构	92	466443	6140	29992	77906
人民政协、民主党派	93	3310	115	352	1913
社会保障	94	1908	33	345	1094
群众团体、社会团体和其他成员组织	95	75595	49399	13638	3957
基层群众自治组织	96	91154	60650	24230	5927

50-99人	100-299人	300-499人	500-999人	1000-4999人	5000-9999人	10000人及以上	代码
23727	**22399**	**7619**	**7097**	**8884**			K
23727	22399	7619	7097	8884			70
14095	**15842**	**6501**	**8832**	**12011**	**6596**		L
1364	835	728	539				71
12731	15007	5773	8293	12011	6596		72
14825	**19309**	**9760**	**12538**	**3363**		**11712**	M
1808	1773	2100	3263				73
10860	15653	7293	9275	3363			74
2157	1883	367				11712	75
5676	**9090**	**2577**	**5025**	**5546**	**5917**		N
1879	2570	305	546	1196			76
753	728		1499				77
2970	5668	2272	2980	4350	5917		78
74	124						79
1513	**1778**	**1026**	**568**	**3082**			O
1153	1355		568				80
123							81
237	423	1026		3082			82
85810	**159280**	**16595**	**10857**	**15005**	**5727**		P
85810	159280	16595	10857	15005	5727		83
20379	**29599**	**22462**	**26921**	**38089**			Q
19639	28862	22462	26921	38089			84
740	737						85
7071	**5280**	**2495**	**1461**	**6911**			R
923	746	349	801	5907			86
1149	1028	497	660				87
3719	1983	638		1004			88
109	507						89
1171	1016	1011					90
143450	**138795**	**37686**	**27708**	**23223**			S
3988	3045	1110					91
134972	133147	35056	27708	21522			92
812	118						93
436							94
2895	2485	1520		1701			95
347							96

1-19 按行业门类分组的个体经营户数和从业人员数

行　业	个体经营户数（个）	从业人员数（人）
总　计	**781073**	**1329719**
采矿业	261	575
制造业	33767	67733
电力、热力、燃气及水生产和供应业	73	85
建筑业	9445	30861
批发和零售业	429527	636791
交通运输、仓储和邮政业	94042	85168
住宿和餐饮业	108097	296204
信息传输、软件和信息技术服务业	3771	7109
金融业		
房地产业	925	1378
租赁和商务服务业	8094	15544
科学研究和技术服务业	922	3304
水利、环境和公共设施管理业	86	152
居民服务、修理和其他服务业	66649	134866
教育	2081	8777
卫生和社会工作	14272	23476
文化、体育和娱乐业	6659	14255
公共管理、社会保障和社会组织		

注：本表合计数含从事农、林、牧、渔专业及辅助性活动的个体经营户数据。

第2篇

企业篇

2-01　按地区分组的企业法人单位数及从业人员数

地　区	法人单位数（个）	单产业法人单位	多产业法人单位	从业人员数（人）	#女性
全　省	**145228**	**141627**	**3601**	**2287904**	**732882**
兰　州	46819	45407	1412	863434	289487
嘉峪关	3962	3840	122	75284	20158
金　昌	3283	3179	104	96418	27834
白　银	11052	10829	223	150069	40455
天　水	11518	11418	100	175367	60614
武　威	6631	6433	198	103468	34651
张　掖	11628	11408	220	118754	40706
平　凉	6628	6434	194	122770	35415
酒　泉	10769	10485	284	111258	35676
庆　阳	8993	8733	260	148597	41104
定　西	8360	8139	221	106862	37096
陇　南	6752	6679	73	87331	29338
临　夏	6191	6070	121	95494	28289
甘　南	2642	2573	69	32798	12059

2-02 按控股情况、运营状态、开业(成立)时间分组的企业法人单位数及从业人员数

分组	法人单位数(个)	单产业法人单位	多产业法人单位	从业人员数(人)	#女性
总 计	**145228**	**141627**	**3601**	**2287904**	**732882**
按企业控股情况分组					
国有控股	3541	3126	415	751476	187967
集体控股	1743	1591	152	104800	27443
私人控股	129669	126884	2785	1261212	453878
港澳台商控股	79	72	7	4419	2234
外商控股	63	50	13	11324	4932
其他	10133	9904	229	154673	56428
按运营状态分组					
正常运营	123651	120198	3453	2249943	720459
停业(歇业)	11190	11088	102	16034	4940
筹建	6196	6176	20	14711	5078
当年关闭	1875	1862	13	1690	678
当年破产	120	119	1	156	54
当年注销	1205	1199	6	1270	499
当年吊销	34	34		54	18
其他	957	951	6	4046	1156
按开业(成立)时间分组					
1949年以前	42	41	1	6311	2274
1950-1977年	352	281	71	242639	42736
1978-1991年	1204	1049	155	190155	44423
1992-2000年	4366	3965	401	253379	80408
2001年	1302	1178	124	65710	17308
2002年	1465	1354	111	84764	26479
2003年	1657	1531	126	69798	19729
2004年	1821	1689	132	63985	21370
2005年	1929	1830	99	71779	28590
2006年	2155	2045	110	75214	24331
2007年	2284	2169	115	67443	22279
2008年	2601	2488	113	80529	22904
2009年	3116	3008	108	64370	22029
2010年	4047	3884	163	70695	23366
2011年	4505	4333	172	81203	26299
2012年	5613	5431	182	87284	30687
2013年	6864	6702	162	81541	30517
2014年	11688	11454	234	103152	38875
2015年	16356	16032	324	125724	48966
2016年	21674	21360	314	146989	56813
2017年	24672	24412	260	145660	59105
2018年	25367	25243	124	109397	43314
无开业年份	148	148		183	80

2-03 按行业(中类)分组的企业法人单位数及从业人员数

行业中类	代码	法人单位数(个)	单产业法人单位	多产业法人单位	从业人员数(人)	#女性
总 计	**00**	**145228**	**141627**	**3601**	**2287904**	**732882**
农、林、牧、渔业	**A**	**941**	**922**	**19**	**5277**	**1810**
农业	01	3		3		
谷物种植	011	1		1		
豆类、油料和薯类种植	012	1		1		
棉、麻、糖、烟草种植	013					
蔬菜、食用菌及园艺作物种植	014	1		1		
水果种植	015					
坚果、含油果、香料和饮料作物种植	016					
中药材种植	017					
草种植及割草	018					
其他农业	019					
林业	02	2		2		
林木育种和育苗	021	2		2		
造林和更新	022					
森林经营、管护和改培	023					
木材和竹材采运	024					
林产品采集	025					
畜牧业	03	3		3		
牲畜饲养	031	2		2		
家禽饲养	032	1		1		
狩猎和捕捉动物	033					
其他畜牧业	039					
渔业	04					
水产养殖	041					
水产捕捞	042					
农、林、牧、渔专业及辅助性活动	05	933	922	11	5277	1810
农业专业及辅助性活动	051	819	809	10	4558	1571
林业专业及辅助性活动	052	34	34		234	109
畜牧专业及辅助性活动	053	54	53	1	328	93
渔业专业及辅助性活动	054	26	26		157	37
采矿业	**B**	**1227**	**1202**	**25**	**96333**	**15976**
煤炭开采和洗选业	06	91	87	4	54472	9980
烟煤和无烟煤开采洗选	061	86	82	4	54466	9979
褐煤开采洗选	062	1	1			
其他煤炭采选	069	4	4		6	1
石油和天然气开采业	07	7	7		17882	2278
石油开采	071	5	5		17866	2277
天然气开采	072	2	2		16	1
黑色金属矿采选业	08	112	109	3	3533	380
铁矿采选	081	105	102	3	3108	279
锰矿、铬矿采选	082	2	2		419	100
其他黑色金属矿采选	089	5	5		6	1
有色金属矿采选业	09	123	121	2	6970	1371

2-03 续表 1

行业中类	代码	法人单位数(个)	单产业法人单位	多产业法人单位	从业人员数(人)	#女性
常用有色金属矿采选	091	84	83	1	4591	917
贵金属矿采选	092	37	36	1	2122	420
稀有稀土金属矿采选	093	2	2		257	34
非金属矿采选业	10	752	741	11	8605	1403
土砂石开采	101	695	686	9	7540	1124
化学矿开采	102	9	9		62	18
采盐	103	4	2	2	464	188
石棉及其他非金属矿采选	109	44	44		539	73
开采专业及辅助性活动	11	97	92	5	4641	518
煤炭开采和洗选专业及辅助性活动	111	4	3	1	196	42
石油和天然气开采专业及辅助性活动	112	77	73	4	4296	465
其他开采专业及辅助性活动	119	16	16		149	11
其他采矿业	12	45	45		230	46
其他采矿业	120	45	45		230	46
制造业	**C**	**14623**	**14353**	**270**	**461504**	**142468**
农副食品加工业	13	1798	1764	34	31681	12506
谷物磨制	131	271	267	4	3171	947
饲料加工	132	207	204	3	4192	1269
植物油加工	133	209	206	3	1298	514
制糖业	134	8	8		859	238
屠宰及肉类加工	135	245	234	11	6206	2604
水产品加工	136	6	6		6	2
蔬菜、菌类、水果和坚果加工	137	379	378	1	5585	2954
其他农副食品加工	139	473	461	12	10364	3978
食品制造业	14	679	653	26	15981	8298
焙烤食品制造	141	149	133	16	5133	3061
糖果、巧克力及蜜饯制造	142	32	32		638	424
方便食品制造	143	86	86		1536	903
乳制品制造	144	53	49	4	3964	1722
罐头食品制造	145	17	15	2	654	280
调味品、发酵制品制造	146	218	216	2	1953	862
其他食品制造	149	124	122	2	2103	1046
酒、饮料和精制茶制造业	15	560	547	13	16291	6544
酒的制造	151	186	178	8	10501	4240
饮料制造	152	330	327	3	5372	2031
精制茶加工	153	44	42	2	418	273
烟草制品业	16	3	1	2	2669	1010
烟叶复烤	161					
卷烟制造	162	1		1	2413	916
其他烟草制品制造	169	2	1	1	256	94
纺织业	17	151	149	2	4589	2834
棉纺织及印染精加工	171	35	34	1	1335	808
毛纺织及染整精加工	172	26	26		2204	1384
麻纺织及染整精加工	173	2	2		15	7

2-03 续表 2

行业中类	代码	法人单位数(个)	单产业法人单位	多产业法人单位	从业人员数(人)	#女性
丝绢纺织及印染精加工	174	3	3		65	53
化纤织造及印染精加工	175	1	1		13	2
针织或钩针编织物及其制品制造	176	14	14		109	70
家用纺织制成品制造	177	39	39		187	121
产业用纺织制成品制造	178	31	30	1	661	389
纺织服装、服饰业	18	222	219	3	5001	3205
机织服装制造	181	76	75	1	2751	1558
针织或钩针编织服装制造	182	7	7		60	49
服饰制造	183	139	137	2	2190	1598
皮革、毛皮、羽毛及其制品和制鞋业	19	80	80		2075	1254
皮革鞣制加工	191	14	14		282	86
皮革制品制造	192	8	8		108	72
毛皮鞣制及制品加工	193	17	17		693	260
羽毛(绒)加工及制品制造	194	5	5		7	4
制鞋业	195	36	36		985	832
木材加工和木、竹、藤、棕、草制品业	20	295	295		2243	829
木材加工	201	130	130		766	278
人造板制造	202	28	28		560	241
木质制品制造	203	117	117		802	241
竹、藤、棕、草等制品制造	204	20	20		115	69
家具制造业	21	274	272	2	1975	607
木质家具制造	211	180	178	2	1526	470
竹、藤家具制造	212	1	1		4	1
金属家具制造	213	33	33		158	38
塑料家具制造	214	1	1			
其他家具制造	219	59	59		287	98
造纸和纸制品业	22	181	179	2	3204	1311
纸浆制造	221	2	2		8	5
造纸	222	37	37		557	254
纸制品制造	223	142	140	2	2639	1052
印刷和记录媒介复制业	23	708	697	11	6337	3089
印刷	231	422	412	10	4896	2282
装订及印刷相关服务	232	286	285	1	1441	807
记录媒介复制	233					
文教、工美、体育和娱乐用品制造业	24	438	432	6	3963	2243
文教办公用品制造	241	22	21	1	206	103
乐器制造	242	4	3	1	19	4
工艺美术及礼仪用品制造	243	402	398	4	3624	2113
体育用品制造	244	7	7		104	20
玩具制造	245	2	2		4	1
游艺器材及娱乐用品制造	246	1	1		6	2
石油、煤炭及其他燃料加工业	25	87	83	4	27905	7517
精炼石油产品制造	251	28	26	2	25121	7014
煤炭加工	252	45	44	1	2697	481

2-03 续表 3

行业中类	代码	法人单位数(个)	单产业法人单位	多产业法人单位	从业人员数(人)	#女性
核燃料加工	253					
生物质燃料加工	254	14	13	1	87	22
化学原料和化学制品制造业	26	755	733	22	29552	8904
基础化学原料制造	261	150	145	5	10164	2495
肥料制造	262	180	175	5	5809	1633
农药制造	263	18	17	1	1407	369
涂料、油墨、颜料及类似产品制造	264	116	115	1	3167	827
合成材料制造	265	29	28	1	943	528
专用化学产品制造	266	150	146	4	6080	2220
炸药、火工及焰火产品制造	267	10	8	2	790	222
日用化学产品制造	268	102	99	3	1192	610
医药制造业	27	478	466	12	17638	8387
化学药品原料药制造	271	19	18	1	1397	591
化学药品制剂制造	272	8	8		217	89
中药饮片加工	273	345	337	8	5881	2994
中成药生产	274	51	49	2	6259	3109
兽用药品制造	275	6	6		491	210
生物药品制品制造	276	39	38	1	3189	1277
卫生材料及医药用品制造	277	10	10		204	117
药用辅料及包装材料	278					
化学纤维制造业	28	6	6		259	104
纤维素纤维原料及纤维制造	281					
合成纤维制造	282	4	4		220	75
生物基材料制造	283	2	2		39	29
橡胶和塑料制品业	29	654	649	5	11443	4076
橡胶制品业	291	59	59		1069	484
塑料制品业	292	595	590	5	10374	3592
非金属矿物制品业	30	3387	3340	47	81828	20208
水泥、石灰和石膏制造	301	229	221	8	16042	3707
石膏、水泥制品及类似制品制造	302	863	840	23	20233	3930
砖瓦、石材等建筑材料制造	303	1897	1887	10	29512	8089
玻璃制造	304	46	46		1932	444
玻璃制品制造	305	65	65		1382	574
玻璃纤维和玻璃纤维增强塑料制品制造	306	26	26		228	87
陶瓷制品制造	307	48	47	1	2900	1434
耐火材料制品制造	308	34	32	2	825	139
石墨及其他非金属矿物制品制造	309	179	176	3	8774	1804
黑色金属冶炼和压延加工业	31	162	158	4	33807	5130
炼铁	311	17	16	1	595	89
炼钢	312	1	1		20	2
钢压延加工	313	109	107	2	26988	3839
铁合金冶炼	314	35	34	1	6204	1200
有色金属冶炼和压延加工业	32	171	157	14	72858	19377
常用有色金属冶炼	321	32	27	5	55810	14656

2-03 续表 4

行业中类	代码	法人单位数(个)	单产业法人单位	多产业法人单位	从业人员数(人)	#女性
贵金属冶炼	322	15	15		2958	562
稀有稀土金属冶炼	323	4	3	1	2207	632
有色金属合金制造	324	61	57	4	2971	635
有色金属压延加工	325	59	55	4	8912	2892
金属制品业	33	1457	1442	15	14891	3588
结构性金属制品制造	331	1081	1075	6	9197	2025
金属工具制造	332	38	38		258	42
集装箱及金属包装容器制造	333	29	28	1	1548	473
金属丝绳及其制品制造	334	23	22	1	309	61
建筑、安全用金属制品制造	335	72	70	2	464	126
金属表面处理及热处理加工	336	33	33		307	85
搪瓷制品制造	337	5	5		24	18
金属制日用品制造	338	57	56	1	386	91
铸造及其他金属制品制造	339	119	115	4	2398	667
通用设备制造业	34	446	437	9	15917	3974
锅炉及原动设备制造	341	55	54	1	3027	546
金属加工机械制造	342	83	80	3	3317	934
物料搬运设备制造	343	12	12		1665	400
泵、阀门、压缩机及类似机械制造	344	28	26	2	2496	510
轴承、齿轮和传动部件制造	345	8	7	1	1774	762
烘炉、风机、包装等设备制造	346	48	47	1	711	165
文化、办公用机械制造	347	4	4		83	23
通用零部件制造	348	186	185	1	2294	530
其他通用设备制造业	349	22	22		550	104
专用设备制造业	35	458	448	10	20280	4989
采矿、冶金、建筑专用设备制造	351	95	90	5	10652	2191
化工、木材、非金属加工专用设备制造	352	54	53	1	2550	626
食品、饮料、烟草及饲料生产专用设备制造	353	16	16		216	47
印刷、制药、日化及日用品生产专用设备制造	354	10	10		373	80
纺织、服装和皮革加工专用设备制造	355	5	5		273	94
电子和电工机械专用设备制造	356	22	22		249	37
农、林、牧、渔专用机械制造	357	91	90	1	1523	247
医疗仪器设备及器械制造	358	39	39		1619	1025
环保、邮政、社会公共服务及其他专用设备制造	359	126	123	3	2825	642
汽车制造业	36	52	51	1	1719	337
汽车整车制造	361	2	2		5	1
汽车用发动机制造	362	1	1		5	1
改装汽车制造	363	9	8	1	176	32
低速汽车制造	364	3	3		224	51
电车制造	365	2	2		468	96
汽车车身、挂车制造	366	4	4		301	56
汽车零部件及配件制造	367	31	31		540	100
铁路、船舶、航空航天和其他运输设备制造业	37	39	39		846	226
铁路运输设备制造	371	18	18		445	110

2-03 续表 5

行业中类	代码	法人单位数(个)	单产业法人单位	多产业法人单位	从业人员数(人)	#女性
城市轨道交通设备制造	372	3	3		113	39
船舶及相关装置制造	373	4	4		96	12
航空、航天器及设备制造	374	4	4		47	13
摩托车制造	375	2	2		117	44
自行车和残疾人座车制造	376					
助动车制造	377	6	6		21	7
非公路休闲车及零配件制造	378	2	2		7	1
潜水救捞及其他未列明运输设备制造	379					
电气机械和器材制造业	38	366	360	6	15722	4682
电机制造	381	19	18	1	3147	696
输配电及控制设备制造	382	185	184	1	6815	2383
电线、电缆、光缆及电工器材制造	383	47	47		3268	941
电池制造	384	15	14	1	395	132
家用电力器具制造	385	20	20		134	53
非电力家用器具制造	386	29	27	2	639	170
照明器具制造	387	23	22	1	662	137
其他电气机械及器材制造	389	28	28		662	170
计算机、通信和其他电子设备制造业	39	96	91	5	12233	5208
计算机制造	391	7	7		14	9
通信设备制造	392	8	8		296	75
广播电视设备制造	393	2	2		43	12
雷达及配套设备制造	394	2	2		1	
非专业视听设备制造	395	2	2		25	4
智能消费设备制造	396	13	13		208	43
电子器件制造	397	10	9	1	10086	4452
电子元件及电子专用材料制造	398	42	40	2	1510	596
其他电子设备制造	399	10	8	2	50	17
仪器仪表制造业	40	60	59	1	786	204
通用仪器仪表制造	401	39	38	1	536	140
专用仪器仪表制造	402	10	10		145	44
钟表与计时仪器制造	403	2	2		18	
光学仪器制造	404	1	1		3	1
衡器制造	405	2	2		9	3
其他仪器仪表制造业	409	6	6		75	16
其他制造业	41	76	73	3	799	319
日用杂品制造	411	18	17	1	197	141
核辐射加工	412					
其他未列明制造业	419	58	56	2	602	178
废弃资源综合利用业	42	170	165	5	2664	589
金属废料和碎屑加工处理	421	74	70	4	1579	315
非金属废料和碎屑加工处理	422	96	95	1	1085	274
金属制品、机械和设备修理业	43	314	308	6	4348	919
金属制品修理	431	6	6		107	24
通用设备修理	432	19	19		114	35

2-03 续表 6

行业中类	代码	法人单位数(个)	单产业法人单位	多产业法人单位	从业人员数(人)	#女性
专用设备修理	433	83	81	2	1411	327
铁路、船舶、航空航天等运输设备修理	434	16	15	1	1750	273
电气设备修理	435	37	35	2	303	83
仪器仪表修理	436	4	4		11	4
其他机械和设备修理业	439	149	148	1	652	173
电力、热力、燃气及水生产和供应业	D	**1556**	**1495**	**61**	**107693**	**32492**
电力、热力生产和供应业	44	1207	1176	31	91920	26391
电力生产	441	899	878	21	29430	7667
电力供应	442	56	48	8	50149	15412
热力生产和供应	443	252	250	2	12341	3312
燃气生产和供应业	45	107	94	13	4885	1980
燃气生产和供应业	451	99	87	12	4825	1963
生物质燃气生产和供应业	452	8	7	1	60	17
水的生产和供应业	46	242	225	17	10888	4121
自来水生产和供应	461	177	160	17	9688	3741
污水处理及其再生利用	462	61	61		1173	370
海水淡化处理	463					
其他水的处理、利用与分配	469	4	4		27	10
建筑业	E	**13472**	**13189**	**283**	**541285**	**79002**
房屋建筑业	47	3601	3464	137	357687	45631
住宅房屋建筑	471	3115	2993	122	328913	41323
体育场馆建筑	472	2	2		14	5
其他房屋建筑业	479	484	469	15	28760	4303
土木工程建筑业	48	3643	3545	98	117442	19922
铁路、道路、隧道和桥梁工程建筑	481	1272	1232	40	58934	9972
水利和水运工程建筑	482	301	286	15	15960	2752
海洋工程建筑	483					
工矿工程建筑	484	49	48	1	7343	437
架线和管道工程建筑	485	225	216	9	13171	2235
节能环保工程施工	486	62	62		744	125
电力工程施工	487	123	117	6	5411	788
其他土木工程建筑	489	1611	1584	27	15879	3613
建筑安装业	49	1789	1766	23	36766	6422
电气安装	491	341	332	9	20486	3002
管道和设备安装	492	547	542	5	7966	1563
其他建筑安装业	499	901	892	9	8314	1857
建筑装饰、装修和其他建筑业	50	4439	4414	25	29390	7027
建筑装饰和装修业	501	3610	3591	19	21303	5423
建筑物拆除和场地准备活动	502	190	189	1	1824	342
提供施工设备服务	503	67	67		1538	212
其他未列明建筑业	509	572	567	5	4725	1050
批发和零售业	F	**53613**	**52336**	**1277**	**305185**	**144516**
批发业	51	24411	24009	402	137786	55316

2-03 续表 7

行业中类	代码	法人单位数（个）	单产业法人单位	多产业法人单位	从业人员数（人）	#女性
农、林、牧、渔产品批发	511	2091	2055	36	10554	3546
食品、饮料及烟草制品批发	512	3293	3233	60	28458	12142
纺织、服装及家庭用品批发	513	1655	1621	34	8065	4520
文化、体育用品及器材批发	514	927	920	7	3857	1944
医药及医疗器材批发	515	1517	1471	46	18466	9769
矿产品、建材及化工产品批发	516	8850	8715	135	42352	14108
机械设备、五金产品及电子产品批发	517	4364	4310	54	19476	6923
贸易经纪与代理	518	247	247		785	330
其他批发业	519	1467	1437	30	5773	2034
零售业	52	29202	28327	875	167399	89200
综合零售	521	3564	3414	150	36542	24689
食品、饮料及烟草制品专门零售	522	3237	3155	82	14332	7364
纺织、服装及日用品专门零售	523	2004	1905	99	9648	6641
文化、体育用品及器材专门零售	524	1868	1817	51	6535	3767
医药及医疗器材专门零售	525	2863	2622	241	21489	15661
汽车、摩托车、零配件和燃料及其他动力销售	526	3554	3445	109	33693	12500
家用电器及电子产品专门零售	527	3829	3764	65	15216	7039
五金、家具及室内装饰材料专门零售	528	5243	5217	26	18430	7459
货摊、无店铺及其他零售业	529	3040	2988	52	11514	4080
交通运输、仓储和邮政业	**G**	**4646**	**4376**	**270**	**114287**	**33160**
铁路运输业	53	1	1		162	27
铁路旅客运输	531					
铁路货物运输	532					
铁路运输辅助活动	533	1	1		162	27
道路运输业	54	2930	2825	105	64598	15377
城市公共交通运输	541	267	254	13	25702	6328
公路旅客运输	542	194	168	26	9813	3208
道路货物运输	543	2164	2110	54	23832	3903
道路运输辅助活动	544	305	293	12	5251	1938
水上运输业	55	12	12		115	29
水上旅客运输	551	7	7		89	21
水上货物运输	552					
水上运输辅助活动	553	5	5		26	8
航空运输业	56	27	22	5	3949	1401
航空客货运输	561	9	8	1	383	81
通用航空服务	562	12	10	2	1219	360
航空运输辅助活动	563	6	4	2	2347	960
管道运输业	57	2	2		268	69
海底管道运输	571					
陆地管道运输	572	2	2		268	69
多式联运和运输代理业	58	411	391	20	4630	1463
多式联运	581	3	3		12	2
运输代理业	582	408	388	20	4618	1461

2-03　续表 8

行业中类	代码	法人单位数(个)	单产业法人单位	多产业法人单位	从业人员数(人)	#女性
装卸搬运和仓储业	59	863	847	16	10747	2956
装卸搬运	591	215	215		2494	499
通用仓储	592	125	120	5	1458	429
低温仓储	593	73	72	1	870	308
危险品仓储	594	4	4		29	7
谷物、棉花等农产品仓储	595	323	314	9	4512	1295
中药材仓储	596	5	5		11	2
其他仓储业	599	118	117	1	1373	416
邮政业	60	400	276	124	29818	11838
邮政基本服务	601	45	30	15	19169	9587
快递服务	602	348	240	108	10590	2248
其他寄递服务	609	7	6	1	59	3
住宿和餐饮业	**H**	**5839**	**5598**	**241**	**100552**	**62448**
住宿业	61	2400	2311	89	47794	31937
旅游饭店	611	606	571	35	26177	16659
一般旅馆	612	1529	1485	44	18344	13008
民宿服务	613	36	36		297	222
露营地服务	614	3	3		11	5
其他住宿业	619	226	216	10	2965	2043
餐饮业	62	3439	3287	152	52758	30511
正餐服务	621	2957	2837	120	46573	26761
快餐服务	622	133	120	13	3248	2228
饮料及冷饮服务	623	87	82	5	495	267
餐饮配送及外卖送餐服务	624	61	58	3	917	403
其他餐饮业	629	201	190	11	1525	852
信息传输、软件和信息技术服务业	**I**	**4089**	**4000**	**89**	**59704**	**24759**
电信、广播电视和卫星传输服务	63	275	226	49	31328	12221
电信	631	249	203	46	26740	10667
广播电视传输服务	632	19	16	3	4267	1422
卫星传输服务	633	7	7		321	132
互联网和相关服务	64	1070	1065	5	4489	1833
互联网接入及相关服务	641	187	187		699	269
互联网信息服务	642	386	385	1	1565	631
互联网平台	643	93	91	2	525	188
互联网安全服务	644	12	12		38	15
互联网数据服务	645	16	16		135	55
其他互联网服务	649	376	374	2	1527	675
软件和信息技术服务业	65	2744	2709	35	23887	10705
软件开发	651	1303	1289	14	7977	2654
集成电路设计	652	13	13		188	67
信息系统集成和物联网技术服务	653	248	239	9	10618	6167
运行维护服务	654	45	45		736	151
信息处理和存储支持服务	655	17	17		110	35

2-03 续表 9

行业中类	代码	法人单位数（个）	单产业法人单位	多产业法人单位	从业人员数（人）	#女性
信息技术咨询服务	656	882	871	11	3437	1311
数字内容服务	657	40	40		194	82
其他信息技术服务业	659	196	195	1	627	238
金融业	**J**	**462**	**458**	**4**	**3529**	**1490**
货币金融服务	66	372	370	2	2529	1070
中央银行服务	661					
货币银行服务	662	2	2		11	4
非货币银行服务	663	370	368	2	2518	1066
银行理财服务	664					
银行监管服务	665					
资本市场服务	67	25	25		203	72
证券市场服务	671					
公开募集证券投资基金	672					
非公开募集证券投资基金	673					
期货市场服务	674					
证券期货监管服务	675					
资本投资服务	676	19	19		79	36
其他资本市场服务	679	6	6		124	36
保险业	68	12	12		89	27
人身保险	681					
财产保险	682					
再保险	683					
商业养老金	684					
保险中介服务	685					
保险资产管理	686					
保险监管服务	687					
其他保险活动	689	12	12		89	27
其他金融业	69	53	51	2	708	321
金融信托与管理服务	691	3	3		11	8
控股公司服务	692	1	1		9	2
非金融机构支付服务	693					
金融信息服务	694	3	3		20	11
金融资产管理公司	695	2	2		27	7
其他未列明金融业	699	44	42	2	641	293
房地产业	**K**	**7282**	**6918**	**364**	**141248**	**60349**
房地产业	70	7282	6918	364	141248	60349
房地产开发经营	701	2480	2383	97	48295	17375
物业管理	702	2738	2676	62	74274	35115
房地产中介服务	703	1280	1137	143	8307	3877
房地产租赁经营	704	715	655	60	9774	3728
其他房地产业	709	69	67	2	598	254
租赁和商务服务业	**L**	**17809**	**17499**	**310**	**137847**	**47408**
租赁业	71	3066	3029	37	14704	3235

2-03　续表 10

行业中类	代码	法人单位数(个)	单产业法人单位	多产业法人单位	从业人员数(人)	#女性
机械设备经营租赁	711	3005	2971	34	14151	3129
文体设备和用品出租	712	50	48	2	139	45
日用品出租	713	11	10	1	414	61
商务服务业	72	14743	14470	273	123143	44173
组织管理服务	721	894	842	52	28958	10347
综合管理服务	722	471	461	10	7448	3335
法律服务	723	89	88	1	982	446
咨询与调查	724	2814	2776	38	12397	7119
广告业	725	4292	4273	19	14854	6158
人力资源服务	726	2916	2900	16	27741	8006
安全保护服务	727	422	412	10	17229	2211
会议、展览及相关服务	728	279	276	3	1317	654
其他商务服务业	729	2566	2442	124	12217	5897
科学研究和技术服务业	**M**	**5522**	**5375**	**147**	**81504**	**22837**
研究和试验发展	73	327	320	7	4231	1514
自然科学研究和试验发展	731	9	9		48	20
工程和技术研究和试验发展	732	160	155	5	2924	957
农业科学研究和试验发展	733	89	87	2	635	262
医学研究和试验发展	734	63	63		601	262
社会人文科学研究	735	6	6		23	13
专业技术服务业	74	3754	3636	118	57731	16560
气象服务	741	22	19	3	191	73
地震服务	742	4	4		9	1
海洋服务	743					
测绘地理信息服务	744	136	130	6	1710	678
质检技术服务	745	503	493	10	8764	3012
环境与生态监测检测服务	746	122	121	1	1457	588
地质勘查	747	130	129	1	2291	473
工程技术与设计服务	748	1993	1901	92	37909	10015
工业与专业设计及其他专业技术服务	749	844	839	5	5400	1720
科技推广和应用服务业	75	1441	1419	22	19542	4763
技术推广服务	751	1213	1193	20	18586	4358
知识产权服务	752	90	88	2	350	182
科技中介服务	753	26	26		110	46
创业空间服务	754	28	28		178	70
其他科技推广服务业	759	84	84		318	107
水利、环境和公共设施管理业	**N**	**1142**	**1117**	**25**	**20323**	**9599**
水利管理业	76	58	54	4	821	262
防洪除涝设施管理	761	3	2	1	24	7
水资源管理	762	25	23	2	536	167
天然水收集与分配	763	6	6		72	31
水文服务	764	2	2		4	
其他水利管理业	769	22	21	1	185	57

2-03 续表 11

行业中类	代码	法人单位数(个)	单产业法人单位	多产业法人单位	从业人员数(人)	#女性
生态保护和环境治理业	77	137	133	4	2579	828
生态保护	771	46	44	2	1894	632
环境治理业	772	91	89	2	685	196
公共设施管理业	78	916	900	16	16556	8348
市政设施管理	781	111	109	2	1526	446
环境卫生管理	782	111	109	2	8246	5215
城乡市容管理	783	21	19	2	171	72
绿化管理	784	473	464	9	2711	931
城市公园管理	785	6	6		127	64
游览景区管理	786	194	193	1	3775	1620
土地管理业	79	31	30	1	367	161
土地整治服务	791	11	11		117	61
土地调查评估服务	792	16	15	1	236	94
土地登记服务	793					
土地登记代理服务	794					
其他土地管理服务	799	4	4		14	6
居民服务、修理和其他服务业	**O**	**5517**	**5439**	**78**	**33639**	**13612**
居民服务业	80	2084	2040	44	12644	7360
家庭服务	801	512	505	7	3166	1964
托儿所服务	802	18	18		132	116
洗染服务	803	66	64	2	452	263
理发及美容服务	804	260	248	12	1056	806
洗浴和保健养生服务	805	315	305	10	2696	1758
摄影扩印服务	806	288	284	4	1564	905
婚姻服务	807	302	301	1	952	401
殡葬服务	808	96	93	3	830	280
其他居民服务业	809	227	222	5	1796	867
机动车、电子产品和日用产品修理业	81	2808	2778	30	12628	2854
汽车、摩托车等修理与维护	811	2320	2296	24	10963	2281
计算机和办公设备维修	812	247	243	4	778	280
家用电器修理	813	186	185	1	700	230
其他日用产品修理业	819	55	54	1	187	63
其他服务业	82	625	621	4	8367	3398
清洁服务	821	432	430	2	4028	2220
宠物服务	822	16	15	1	80	30
其他未列明服务业	829	177	176	1	4259	1148
教育	**P**	**2198**	**2130**	**68**	**18111**	**8155**
教育	83	2198	2130	68	18111	8155
学前教育	831	117	117		1264	1138
初等教育	832	9	9		42	31
中等教育	833	3	3		42	29
高等教育	834					
特殊教育	835	2	2		9	9
技能培训、教育辅助及其他教育	839	2067	1999	68	16754	6948

2-03　续表 12

行业中类	代码	法人单位数(个)	单产业法人单位	多产业法人单位	从业人员数(人)	#女性
卫生和社会工作	Q	**654**	**636**	**18**	**21549**	**15023**
卫生	84	576	559	17	20658	14430
医院	841	300	297	3	16069	11157
基层医疗卫生服务	842	212	203	9	2068	1405
专业公共卫生服务	843	22	21	1	291	227
其他卫生活动	849	42	38	4	2230	1641
社会工作	85	78	77	1	891	593
提供住宿社会工作	851	67	66	1	818	547
不提供住宿社会工作	852	11	11		73	46
文化、体育和娱乐业	R	**4636**	**4584**	**52**	**38334**	**17778**
新闻和出版业	86	51	47	4	7135	3045
新闻业	861	7	7		140	78
出版业	862	44	40	4	6995	2967
广播、电视、电影和录音制作业	87	502	493	9	3812	1870
广播	871	7	6	1	24	10
电视	872	6	6		114	62
影视节目制作	873	301	299	2	1379	556
广播电视集成播控	874	1	1		3	
电影和广播电视节目发行	875	12	12		59	22
电影放映	876	168	162	6	2209	1217
录音制作	877	7	7		24	3
文化艺术业	88	1249	1242	7	11386	5537
文艺创作与表演	881	607	605	2	6911	3285
艺术表演场馆	882	17	16	1	513	250
图书馆与档案馆	883	22	21	1	146	114
文物及非物质文化遗产保护	884	40	40		749	329
博物馆	885	11	11		109	61
烈士陵园、纪念馆	886					
群众文体活动	887	120	119	1	798	397
其他文化艺术业	889	432	430	2	2160	1101
体育	89	320	307	13	2184	974
体育组织	891	54	53	1	195	81
体育场地设施管理	892	7	7		21	11
健身休闲活动	893	249	238	11	1931	861
其他体育	899	10	9	1	37	21
娱乐业	90	2514	2495	19	13817	6352
室内娱乐活动	901	1791	1775	16	7563	3556
游乐园	902	34	34		1462	651
休闲观光活动	903	155	155		2372	1014
彩票活动	904	1	1		2	1
文化体育娱乐活动与经纪代理服务	905	482	480	2	1710	846
其他娱乐业	909	51	50	1	708	284

2-04 按行业(大类)、地区

行业大类	代码	法人单位数(个)	兰州	嘉峪关	金昌	白银
总 计	**00**	**145228**	**46819**	**3962**	**3283**	**11052**
农、林、牧、渔业	**A**	**941**	**96**	**19**	**9**	**106**
农业	01	3				
林业	02	2				
畜牧业	03	3				
渔业	04					
农、林、牧、渔专业及辅助性活动	05	933	96	19	9	106
采矿业	**B**	**1227**	**98**	**34**	**70**	**160**
煤炭开采和洗选业	06	91	12	1	3	24
石油和天然气开采业	07	7	1			
黑色金属矿采选业	08	112	7	22	12	5
有色金属矿采选业	09	123	2	1		6
非金属矿采选业	10	752	67	9	48	121
开采专业及辅助性活动	11	97	2		7	1
其他采矿业	12	45	7	1		3
制造业	**C**	**14623**	**3756**	**346**	**383**	**1139**
农副食品加工业	13	1798	339	13	29	151
食品制造业	14	679	164	8	19	45
酒、饮料和精制茶制造业	15	560	45	10	10	23
烟草制品业	16	3	3			
纺织业	17	151	31	1	4	11
纺织服装、服饰业	18	222	55	5	3	16
皮革、毛皮、羽毛及其制品和制鞋业	19	80	6		1	2
木材加工和木、竹、藤、棕、草制品业	20	295	57	5	9	13
家具制造业	21	274	157	3	3	8
造纸和纸制品业	22	181	50		3	10
印刷和记录媒介复制业	23	708	192	9	23	42
文教、工美、体育和娱乐用品制造业	24	438	66	4	9	18
石油、煤炭及其他燃料加工业	25	87	23	4	2	9
化学原料和化学制品制造业	26	755	226	17	51	90
医药制造业	27	478	46	1	1	22
化学纤维制造业	28	6	3	1		1
橡胶和塑料制品业	29	654	220	14	25	46
非金属矿物制品业	30	3387	661	59	79	376
黑色金属冶炼和压延加工业	31	162	43	26	6	8
有色金属冶炼和压延加工业	32	171	38	13	11	27
金属制品业	33	1457	483	57	48	84

分组的企业法人单位数

天水	武威	张掖	平凉	酒泉	庆阳	定西	陇南	临夏	甘南	代码
11518	**6631**	**11628**	**6628**	**10769**	**8993**	**8360**	**6752**	**6191**	**2642**	**00**
103	**56**	**113**	**21**	**196**	**52**	**67**	**42**	**33**	**28**	**A**
1						1		1		01
		1							1	02
		1	1					1		03
										04
102	56	111	20	196	52	66	42	31	27	05
55	**49**	**95**	**42**	**183**	**112**	**83**	**147**	**52**	**47**	**B**
	13	7	18	5	4		3		1	06
					6					07
5	3	16		37			5			08
4		7	1	29		4	65	1	3	09
35	33	56	21	95	31	79	64	51	42	10
4		2	1	7	71		1		1	11
7		7	1	10			9			12
1280	**898**	**1038**	**638**	**1074**	**1138**	**1050**	**629**	**920**	**334**	**C**
103	195	210	75	139	108	145	85	139	67	13
71	52	48	33	29	56	53	23	61	17	14
68	31	48	34	29	75	45	79	47	16	15
										16
24	8	11	4	11	14		1	25	6	17
43	8	7	9	6	15	16	4	21	14	18
9			1	1	1	2	2	55		19
36	25	31	18	26	13	20	12	24	6	20
19	7	12	10	9	19	6	8	9	4	21
27	12	11	23	8	7	14	10	6		22
58	76	58	23	51	81	33	20	22	20	23
48	15	26	21	13	94	11	13	52	48	24
2	6	7	5	16	5	5	2	1		25
38	43	67	22	56	41	36	25	29	14	26
23	20	25	5	16	15	182	100	2	20	27
		1								28
48	48	62	34	40	37	45	12	21	2	29
226	195	195	179	323	359	256	184	229	66	30
9	12	12	9	7	17	5	1	4	3	31
1	6	10	3	13	4	18	11	11	5	32
126	61	83	72	129	100	77	24	99	14	33

2-04 续表 1

行业大类	代码	法人单位数（个）	兰州	嘉峪关	金昌	白银
通用设备制造业	34	446	214	22	7	32
专用设备制造业	35	458	189	13	9	39
汽车制造业	36	52	22	2		5
铁路、船舶、航空航天和其他运输设备制造业	37	39	16			2
电气机械和器材制造业	38	366	133	5	7	11
计算机、通信和其他电子设备制造业	39	96	39			6
仪器仪表制造业	40	60	33	2		5
其他制造业	41	76	21	7	2	4
废弃资源综合利用业	42	170	34	23	12	14
金属制品、机械和设备修理业	43	314	147	22	10	19
电力、热力、燃气及水生产和供应业	**D**	**1556**	**147**	**36**	**60**	**71**
电力、热力生产和供应业	44	1207	115	31	49	46
燃气生产和供应业	45	107	7	2	2	11
水的生产和供应业	46	242	25	3	9	14
建筑业	**E**	**13472**	**3856**	**264**	**223**	**1141**
房屋建筑业	47	3601	828	46	67	304
土木工程建筑业	48	3643	950	51	43	275
建筑安装业	49	1789	677	56	42	155
建筑装饰、装修和其他建筑业	50	4439	1401	111	71	407
批发和零售业	**F**	**53613**	**18185**	**1704**	**1253**	**4274**
批发业	51	24411	10820	894	466	1887
零售业	52	29202	7365	810	787	2387
交通运输、仓储和邮政业	**G**	**4646**	**1341**	**125**	**151**	**395**
铁路运输业	53	1	1			
道路运输业	54	2930	820	91	109	299
水上运输业	55	12	2			
航空运输业	56	27	11	3	1	1
管道运输业	57	2	2			
多式联运和运输代理业	58	411	187	10	2	12
装卸搬运和仓储业	59	863	263	11	29	48
邮政业	60	400	55	10	10	35
住宿和餐饮业	**H**	**5839**	**1837**	**125**	**104**	**274**
住宿业	61	2400	540	75	38	124
餐饮业	62	3439	1297	50	66	150
信息传输、软件和信息技术服务业	**I**	**4089**	**1997**	**108**	**67**	**313**
电信、广播电视和卫星传输服务	63	275	85	8	9	16
互联网和相关服务	64	1070	327	39	21	105
软件和信息技术服务业	65	2744	1585	61	37	192

天水	武威	张掖	平凉	酒泉	庆阳	定西	陇南	临夏	甘南	代码
50	20	15	7	40	7	17	2	13		34
52	26	36	15	23	13	23	2	16	2	35
5	1	3	2	6	1	4	1			36
9	2	6		1		1		2		37
114	14	9	7	39	7	11		8	1	38
33	1	5		1	4	6		1		39
15		2			1	1		1		40
1		6	5	6	5	4	2	9	4	41
10	11	14	14	9	9	9	4	5	2	42
12	3	18	8	27	30	5	2	8	3	43
65	**82**	**132**	**72**	**247**	**71**	**136**	**199**	**91**	**147**	D
40	67	107	35	211	24	106	169	70	137	44
5	4	6	13	14	11	8	5	17	2	45
20	11	19	24	22	36	22	25	4	8	46
1250	**624**	**1738**	**516**	**1222**	**652**	**699**	**569**	**523**	**195**	E
528	229	462	128	207	165	213	143	198	83	47
227	170	755	124	374	183	151	196	108	36	48
116	56	128	72	228	67	82	50	42	18	49
379	169	393	192	413	237	253	180	175	58	50
4583	**2528**	**3367**	**2390**	**3497**	**3422**	**3188**	**2491**	**2018**	**713**	F
1997	1239	1291	907	1092	1121	1172	758	607	160	51
2586	1289	2076	1483	2405	2301	2016	1733	1411	553	52
328	**203**	**326**	**354**	**352**	**330**	**277**	**184**	**217**	**63**	G
										53
164	136	165	186	242	220	188	117	152	41	54
							1	9		55
1		6	1		2			1		56
										57
33	11	35	18	28	10	19	17	24	5	58
72	26	89	117	61	53	46	26	16	6	59
58	30	31	32	21	45	24	23	15	11	60
589	**218**	**417**	**307**	**400**	**313**	**326**	**287**	**323**	**319**	H
268	79	200	148	245	101	138	129	143	172	61
321	139	217	159	155	212	188	158	180	147	62
216	**118**	**274**	**121**	**246**	**166**	**143**	**174**	**104**	**42**	I
24	6	13	7	7	20	16	49	8	7	63
94	28	119	38	73	61	50	49	45	21	64
98	84	142	76	166	85	77	76	51	14	65

2-04 续表 2

行业大类	代码	法人单位数(个)				
			兰州	嘉峪关	金昌	白银
金融业	J	**462**	**146**	**18**	**10**	**14**
货币金融服务	66	372	107	14	8	13
资本市场服务	67	25	15	1	1	
保险业	68	12	9	1		
其他金融业	69	53	15	2	1	1
房地产业	K	**7282**	**2741**	**160**	**144**	**538**
房地产业	70	7282	2741	160	144	538
租赁和商务服务业	L	**17809**	**5965**	**539**	**392**	**1236**
租赁业	71	3066	807	79	88	281
商务服务业	72	14743	5158	460	304	955
科学研究和技术服务业	M	**5522**	**2572**	**117**	**95**	**311**
研究和试验发展	73	327	209	4	1	33
专业技术服务业	74	3754	1696	87	68	188
科技推广和应用服务业	75	1441	667	26	26	90
水利、环境和公共设施管理业	N	**1142**	**275**	**35**	**24**	**84**
水利管理业	76	58	9	4	1	2
生态保护和环境治理业	77	137	40	2	4	9
公共设施管理业	78	916	207	28	19	71
土地管理业	79	31	19	1		2
居民服务、修理和其他服务业	O	**5517**	**1713**	**187**	**129**	**349**
居民服务业	80	2084	655	72	45	116
机动车、电子产品和日用产品修理业	81	2808	887	84	74	195
其他服务业	82	625	171	31	10	38
教育	P	**2198**	**593**	**38**	**68**	**194**
教育	83	2198	593	38	68	194
卫生和社会工作	Q	**654**	**235**	**4**	**8**	**16**
卫生	84	576	205	4	7	15
社会工作	85	78	30		1	1
文化、体育和娱乐业	R	**4636**	**1266**	**103**	**93**	**437**
新闻和出版业	86	51	37			2
广播、电视、电影和录音制作业	87	502	220	11	9	34
文化艺术业	88	1249	238	34	19	153
体育	89	320	130	8	5	14
娱乐业	90	2514	641	50	60	234

天水	武威	张掖	平凉	酒泉	庆阳	定西	陇南	临夏	甘南	代码
24	**8**	**31**	**73**	**53**	**19**	**35**	**12**	**12**	**7**	**J**
18	6	27	62	45	14	33	11	9	5	66
2			2	2	2					67
				1	1					68
4	2	4	9	5	2	2	1	3	2	69
572	**344**	**503**	**310**	**480**	**357**	**450**	**276**	**305**	**102**	**K**
572	344	503	310	480	357	450	276	305	102	70
1014	**655**	**2101**	**793**	**1335**	**1043**	**788**	**795**	**880**	**273**	**L**
165	117	245	193	309	278	167	111	195	31	71
849	538	1856	600	1026	765	621	684	685	242	72
324	**184**	**367**	**230**	**417**	**317**	**245**	**159**	**123**	**61**	**M**
9	11	18	1	14	8	9	5	2	3	73
207	124	237	179	298	265	161	119	83	42	74
108	49	112	50	105	44	75	35	38	16	75
76	**75**	**119**	**54**	**119**	**99**	**56**	**55**	**46**	**25**	**N**
11	3	4	3	10	2	2	6		1	76
5	13	13	5	14	6	8	5	5	8	77
59	59	102	43	93	90	44	44	41	16	78
1			3	2	1	2				79
490	**206**	**340**	**300**	**357**	**446**	**331**	**326**	**250**	**93**	**O**
164	72	176	119	159	151	118	116	88	33	80
295	104	115	153	143	244	172	174	127	41	81
31	30	49	28	55	51	41	36	35	19	82
147	**170**	**175**	**135**	**172**	**152**	**121**	**118**	**71**	**44**	**P**
147	170	175	135	172	152	121	118	71	44	83
93	**22**	**42**	**36**	**25**	**35**	**45**	**41**	**38**	**14**	**Q**
87	16	29	33	23	33	40	38	32	14	84
6	6	13	3	2	2	5	3	6		85
309	**191**	**450**	**236**	**394**	**269**	**320**	**248**	**185**	**135**	**R**
	1	3	1	2	2		1	1	1	86
33	12	24	28	23	31	24	17	19	17	87
106	37	92	117	85	105	142	60	22	39	88
15	9	26	13	47	14	13	9	12	5	89
155	132	305	77	237	117	141	161	131	73	90

2-05 按行业(大类)、地区分组的

行业大类	代码	从业人员数(人)				
			兰州	嘉峪关	金昌	白银
总 计	**00**	**2287904**	**863434**	**75284**	**96418**	**150069**
农、林、牧、渔业	**A**	**5277**	**471**	**58**	**133**	**339**
农业	01					
林业	02					
畜牧业	03					
渔业	04					
农、林、牧、渔专业及辅助性活动	05	5277	471	58	133	339
采矿业	**B**	**96333**	**10767**	**178**	**544**	**18658**
煤炭开采和洗选业	06	54472	9804	1	49	16994
石油和天然气开采业	07	17882	1			
黑色金属矿采选业	08	3533	46	91	155	10
有色金属矿采选业	09	6970	1	11		162
非金属矿采选业	10	8605	835	75	303	1478
开采专业及辅助性活动	11	4641	4		37	
其他采矿业	12	230	76			14
制造业	**C**	**461504**	**128635**	**39186**	**44315**	**40853**
农副食品加工业	13	31681	3857	57	653	1899
食品制造业	14	15981	3484	291	405	747
酒、饮料和精制茶制造业	15	16291	3211	482	450	244
烟草制品业	16	2669	2669			
纺织业	17	4589	1548	2	11	42
纺织服装、服饰业	18	5001	1167	141	331	484
皮革、毛皮、羽毛及其制品和制鞋业	19	2075	526		5	4
木材加工和木、竹、藤、棕、草制品业	20	2243	371	16	122	101
家具制造业	21	1975	852	7	22	26
造纸和纸制品业	22	3204	884		5	110
印刷和记录媒介复制业	23	6337	3001	52	223	185
文教、工美、体育和娱乐用品制造业	24	3963	335	50	122	110
石油、煤炭及其他燃料加工业	25	27905	14585	645	748	68
化学原料和化学制品制造业	26	29552	9533	1003	3449	4953
医药制造业	27	17638	6350	9	45	310
化学纤维制造业	28	259	108	1		135
橡胶和塑料制品业	29	11443	4250	127	1105	291
非金属矿物制品业	30	81828	20368	4344	2563	8464
黑色金属冶炼和压延加工业	31	33807	7065	22208	489	676
有色金属冶炼和压延加工业	32	72858	7476	6478	31800	16667
金属制品业	33	14891	5666	492	1232	664

企业法人单位从业人员数

天水	武威	张掖	平凉	酒泉	庆阳	定西	陇南	临夏	甘南	代码
175367	**103468**	**118754**	**122770**	**111258**	**148597**	**106862**	**87331**	**95494**	**32798**	**00**
596	**378**	**648**	**186**	**992**	**461**	**474**	**260**	**145**	**136**	**A**
										01
										02
										03
										04
596	378	648	186	992	461	474	260	145	136	05
1015	**2474**	**4492**	**24272**	**3387**	**23110**	**1053**	**5437**	**558**	**388**	**B**
	2008	900	23923	30	757		6			06
					17881					07
145	115	1770		1082			119			08
322		424	45	1118		174	4624		89	09
392	351	1253	217	1062	312	879	593	558	297	10
108		140	59	50	4160		81		2	11
48		5	28	45			14			12
43674	**23876**	**20560**	**13496**	**28413**	**18825**	**22107**	**15250**	**16473**	**5841**	**C**
1881	5513	5318	900	2632	1968	2729	1146	2066	1062	13
1249	3842	778	372	569	1074	737	416	1393	624	14
1824	1278	2132	442	560	663	498	3342	1069	96	15
										16
963	25	167	931	53	211		4	530	102	17
740	153	66	207	429	426	321	36	303	197	18
776				9	6	6	37	706		19
460	209	345	100	112	85	104	70	113	35	20
132	300	97	79	187	105	22	32	87	27	21
528	76	88	1061	87	37	202	59	67		22
784	454	316	211	224	309	231	81	161	105	23
679	158	133	282	28	461	55	135	967	448	24
44	185	38	26	10091	1429	43	3			25
552	1758	2823	280	673	710	700	643	2255	220	26
1144	1338	1109	326	728	888	4252	849	57	233	27
		15								28
811	1386	810	306	585	527	931	142	166	6	29
5055	4151	3937	6032	4315	8114	5585	3534	4201	1165	30
94	653	909	207	48	84	24	1120	226	4	31
2	326	87	11	1521	28	3215	3417	497	1333	32
1443	363	617	431	1536	751	614	100	867	115	33

2-05 续表 1

行业大类	代码	从业人员数(人)	兰州	嘉峪关	金昌	白银
通用设备制造业	34	15917	6456	152	30	1176
专用设备制造业	35	20280	11353	1340	107	1389
汽车制造业	36	1719	1045	109		264
铁路、船舶、航空航天和其他运输设备制造业	37	846	439			14
电气机械和器材制造业	38	15722	6474	167	141	1332
计算机、通信和其他电子设备制造业	39	12233	1037			36
仪器仪表制造业	40	786	328	18		13
其他制造业	41	799	319	72	7	19
废弃资源综合利用业	42	2664	578	805	62	369
金属制品、机械和设备修理业	43	4348	3300	118	188	61
电力、热力、燃气及水生产和供应业	**D**	**107693**	**57297**	**2632**	**2650**	**5699**
电力、热力生产和供应业	44	91920	53083	2428	2379	4612
燃气生产和供应业	45	4885	1802	101	77	263
水的生产和供应业	46	10888	2412	103	194	824
建筑业	**E**	**541285**	**182528**	**6155**	**26182**	**32756**
房屋建筑业	47	357687	95010	4697	24056	21173
土木工程建筑业	48	117442	50332	725	1358	8399
建筑安装业	49	36766	24545	261	474	1551
建筑装饰、装修和其他建筑业	50	29390	12641	472	294	1633
批发和零售业	**F**	**305185**	**117123**	**7515**	**6807**	**17236**
批发业	51	137786	61408	3495	2710	6960
零售业	52	167399	55715	4020	4097	10276
交通运输、仓储和邮政业	**G**	**114287**	**53273**	**1870**	**3006**	**6891**
铁路运输业	53	162	162			
道路运输业	54	64598	23173	1197	2363	4654
水上运输业	55	115	56			
航空运输业	56	3949	3806	2		
管道运输业	57	268	268			
多式联运和运输代理业	58	4630	2820	204	2	600
装卸搬运和仓储业	59	10747	4132	156	224	592
邮政业	60	29818	18856	311	417	1045
住宿和餐饮业	**H**	**100552**	**36354**	**2402**	**1859**	**3305**
住宿业	61	47794	15298	1314	649	1400
餐饮业	62	52758	21056	1088	1210	1905
信息传输、软件和信息技术服务业	**I**	**59704**	**37303**	**647**	**1381**	**2068**
电信、广播电视和卫星传输服务	63	31328	16052	427	691	1193
互联网和相关服务	64	4489	1897	79	67	238
软件和信息技术服务业	65	23887	19354	141	623	637

天水	武威	张掖	平凉	酒泉	庆阳	定西	陇南	临夏	甘南	代码
3877	395	98	560	1943	242	785	9	194		34
2849	684	324	348	910	167	723	13	66	7	35
105	58	28	13	34	60	3				36
158	117	24				4		90		37
6042	319	57	102	764	37	129		143	15	38
11006	8	32		2	52	55		5		39
374		21			5	25		2		40
		26	50	65	18	24	4	180	15	41
42	116	110	153	174	111	73	47	22	2	42
60	11	55	66	134	257	17	11	40	30	43
2435	**3146**	**4473**	**5408**	**5877**	**4091**	**2889**	**3621**	**4517**	**2958**	D
1655	2595	3904	3706	5194	1349	2021	2914	3551	2529	44
88	117	105	233	347	1108	157	90	385	12	45
692	434	464	1469	336	1634	711	617	581	417	46
50147	**31538**	**27602**	**31655**	**20953**	**40427**	**30407**	**20864**	**34257**	**5814**	E
41416	25095	15893	26472	13035	24967	22475	9944	28966	4488	47
5523	4627	8885	2606	4383	11966	5825	8644	3785	384	48
882	493	973	1345	1999	2064	744	748	382	305	49
2326	1323	1851	1232	1536	1430	1363	1528	1124	637	50
28032	**13622**	**18450**	**13888**	**17392**	**19172**	**16912**	**14315**	**10893**	**3828**	F
12050	7047	8207	6222	6413	6431	7067	5257	3476	1043	51
15982	6575	10243	7666	10979	12741	9845	9058	7417	2785	52
7092	**3734**	**4781**	**5114**	**4278**	**11729**	**4637**	**3962**	**2636**	**1284**	G
										53
4093	2286	2998	3180	2677	9615	3122	2621	1616	1003	54
							2	57		55
95		38	3		2			3		56
										57
165	46	188	58	97	52	118	114	145	21	58
1032	533	771	863	544	770	538	373	175	44	59
1707	869	786	1010	960	1290	859	852	640	216	60
9270	**3573**	**4963**	**5216**	**6301**	**5855**	**6015**	**4613**	**5871**	**4955**	H
4300	1663	2692	2705	4167	2194	2530	2840	2635	3407	61
4970	1910	2271	2511	2134	3661	3485	1773	3236	1548	62
3426	**1490**	**1979**	**1663**	**1436**	**1806**	**1621**	**2434**	**1401**	**1049**	I
2623	998	980	1271	843	1350	1286	1811	1040	763	63
338	106	387	134	191	195	160	274	189	234	64
465	386	612	258	402	261	175	349	172	52	65

2-05 续表 2

行业大类	代码	从业人员数（人）				
			兰州	嘉峪关	金昌	白银
金融业	**J**	**3529**	**1494**	**148**	**50**	**56**
货币金融服务	66	2529	783	121	35	49
资本市场服务	67	203	156	3	9	
保险业	68	89	83	2		
其他金融业	69	708	472	22	6	7
房地产业	**K**	**141248**	**74577**	**2831**	**2176**	**7889**
房地产业	70	141248	74577	2831	2176	7889
租赁和商务服务业	**L**	**137847**	**65238**	**6373**	**2465**	**6486**
租赁业	71	14704	5289	293	337	985
商务服务业	72	123143	59949	6080	2128	5501
科学研究和技术服务业	**M**	**81504**	**53919**	**1557**	**1088**	**2640**
研究和试验发展	73	4231	3054	3	20	184
专业技术服务业	74	57731	35420	1470	960	2044
科技推广和应用服务业	75	19542	15445	84	108	412
水利、环境和公共设施管理业	**N**	**20323**	**3934**	**1109**	**231**	**544**
水利管理业	76	821	188	123	38	48
生态保护和环境治理业	77	2579	313	2	19	13
公共设施管理业	78	16556	3152	979	174	483
土地管理业	79	367	281	5		
居民服务、修理和其他服务业	**O**	**33639**	**12875**	**782**	**1236**	**1439**
居民服务业	80	12644	3860	340	888	590
机动车、电子产品和日用产品修理业	81	12628	4203	272	258	671
其他服务业	82	8367	4812	170	90	178
教育	**P**	**18111**	**4553**	**332**	**542**	**1064**
教育	83	18111	4553	332	542	1064
卫生和社会工作	**Q**	**21549**	**7408**	**17**	**1070**	**153**
卫生	84	20658	7030	17	1010	153
社会工作	85	891	378		60	
文化、体育和娱乐业	**R**	**38334**	**15685**	**1492**	**683**	**1993**
新闻和出版业	86	7135	7031			1
广播、电视、电影和录音制作业	87	3812	2104	67	67	117
文化艺术业	88	11386	2049	702	327	1003
体育	89	2184	1072	53	55	39
娱乐业	90	13817	3429	670	234	833

天水	武威	张掖	平凉	酒泉	庆阳	定西	陇南	临夏	甘南	代码
197	**57**	**154**	**477**	**284**	**137**	**267**	**114**	**65**	**29**	**J**
150	38	136	414	258	107	262	108	49	19	66
3			6	5	21					67
				3	1					68
44	19	18	57	18	8	5	6	16	10	69
9653	**5557**	**7136**	**5217**	**4731**	**5519**	**6028**	**4007**	**4757**	**1170**	**K**
9653	5557	7136	5217	4731	5519	6028	4007	4757	1170	70
5796	**4682**	**12616**	**4936**	**7145**	**5661**	**4836**	**3756**	**6184**	**1673**	**L**
845	402	1077	936	893	1238	859	370	968	212	71
4951	4280	11539	4000	6252	4423	3977	3386	5216	1461	72
3805	**1588**	**3057**	**2373**	**3000**	**3281**	**2124**	**1427**	**1223**	**422**	**M**
350	39	141	10	44	103	138	43	10	92	73
2827	1316	2449	1760	2313	2994	1643	1226	1070	239	74
628	233	467	603	643	184	343	158	143	91	75
616	**3579**	**1128**	**2030**	**895**	**1081**	**495**	**1536**	**1779**	**1366**	**N**
121	20	3	113	95	2	12	54		4	76
37	97	139	113	73	26	176	834	31	706	77
428	3462	986	1781	704	1053	302	648	1748	656	78
30			23	23		5				79
2845	**1108**	**1715**	**1735**	**2228**	**2531**	**1815**	**1560**	**1325**	**445**	**O**
1247	415	939	878	603	922	756	648	368	190	80
1295	483	467	736	506	1225	828	769	741	174	81
303	210	309	121	1119	384	231	143	216	81	82
1292	**1066**	**1263**	**1334**	**1072**	**1415**	**1258**	**1368**	**1120**	**432**	**P**
1292	1066	1263	1334	1072	1415	1258	1368	1120	432	83
3402	**670**	**1393**	**1410**	**653**	**1364**	**1517**	**1507**	**728**	**257**	**Q**
3300	507	1327	1403	619	1344	1495	1494	702	257	84
102	163	66	7	34	20	22	13	26		85
2074	**1330**	**2344**	**2360**	**2221**	**2132**	**2407**	**1300**	**1562**	**751**	**R**
	2	44	11	6	29		4	2	5	86
228	54	131	186	108	154	187	182	156	71	87
817	177	753	1599	549	1101	1357	409	179	364	88
79	69	229	61	212	70	72	42	98	33	89
950	1028	1187	503	1346	778	791	663	1127	278	90

2-06 按地区、登记注册类型

地 区	法人单位数（个）	内资企业	国有企业	集体企业	股份合作企业	联营企业	国有联营企业
全 省	**145228**	**145056**	**919**	**922**	**96**	**112**	**15**
兰 州	46819	46744	280	317	45	34	7
嘉峪关	3962	3961	19	21	2	1	
金 昌	3283	3279	20	16	1	1	
白 银	11052	11034	40	73	3	7	1
天 水	11518	11506	121	84	10	8	2
武 威	6631	6623	43	45	6	6	
张 掖	11628	11619	77	46	1	6	
平 凉	6628	6625	58	51	1	2	
酒 泉	10769	10744	39	34	8	10	
庆 阳	8993	8988	42	36	3	4	2
定 西	8360	8357	76	83	9	15	1
陇 南	6752	6749	54	48	4	4	
临 夏	6191	6187	27	55	3	10	1
甘 南	2642	2640	23	13		4	1

2-06 续表

地 区	私营合伙企业	私营有限责任公司	私营股份有限公司	其他企业	港、澳、台商投资企业	与港澳台商合资经营企业	与港澳台商合作经营企业
全 省	**657**	**87661**	**3341**		**65**	**34**	**3**
兰 州	206	33792	1012		42	22	2
嘉峪关	6	2408	70				
金 昌	14	1673	58		1		
白 银	33	7785	273		3	2	
天 水	46	6090	322		1	1	
武 威	33	2783	157		5	2	
张 掖	24	6883	229		3	2	
平 凉	29	3736	142				
酒 泉	25	4431	216		6	3	1
庆 阳	54	5701	167				
定 西	66	4301	189		1	1	
陇 南	61	3106	276		1	1	
临 夏	40	3805	181				
甘 南	20	1167	49		2		

分组的企业法人单位数

集体联营企业	国有与集体联营企业	其他联营企业	有限责任公司	国有独资公司	其他有限责任公司	股份有限公司	私营企业	私营独资企业
46	**15**	**36**	**38574**	**986**	**37588**	**3603**	**100830**	**9171**
16	5	6	8010	379	7631	811	37247	2237
		1	1223	24	1199	36	2659	175
	1		1397	21	1376	40	1804	59
3	1	2	1850	46	1804	233	8828	737
3		3	3453	58	3395	556	7274	816
3	1	2	2677	41	2636	203	3643	670
2	1	3	3534	87	3447	158	7797	661
1	1		1813	64	1749	246	4454	547
3	3	4	5431	43	5388	222	5000	328
2			2280	61	2219	245	6378	456
5	1	8	2401	64	2337	271	5502	946
2		2	2093	39	2054	317	4229	786
4	1	4	1353	31	1322	178	4561	535
2		1	1059	28	1031	87	1454	218

港澳台商独资经营企业	港澳台商投资股份有限公司	其他港澳台投资企业	外商投资企业	中外合资经营企业	中外合作经营企业	外资企业	外商投资股份有限公司	其他外商投资
21	**3**	**4**	**107**	**47**	**4**	**23**	**5**	**28**
13	3	2	33	11	1	14	1	6
			1			1		
		1	3	1		2		
1			15	2	2	1	1	9
			11	5				6
3			3	3				
1			6	5			1	
			3	2				1
2			19	14		2	1	2
			5	2		1	1	1
			2	2				
			2		1			1
			4			2		2
1		1						

2-07 按地区、登记注册类型分组的

地区	从业人员数(人)	内资企业	国有企业	集体企业	股份合作企业	联营企业	国有联营企业
全省	**2287904**	**2262854**	**195677**	**50387**	**1832**	**1423**	**699**
兰州	863434	847847	122804	10321	370	364	126
嘉峪关	75284	75111	1230	2717	107	14	
金昌	96418	95717	2270	239	10	2	
白银	150069	148273	2927	5403	61	31	15
天水	175367	174623	12534	3463	337	67	19
武威	103468	102533	7392	840	69	39	
张掖	118754	117514	4556	2153	3	29	
平凉	122770	122176	5290	6230	5	44	
酒泉	111258	110594	2047	4350	443	111	
庆阳	148597	147683	21127	1353	65	549	534
定西	106862	106651	4445	3848	144	97	
陇南	87331	86720	4425	1313	92	19	
临夏	95494	94798	3080	8112	126	35	1
甘南	32798	32614	1550	45		22	4

2-07 续表

地区	私营合伙企业	私营有限责任公司	私营股份有限公司	其他企业	港、澳、台商投资企业	与港澳台商合资经营企业	与港澳台商合作经营企业
全省	**8436**	**756238**	**41847**		**7133**	**3895**	**13**
兰州	3041	268521	16459		5436	2794	
嘉峪关	29	20020	524				
金昌	111	12856	874		1		
白银	144	54301	1661		144	26	
天水	421	57017	3301				
武威	294	30778	2833		168	16	
张掖	194	58952	1764		219	106	
平凉	753	40450	1846				
酒泉	348	26445	1079		251	223	13
庆阳	792	60226	2790				
定西	1131	42732	3203		140	140	
陇南	401	29137	2636		590	590	
临夏	602	43098	2182				
甘南	175	11705	695		184		

企业法人单位从业人员数

集体联营企业	国有与集体联营企业	其他联营企业	有限责任公司	国有独资公司	其他有限责任公司	股份有限公司	私营企业	私营独资企业
340	**121**	**263**	**921235**	**159810**	**761425**	**228720**	**863580**	**57059**
95	31	112	320884	80170	240714	92742	300362	12341
		14	47040	1401	45639	2444	21559	986
	2		47840	1250	46590	31088	14268	427
12	3	1	58753	20137	38616	21229	59869	3763
29		19	70963	12615	58348	21410	65849	5110
30		9	52210	2510	49700	4585	37398	3493
16	7	6	43095	5134	37961	2631	65047	4137
13	31		55951	21206	34745	7770	46886	3837
48	17	46	57571	1655	55916	16565	29507	1635
15			48137	5902	42235	7599	68853	5045
45	30	22	39883	4130	35753	4550	53684	6618
9		10	34941	1553	33388	9038	36892	4718
11		23	29849	1117	28732	4054	49542	3660
17		1	14118	1030	13088	3015	13864	1289

港澳台商独资经营企业	港澳台商投资股份有限公司	其他港澳台投资企业	外商投资企业	中外合资经营企业	中外合作经营企业	外资企业	外商投资股份有限公司	其他外商投资
2472	**87**	**666**	**17917**	**9061**	**449**	**5817**	**2349**	**241**
2016	87	539	10151	3845	425	4155	1555	171
			173			173		
		1	700	421		279		
118			1652	1115	3	467	59	8
			744	718				26
152			767	767				
113			1021	971			50	
			594	590				4
15			413	357		49	4	3
			914	206		4	681	23
			71	71				
			21		21			
			696			690		6
58		126						

2-08 按行业(大类)、登记注册类型

行业大类	代码	法人单位数(个)	内资企业	国有企业	集体企业	股份合作企业	联营企业
总 计	**00**	**145228**	**145056**	**919**	**922**	**96**	**112**
农、林、牧、渔业	**A**	**941**	**940**	**7**	**11**	**1**	
农业	01	3	3				
林业	02	2	2	1			
畜牧业	03	3	3				
渔业	04						
农、林、牧、渔专业及辅助性活动	05	933	932	6	11	1	
采矿业	**B**	**1227**	**1226**	**5**	**12**		**1**
煤炭开采和洗选业	06	91	91	2	7		
石油和天然气开采业	07	7	7	1			
黑色金属矿采选业	08	112	112		1		
有色金属矿采选业	09	123	122	2	1		
非金属矿采选业	10	752	752		2		1
开采专业及辅助性活动	11	97	97				
其他采矿业	12	45	45		1		
制造业	**C**	**14623**	**14571**	**67**	**126**	**19**	**14**
农副食品加工业	13	1798	1787	5	5		3
食品制造业	14	679	677		2	1	
酒、饮料和精制茶制造业	15	560	551	1	2	1	
烟草制品业	16	3	3				
纺织业	17	151	151	1	4		
纺织服装、服饰业	18	222	221	1	4		2
皮革、毛皮、羽毛及其制品和制鞋业	19	80	80	1			
木材加工和木、竹、藤、棕、草制品业	20	295	295	4			1
家具制造业	21	274	274		1		
造纸和纸制品业	22	181	180		4		
印刷和记录媒介复制业	23	708	708	16	21	2	
文教、工美、体育和娱乐用品制造业	24	438	438		4		1
石油、煤炭及其他燃料加工业	25	87	86		1		
化学原料和化学制品制造业	26	755	748	3	3	1	
医药制造业	27	478	478	2	2		
化学纤维制造业	28	6	6				
橡胶和塑料制品业	29	654	652		7	2	
非金属矿物制品业	30	3387	3385	8	32	6	2
黑色金属冶炼和压延加工业	31	162	162		1	1	
有色金属冶炼和压延加工业	32	171	170	2	2		
金属制品业	33	1457	1455	2	7	3	1

分组的企业法人单位数

国有联营企业	集体联营企业	国有与集体联营企业	其他联营企业	有限责任公司	国有独资公司	其他有限责任公司	股份有限公司	私营企业	私营独资企业	私营合伙企业	代码
15	**46**	**15**	**36**	**38574**	**986**	**37588**	**3603**	**100830**	**9171**	**657**	**00**
				344	**8**	**336**	**36**	**541**	**64**	**6**	**A**
				3		3					01
								1			02
				2		2		1			03
											04
				339	8	331	36	539	64	6	05
	1			**425**	**19**	**406**	**44**	**739**	**185**	**10**	**B**
				42	7	35	9	31	7		06
				3	1	2	1	2			07
				65	1	64	1	45	1	1	08
				48	3	45	11	60	4	1	09
	1			220	4	216	17	512	164	8	10
				31	3	28	3	63	6		11
				16		16	2	26	3		12
	7	**3**	**4**	**3929**	**75**	**3854**	**436**	**9980**	**1672**	**142**	**C**
	1	1	1	481	4	477	58	1235	275	15	13
				178	2	176	19	477	77	2	14
				168	2	166	24	355	58	4	15
				2	1	1		1			16
				47	1	46	4	95	17		17
	2			53	1	52	5	156	20		18
				16	1	15	5	58	8		19
			1	69		69	10	211	33		20
				38		38	7	228	15		21
				38		38	5	133	16	1	22
				167	2	165	12	490	115	5	23
	1			111		111	8	314	38	5	24
				30	3	27	4	51	2		25
				226	7	219	30	485	45	6	26
				144	4	140	30	300	14	1	27
				1		1		5			28
				175	2	173	12	456	57	2	29
	1		1	855	20	835	73	2409	667	89	30
				60		60	5	95	3		31
				59	3	56	13	94	7		32
			1	361	4	357	33	1048	109	4	33

2-08 续表 1

行业大类	代码	法人单位数(个)	内资企业	国有企业	集体企业	股份合作企业	联营企业
通用设备制造业	34	446	445	4	6		3
专用设备制造业	35	458	454	5	3	1	1
汽车制造业	36	52	51	4	1		
铁路、船舶、航空航天和其他运输设备制造业	37	39	39		1		
电气机械和器材制造业	38	366	364	4	8	1	
计算机、通信和其他电子设备制造业	39	96	95				
仪器仪表制造业	40	60	59		1		
其他制造业	41	76	75				
废弃资源综合利用业	42	170	169		2		
金属制品、机械和设备修理业	43	314	313	4	2		
电力、热力、燃气及水生产和供应业	**D**	**1556**	**1536**	**126**	**57**	**3**	**2**
电力、热力生产和供应业	44	1207	1191	64	43	3	1
燃气生产和供应业	45	107	106				
水的生产和供应业	46	242	239	62	14		1
建筑业	**E**	**13472**	**13467**	**59**	**89**	**2**	**1**
房屋建筑业	47	3601	3601	12	58	1	1
土木工程建筑业	48	3643	3642	35	12	1	
建筑安装业	49	1789	1788	6	9		
建筑装饰、装修和其他建筑业	50	4439	4436	6	10		
批发和零售业	**F**	**53613**	**53583**	**130**	**323**	**35**	**48**
批发业	51	24411	24393	69	144	16	17
零售业	52	29202	29190	61	179	19	31
交通运输、仓储和邮政业	**G**	**4646**	**4644**	**109**	**34**	**4**	**5**
铁路运输业	53	1	1				
道路运输业	54	2930	2929	24	24	3	4
水上运输业	55	12	12				
航空运输业	56	27	27				
管道运输业	57	2	2	1			
多式联运和运输代理业	58	411	410	2	1		
装卸搬运和仓储业	59	863	863	43	7		
邮政业	60	400	400	39	2	1	1
住宿和餐饮业	**H**	**5839**	**5835**	**63**	**41**	**3**	**8**
住宿业	61	2400	2398	51	36	2	5
餐饮业	62	3439	3437	12	5	1	3
信息传输、软件和信息技术服务业	**I**	**4089**	**4069**	**19**	**4**	**2**	**1**
电信、广播电视和卫星传输服务	63	275	256	15		1	
互联网和相关服务	64	1070	1070	1			
软件和信息技术服务业	65	2744	2743	3	4	1	1

国有联营企业	集体联营企业	国有与集体联营企业	其他联营企业	有限责任公司	国有独资公司	其他有限责任公司	股份有限公司	私营企业	私营独资企业	私营合伙企业	代码
	2	1		132	5	127	17	283	23		34
		1		139	6	133	17	288	26	5	35
				16	2	14	1	29	1		36
				15	1	14	2	21	1		37
				146	2	144	17	188	10		38
				30		30	9	56	1		39
				19	1	18	2	37			40
				18		18	3	54	12	1	41
				51		51	4	112	7	1	42
				84	1	83	7	216	15	1	43
	1		**1**	**695**	**76**	**619**	**77**	**576**	**66**	**9**	**D**
			1	571	66	505	61	448	52	8	44
				39	1	38	4	63	4	1	45
	1			85	9	76	12	65	10		46
			1	**3946**	**50**	**3896**	**342**	**9028**	**166**	**6**	**E**
			1	998	11	987	127	2404	59	1	47
				1275	27	1248	72	2247	41		48
				515	5	510	23	1235	16	2	49
				1158	7	1151	120	3142	50	3	50
7	**20**	**6**	**15**	**12650**	**90**	**12560**	**1077**	**39320**	**3297**	**98**	**F**
3	3	5	6	5138	56	5082	397	18612	912	34	51
4	17	1	9	7512	34	7478	680	20708	2385	64	52
1	**1**		**3**	**1346**	**69**	**1277**	**145**	**3001**	**99**	**12**	**G**
				1		1					53
	1		3	848	31	817	82	1944	55	9	54
				8		8		4			55
				13	3	10	1	13			56
				1		1					57
				113	4	109	7	287	12	2	58
				253	30	223	31	529	26	1	59
1				109	1	108	24	224	6		60
1	**3**	**2**	**2**	**1457**	**24**	**1433**	**146**	**4117**	**744**	**38**	**H**
1	1	2	1	627	20	607	67	1610	334	15	61
	2		1	830	4	826	79	2507	410	23	62
	1			**974**	**22**	**952**	**114**	**2955**	**88**	**15**	**I**
				81	13	68	36	123	18	1	63
				276	1	275	23	770	46	4	64
	1			617	8	609	55	2062	24	10	65

2-08 续表 2

行业大类	代码	法人单位数(个)					
			内资企业	国有企业	集体企业	股份合作企业	联营企业
金融业	**J**	**462**	**461**	**5**	**3**	**1**	
货币金融服务	66	372	371	1	2		
资本市场服务	67	25	25	2	1	1	
保险业	68	12	12				
其他金融业	69	53	53	2			
房地产业	**K**	**7282**	**7260**	**77**	**81**	**5**	**5**
房地产业	70	7282	7260	77	81	5	5
租赁和商务服务业	**L**	**17809**	**17808**	**78**	**50**	**3**	**8**
租赁业	71	3066	3066	5	3		
商务服务业	72	14743	14742	73	47	3	8
科学研究和技术服务业	**M**	**5522**	**5514**	**99**	**49**	**7**	**7**
研究和试验发展	73	327	326	5	2	3	
专业技术服务业	74	3754	3749	83	27	4	5
科技推广和应用服务业	75	1441	1439	11	20		2
水利、环境和公共设施管理业	**N**	**1142**	**1141**	**20**	**5**		**1**
水利管理业	76	58	58	6	2		
生态保护和环境治理业	77	137	137	3	1		
公共设施管理业	78	916	915	10	2		1
土地管理业	79	31	31	1			
居民服务、修理和其他服务业	**O**	**5517**	**5515**	**12**	**13**	**4**	**3**
居民服务业	80	2084	2083	7	7	3	2
机动车、电子产品和日用产品修理业	81	2808	2807	5	3	1	
其他服务业	82	625	625		3		1
教育	**P**	**2198**	**2197**	**8**	**13**	**3**	**3**
教育	83	2198	2197	8	13	3	3
卫生和社会工作	**Q**	**654**	**654**	**12**	**5**	**4**	**1**
卫生	84	576	576	11	5	4	1
社会工作	85	78	78	1			
文化、体育和娱乐业	**R**	**4636**	**4635**	**23**	**6**		**4**
新闻和出版业	86	51	51	2			
广播、电视、电影和录音制作业	87	502	502	16	1		
文化艺术业	88	1249	1249	3	4		3
体育	89	320	320	2			
娱乐业	90	2514	2513		1		1

国有联营企业	集体联营企业	国有与集体联营企业	其他联营企业	有限责任公司	国有独资公司	其他有限责任公司	股份有限公司	私营企业	私营独资企业	私营合伙企业	代码
				172	**19**	**153**	**57**	**223**	**4**	**3**	J
				129	4	125	53	186			66
				7	4	3	1	13		2	67
				3	1	2		9	4		68
				33	10	23	3	15		1	69
1	**3**	**1**		**2689**	**104**	**2585**	**227**	**4176**	**55**	**10**	K
1	3	1		2689	104	2585	227	4176	55	10	70
3	**1**	**1**	**3**	**5019**	**225**	**4794**	**413**	**12237**	**409**	**141**	L
				842	12	830	55	2161	61	1	71
3	1	1	3	4177	213	3964	358	10076	348	140	72
	3	**1**	**3**	**1532**	**76**	**1456**	**143**	**3677**	**93**	**21**	M
				79	6	73	9	228	8	1	73
	2	1	2	1076	49	1027	98	2456	55	8	74
	1		1	377	21	356	36	993	30	12	75
	1			**425**	**59**	**366**	**41**	**649**	**14**	**3**	N
				32	10	22	1	17	1		76
				45	3	42	4	84	5		77
	1			336	43	293	36	530	8		78
				12	3	9		18		3	79
1	**1**		**1**	**1264**	**12**	**1252**	**121**	**4098**	**563**	**19**	O
1			1	489	5	484	49	1526	228	8	80
				599	4	595	50	2149	303	10	81
	1			176	3	173	22	423	32	1	82
	2	**1**		**522**	**4**	**518**	**52**	**1596**	**333**	**20**	P
	2	1		522	4	518	52	1596	333	20	83
			1	**89**	**5**	**84**	**14**	**529**	**289**	**67**	Q
			1	67	3	64	10	478	280	66	84
				22	2	20	4	51	9	1	85
1	**1**		**2**	**1096**	**49**	**1047**	**118**	**3388**	**1030**	**37**	R
				23	8	15	4	22	1		86
				136	6	130	13	336	13	2	87
1	1		1	408	30	378	27	804	120	7	88
				88	3	85	13	217	29	1	89
			1	441	2	439	61	2009	867	27	90

2-08 续表 3

行业大类	代码	私营有限责任公司	私营股份有限公司	其他企业	港、澳、台商投资企业	与港澳台商合资经营企业
总　计	**00**	**87661**	**3341**		**65**	**34**
农、林、牧、渔业	**A**	**445**	**26**		**1**	
农业	01					
林业	02	1				
畜牧业	03	1				
渔业	04					
农、林、牧、渔专业及辅助性活动	05	443	26		1	
采矿业	**B**	**516**	**28**		**1**	**1**
煤炭开采和洗选业	06	22	2			
石油和天然气开采业	07	2				
黑色金属矿采选业	08	42	1			
有色金属矿采选业	09	48	7		1	1
非金属矿采选业	10	326	14			
开采专业及辅助性活动	11	54	3			
其他采矿业	12	22	1			
制造业	**C**	**7805**	**361**		**16**	**10**
农副食品加工业	13	902	43		1	
食品制造业	14	377	21		2	2
酒、饮料和精制茶制造业	15	274	19		2	1
烟草制品业	16	1				
纺织业	17	72	6			
纺织服装、服饰业	18	130	6		1	
皮革、毛皮、羽毛及其制品和制鞋业	19	48	2			
木材加工和木、竹、藤、棕、草制品业	20	168	10			
家具制造业	21	210	3			
造纸和纸制品业	22	111	5		1	
印刷和记录媒介复制业	23	362	8			
文教、工美、体育和娱乐用品制造业	24	261	10			
石油、煤炭及其他燃料加工业	25	48	1		1	1
化学原料和化学制品制造业	26	416	18		2	1
医药制造业	27	262	23			
化学纤维制造业	28	5				
橡胶和塑料制品业	29	376	21		1	1
非金属矿物制品业	30	1583	70		1	1
黑色金属冶炼和压延加工业	31	89	3			
有色金属冶炼和压延加工业	32	82	5		1	1
金属制品业	33	906	29			

与港澳台商合作经营企业	港澳台商独资经营企业	港澳台商投资股份有限公司	其他港澳台投资企业	外商投资企业	中外合资经营企业	中外合作经营企业	外资企业	外商投资股份有限公司	其他外商投资	代码
3	**21**	**3**	**4**	**107**	**47**	**4**	**23**	**5**	**28**	**00**
1										**A**
										01
										02
										03
										04
1										05
										B
										06
										07
										08
										09
										10
										11
										12
	5		**1**	**36**	**25**	**1**	**5**	**1**	**4**	**C**
	1			10	6	1		1	2	13
										14
	1			7	6		1			15
										16
										17
			1							18
										19
										20
										21
	1									22
										23
										24
										25
	1			5	4		1			26
										27
										28
				1	1					29
				1					1	30
										31
										32
				2	1				1	33

2-08 续表 4

行业大类	代码	私营有限责任公司	私营股份有限公司	其他企业	港、澳、台商投资企业	与港澳台商合资经营企业
通用设备制造业	34	245	15			
专用设备制造业	35	244	13		2	1
汽车制造业	36	28				
铁路、船舶、航空航天和其他运输设备制造业	37	17	3			
电气机械和器材制造业	38	164	14		1	1
计算机、通信和其他电子设备制造业	39	54	1			
仪器仪表制造业	40	36	1			
其他制造业	41	40	1			
废弃资源综合利用业	42	98	6			
金属制品、机械和设备修理业	43	196	4			
电力、热力、燃气及水生产和供应业	D	**468**	**33**		**5**	**4**
电力、热力生产和供应业	44	362	26		4	3
燃气生产和供应业	45	53	5			
水的生产和供应业	46	53	2		1	1
建筑业	E	**8528**	**328**		**1**	**1**
房屋建筑业	47	2248	96			
土木工程建筑业	48	2117	89			
建筑安装业	49	1170	47			
建筑装饰、装修和其他建筑业	50	2993	96		1	1
批发和零售业	F	**34755**	**1170**		**12**	**2**
批发业	51	17074	592		6	1
零售业	52	17681	578		6	1
交通运输、仓储和邮政业	G	**2786**	**104**		**2**	**1**
铁路运输业	53					
道路运输业	54	1814	66		1	
水上运输业	55	4				
航空运输业	56	11	2			
管道运输业	57					
多式联运和运输代理业	58	264	9		1	1
装卸搬运和仓储业	59	484	18			
邮政业	60	209	9			
住宿和餐饮业	H	**3181**	**154**		**1**	**1**
住宿业	61	1199	62		1	1
餐饮业	62	1982	92			
信息传输、软件和信息技术服务业	I	**2758**	**94**		**6**	**1**
电信、广播电视和卫星传输服务	63	101	3		6	1
互联网和相关服务	64	698	22			
软件和信息技术服务业	65	1959	69			

与港澳台商合作经营企业	港澳台商独资经营企业	港澳台商投资股份有限公司	其他港澳台投资企业	外商投资企业	中外合资经营企业	中外合作经营企业	外资企业	外商投资股份有限公司	其他外商投资	代码
				1			1			34
	1			2	2					35
				1	1					36
										37
				1	1					38
				1	1					39
				1	1					40
				1			1			41
				1	1					42
				1			1			43
	1			**15**	**12**	**1**			**2**	**D**
	1			12	10				2	44
				1	1					45
				2	1	1				46
				4	**1**				**3**	**E**
										47
				1					1	48
				1					1	49
				2	1				1	50
	6	**2**	**2**	**18**	**1**	**2**	**4**		**11**	**F**
	4		1	12		2	3		7	51
	2	2	1	6	1		1		4	52
		1								**G**
										53
		1								54
										55
										56
										57
										58
										59
										60
				3	**1**		**1**		**1**	**H**
				1	1					61
				2			1		1	62
	5			**14**	**2**		**8**	**4**		**I**
	5			13	2		8	3		63
										64
				1				1		65

2-08 续表 5

行业大类	代码	私营有限责任公司	私营股份有限公司	其他企业	港、澳、台商投资企业	与港澳台商合资经营企业
金融业	J	**196**	**20**		**1**	**1**
货币金融服务	66	169	17		1	1
资本市场服务	67	9	2			
保险业	68	4	1			
其他金融业	69	14				
房地产业	K	**3927**	**184**		**13**	**9**
房地产业	70	3927	184		13	9
租赁和商务服务业	L	**11279**	**408**			
租赁业	71	2019	80			
商务服务业	72	9260	328			
科学研究和技术服务业	M	**3440**	**123**		**3**	**2**
研究和试验发展	73	213	6		1	1
专业技术服务业	74	2308	85		2	1
科技推广和应用服务业	75	919	32			
水利、环境和公共设施管理业	N	**604**	**28**		**1**	**1**
水利管理业	76	16				
生态保护和环境治理业	77	77	2			
公共设施管理业	78	497	25		1	1
土地管理业	79	14	1			
居民服务、修理和其他服务业	O	**3404**	**112**		**1**	
居民服务业	80	1247	43			
机动车、电子产品和日用产品修理业	81	1785	51		1	
其他服务业	82	372	18			
教育	P	**1187**	**56**		**1**	
教育	83	1187	56		1	
卫生和社会工作	Q	**157**	**16**			
卫生	84	119	13			
社会工作	85	38	3			
文化、体育和娱乐业	R	**2225**	**96**			
新闻和出版业	86	21				
广播、电视、电影和录音制作业	87	306	15			
文化艺术业	88	645	32			
体育	89	180	7			
娱乐业	90	1073	42			

与港澳台商合作经营企业	港澳台商独资经营企业	港澳台商投资股份有限公司	其他港澳台投资企业	外商投资企业	中外合资经营企业	中外合作经营企业	外资企业	外商投资股份有限公司	其他外商投资	代码
										J
										66
										67
										68
										69
	4			**9**	**3**		**4**		**2**	K
	4			9	3		4		2	70
				1					**1**	L
										71
				1					1	72
1				**5**	**2**		**1**		**2**	M
										73
1				3	1		1		1	74
				2	1				1	75
										N
										76
										77
										78
										79
1				**1**					**1**	O
				1					1	80
1										81
										82
			1							P
			1							83
										Q
										84
										85
				1					**1**	R
										86
										87
										88
										89
				1					1	90

2-09 按行业(大类)、登记注册类型

行业大类	代码	从业人员数(人)	内资企业				
				国有企业	集体企业	股份合作企业	联营企业
总　计	**00**	**2287904**	**2262854**	**195677**	**50387**	**1832**	**1423**
农、林、牧、渔业	**A**	**5277**	**5264**	**63**	**28**	**2**	
农业	01						
林业	02						
畜牧业	03						
渔业	04						
农、林、牧、渔专业及辅助性活动	05	5277	5264	63	28	2	
采矿业	**B**	**96333**	**95743**	**18399**	**1364**		**5**
煤炭开采和洗选业	06	54472	54472	443	1309		
石油和天然气开采业	07	17882	17882	17350			
黑色金属矿采选业	08	3533	3533				
有色金属矿采选业	09	6970	6380	606			
非金属矿采选业	10	8605	8605		53		5
开采专业及辅助性活动	11	4641	4641				
其他采矿业	12	230	230		2		
制造业	**C**	**461504**	**454337**	**5507**	**5319**	**276**	**81**
农副食品加工业	13	31681	30417	89	61		21
食品制造业	14	15981	15631		16	5	
酒、饮料和精制茶制造业	15	16291	13846	10	11	25	
烟草制品业	16	2669	2669				
纺织业	17	4589	4589		5		
纺织服装、服饰业	18	5001	4875	249	114		2
皮革、毛皮、羽毛及其制品和制鞋业	19	2075	2075				
木材加工和木、竹、藤、棕、草制品业	20	2243	2243	20			
家具制造业	21	1975	1975		3		
造纸和纸制品业	22	3204	3184		173		
印刷和记录媒介复制业	23	6337	6337	1726	227	30	
文教、工美、体育和娱乐用品制造业	24	3963	3963		14		10
石油、煤炭及其他燃料加工业	25	27905	27888		40		
化学原料和化学制品制造业	26	29552	27875	480	1390	8	
医药制造业	27	17638	17638	171	10		
化学纤维制造业	28	259	259				
橡胶和塑料制品业	29	11443	11322		250	45	
非金属矿物制品业	30	81828	81797	682	2105	54	18
黑色金属冶炼和压延加工业	31	33807	33807		8	19	
有色金属冶炼和压延加工业	32	72858	72683	843	12		
金属制品业	33	14891	14829	32	25	56	2

分组的企业法人单位从业人员数

国有联营企业	集体联营企业	国有与集体联营企业	其他联营企业	有限责任公司	国有独资公司	其他有限责任公司	股份有限公司	私营企业	私营独资企业	私营合伙企业	代码
699	**340**	**121**	**263**	**921235**	**159810**	**761425**	**228720**	**863580**	**57059**	**8436**	**00**
				2142	**183**	**1959**	**289**	**2740**	**219**	**39**	**A**
											01
											02
											03
											04
				2142	183	1959	289	2740	219	39	05
	5			**62566**	**47956**	**14610**	**2115**	**11294**	**1657**	**116**	**B**
				49350	44184	5166	1590	1780	393		06
				496	480	16	15	21			07
				3114	1298	1816	5	414	12	70	08
				3820	375	3445	261	1693	50		09
	5			3889	650	3239	176	4482	1161	46	10
				1819	969	850	50	2772	32		11
				78		78	18	132	9		12
	66	**7**	**8**	**184861**	**21372**	**163489**	**115116**	**143177**	**16190**	**1795**	**C**
	18	3		11121	164	10957	2204	16921	1337	100	13
				5181	486	4695	892	9537	427	5	14
				7362	200	7162	3175	3263	264	33	15
				2669	256	2413					16
				1491	186	1305	1137	1956	91		17
	2			1879	110	1769	54	2577	195		18
				613	514	99	164	1298	77		19
				351		351	311	1561	209		20
				336		336	235	1401	94		21
				436		436	62	2513	241	3	22
				1204	70	1134	147	3003	450	31	23
	10			874		874	132	2933	153	224	24
				4285	1774	2511	22943	620	5		25
				14921	3053	11868	1280	9796	437	45	26
				6398	1239	5159	4457	6602	86	3	27
				24		24		235			28
				4439	163	4276	352	6236	294	6	29
	12		6	29369	2066	27303	7154	42415	10720	1262	30
				27632		27632	2549	3599	6		31
				19236	1979	17257	49956	2636	15		32
			2	4710	448	4262	1521	8483	419	19	33

2-09 续表 1

行业大类	代码	从业人员数(人)	内资企业				
				国有企业	集体企业	股份合作企业	联营企业
通用设备制造业	34	15917	15574	194	208		28
专用设备制造业	35	20280	20110	141	25	4	
汽车制造业	36	1719	1485	22	12		
铁路、船舶、航空航天和其他运输设备制造业	37	846	846		3		
电气机械和器材制造业	38	15722	15701	156	252	30	
计算机、通信和其他电子设备制造业	39	12233	12213				
仪器仪表制造业	40	786	779		1		
其他制造业	41	799	780				
废弃资源综合利用业	42	2664	2614		114		
金属制品、机械和设备修理业	43	4348	4333	692	240		
电力、热力、燃气及水生产和供应业	D	**107693**	**104163**	**56050**	**308**	**78**	**46**
电力、热力生产和供应业	44	91920	90274	51187	197	78	2
燃气生产和供应业	45	4885	4810				
水的生产和供应业	46	10888	9079	4863	111		44
建筑业	E	**541285**	**541263**	**49680**	**35092**	**357**	**10**
房屋建筑业	47	357687	357687	26364	32794	260	10
土木工程建筑业	48	117442	117437	8309	1134	97	
建筑安装业	49	36766	36766	14277	600		
建筑装饰、装修和其他建筑业	50	29390	29373	730	564		
批发和零售业	F	**305185**	**303116**	**6068**	**2793**	**405**	**182**
批发业	51	137786	137289	4705	1168	229	54
零售业	52	167399	165827	1363	1625	176	128
交通运输、仓储和邮政业	G	**114287**	**114189**	**22974**	**412**	**357**	**20**
铁路运输业	53	162	162				
道路运输业	54	64598	64588	2717	277	335	19
水上运输业	55	115	115				
航空运输业	56	3949	3949				
管道运输业	57	268	268	263			
多式联运和运输代理业	58	4630	4542	54	56		
装卸搬运和仓储业	59	10747	10747	811	77		
邮政业	60	29818	29818	19129	2	22	1
住宿和餐饮业	H	**100552**	**98561**	**5034**	**621**	**32**	**597**
住宿业	61	47794	47293	4294	574	12	556
餐饮业	62	52758	51268	740	47	20	41
信息传输、软件和信息技术服务业	I	**59704**	**53802**	**4623**	**12**	**18**	**2**
电信、广播电视和卫星传输服务	63	31328	25485	4586		3	
互联网和相关服务	64	4489	4489	7			
软件和信息技术服务业	65	23887	23828	30	12	15	2

国有联营企业	集体联营企业	国有与集体联营企业	其他联营企业	有限责任公司	国有独资公司	其他有限责任公司	股份有限公司	私营企业	私营独资企业	私营合伙企业	代码
	24	4		9879	761	9118	2352	2913	106		34
				12400	5933	6467	3367	4173	356	39	35
				812	227	585	18	621	4		36
				446	23	423	147	250	2		37
				11154	163	10991	421	3688	104		38
				1571		1571	9898	744	5		39
				391		391	120	267			40
				321		321	3	456	45	10	41
				1193		1193	21	1286	10	12	42
				2163	1557	606	44	1194	38	3	43
	44		**2**	**34788**	**7268**	**27520**	**4505**	**8388**	**420**	**41**	D
			2	28995	6756	22239	3116	6699	345	36	44
				2902	64	2838	954	954	11	5	45
	44			2891	448	2443	435	735	64		46
			10	**258463**	**28539**	**229924**	**38908**	**158753**	**1177**	**14**	E
			10	169428	17482	151946	34340	94491	624	2	47
				67187	9570	57617	3299	37411	292		48
				11751	368	11383	157	9981	92	3	49
				10097	1119	8978	1112	16870	169	9	50
64	**69**	**12**	**37**	**95377**	**3085**	**92292**	**16435**	**181856**	**10352**	**494**	F
22	7	12	13	37250	1878	35372	6536	87347	2989	220	51
42	62		24	58127	1207	56920	9899	94509	7363	274	52
1			**19**	**48259**	**9909**	**38350**	**3605**	**38562**	**569**	**63**	G
				162		162					53
			19	35306	6017	29289	2274	23660	408	49	54
				103		103		12			55
				3754	1464	2290		195			56
				5		5					57
				3021	1637	1384	66	1345	39	4	58
				4108	787	3321	875	4876	107	10	59
1				1800	4	1796	390	8474	15		60
533	**46**	**15**	**3**	**30902**	**2759**	**28143**	**2878**	**58497**	**6582**	**333**	H
533	8	15		16320	2658	13662	1531	24006	2780	122	61
	38		3	14582	101	14481	1347	34491	3802	211	62
	2			**18691**	**8913**	**9778**	**8542**	**21914**	**227**	**49**	I
				12535	8404	4131	7784	577	45	1	63
				1304	34	1270	185	2993	114	24	64
	2			4852	475	4377	573	18344	68	24	65

2-09 续表 2

行业大类	代码	从业人员数(人)					
			内资企业	国有企业	集体企业	股份合作企业	联营企业
金融业	J	**3529**	**3503**	**35**	**20**		
货币金融服务	66	2529	2503	16	11		
资本市场服务	67	203	203	10	9		
保险业	68	89	89				
其他金融业	69	708	708	9			
房地产业	K	**141248**	**140098**	**1701**	**1804**	**48**	**35**
房地产业	70	141248	140098	1701	1804	48	35
租赁和商务服务业	L	**137847**	**137843**	**13564**	**1360**	**11**	**111**
租赁业	71	14704	14704	97	87		
商务服务业	72	123143	123139	13467	1273	11	111
科学研究和技术服务业	M	**81504**	**79068**	**8929**	**477**	**68**	**179**
研究和试验发展	73	4231	4173	690	19	5	
专业技术服务业	74	57731	55368	8103	403	63	162
科技推广和应用服务业	75	19542	19527	136	55		17
水利、环境和公共设施管理业	N	**20323**	**20275**	**2200**	**11**		**39**
水利管理业	76	821	821	57	8		
生态保护和环境治理业	77	2579	2579	1555	3		
公共设施管理业	78	16556	16508	576			39
土地管理业	79	367	367	12			
居民服务、修理和其他服务业	O	**33639**	**33638**	**229**	**95**	**23**	**58**
居民服务业	80	12644	12643	100	59	19	47
机动车、电子产品和日用产品修理业	81	12628	12628	129	11	4	
其他服务业	82	8367	8367		25		11
教育	P	**18111**	**18110**	**122**	**337**	**37**	**48**
教育	83	18111	18110	122	337	37	48
卫生和社会工作	Q	**21549**	**21549**	**106**	**42**	**120**	**1**
卫生	84	20658	20658	96	42	120	1
社会工作	85	891	891	10			
文化、体育和娱乐业	R	**38334**	**38332**	**393**	**292**		**9**
新闻和出版业	86	7135	7135	10			
广播、电视、电影和录音制作业	87	3812	3812	311	4		
文化艺术业	88	11386	11386	42	283		7
体育	89	2184	2184	30			
娱乐业	90	13817	13815		5		2

国有联营企业	集体联营企业	国有与集体联营企业	其他联营企业	有限责任公司	国有独资公司	其他有限责任公司	股份有限公司	私营企业	私营独资企业	私营合伙企业	代码
				1594	**484**	**1110**	**521**	**1333**	**6**	**5**	J
				852	137	715	467	1157			66
				141	129	12	15	28		1	67
				6	1	5		83	6		68
				595	217	378	39	65		4	69
5	**11**	**19**		**64351**	**4617**	**59734**	**3855**	**68304**	**329**	**39**	K
5	11	19		64351	4617	59734	3855	68304	329	39	70
61	**2**	**31**	**17**	**43681**	**7369**	**36312**	**11067**	**68049**	**1608**	**1525**	L
				5456	799	4657	266	8798	243	6	71
61	2	31	17	38225	6570	31655	10801	59251	1365	1519	72
	26	**7**	**146**	**27879**	**3576**	**24303**	**15386**	**26150**	**398**	**177**	M
				1676	269	1407	587	1196	50	80	73
	10	7	145	23298	2410	20888	2485	20854	248	64	74
	16		1	2905	897	2008	12314	4100	100	33	75
	39			**10535**	**2258**	**8277**	**623**	**6867**	**200**	**18**	N
				640	412	228	16	100	3		76
				422	28	394	25	574	154		77
	39			9362	1773	7589	582	5949	43		78
				111	45	66		244		18	79
33	**11**		**14**	**10910**	**3355**	**7555**	**1591**	**20732**	**2316**	**68**	O
33			14	3321	195	3126	1152	7945	1058	20	80
				2833	47	2786	284	9367	1126	46	81
	11			4756	3113	1643	155	3420	132	2	82
	18	**30**		**4153**	**44**	**4109**	**431**	**12982**	**2993**	**256**	P
	18	30		4153	44	4109	431	12982	2993	256	83
			1	**5040**	**88**	**4952**	**1515**	**14725**	**7296**	**3160**	Q
			1	4790	66	4724	1376	14233	7233	3155	84
				250	22	228	139	492	63	5	85
2	**1**		**6**	**17043**	**8035**	**9008**	**1338**	**19257**	**4520**	**244**	R
				6603	6091	512	270	252	4		86
				1401	171	1230	97	1999	51	2	87
2	1		4	5279	1388	3891	335	5440	1241	84	88
				568	46	522	315	1271	128	8	89
			2	3192	339	2853	321	10295	3096	150	90

2-09 续表 3

行业大类	代码	私营有限责任公司	私营股份有限公司	其他企业	港、澳、台商投资企业	与港澳台商合资经营企业
总　计	**00**	**756238**	**41847**		**7133**	**3895**
农、林、牧、渔业	**A**	**2380**	**102**		**13**	
农业	01					
林业	02					
畜牧业	03					
渔业	04					
农、林、牧、渔专业及辅助性活动	05	2380	102		13	
采矿业	**B**	**9119**	**402**		**590**	**590**
煤炭开采和洗选业	06	1385	2			
石油和天然气开采业	07	21				
黑色金属矿采选业	08	326	6			
有色金属矿采选业	09	1488	155		590	590
非金属矿采选业	10	3142	133			
开采专业及辅助性活动	11	2634	106			
其他采矿业	12	123				
制造业	**C**	**118157**	**7035**		**956**	**646**
农副食品加工业	13	13926	1558		80	
食品制造业	14	8695	410		350	350
酒、饮料和精制茶制造业	15	2850	116		30	17
烟草制品业	16					
纺织业	17	1816	49			
纺织服装、服饰业	18	2295	87		126	
皮革、毛皮、羽毛及其制品和制鞋业	19	1196	25			
木材加工和木、竹、藤、棕、草制品业	20	1284	68			
家具制造业	21	1261	46			
造纸和纸制品业	22	2199	70		20	
印刷和记录媒介复制业	23	2484	38			
文教、工美、体育和娱乐用品制造业	24	2498	58			
石油、煤炭及其他燃料加工业	25	613	2		17	17
化学原料和化学制品制造业	26	9035	279		35	22
医药制造业	27	6115	398			
化学纤维制造业	28	235				
橡胶和塑料制品业	29	5319	617		32	32
非金属矿物制品业	30	28896	1537		30	30
黑色金属冶炼和压延加工业	31	3585	8			
有色金属冶炼和压延加工业	32	2337	284		175	175
金属制品业	33	7341	704			

与港澳台商合作经营企业	港澳台商独资经营企业	港澳台商投资股份有限公司	其他港澳台投资企业	外商投资企业	中外合资经营企业	中外合作经营企业	外资企业	外商投资股份有限公司	其他外商投资	代码
13	**2472**	**87**	**666**	**17917**	**9061**	**449**	**5817**	**2349**	**241**	**00**
13										**A**
										01
										02
										03
										04
13										05
										B
										06
										07
										08
										09
										10
										11
										12
	184		**126**	**6211**	**4029**	**425**	**1741**	**4**	**12**	**C**
	80			1184	747	425		4	8	13
										14
	13			2415	1774		641			15
										16
										17
			126							18
										19
										20
										21
	20									22
										23
										24
										25
	13			1642	919		723			26
										27
										28
				89	89					29
				1					1	30
										31
										32
				62	59				3	33

2-09 续表 4

行业大类	代码	私营有限责任公司	私营股份有限公司	其他企业	港、澳、台商投资企业	与港澳台商合资经营企业
通用设备制造业	34	2687	120			
专用设备制造业	35	3699	79		61	3
汽车制造业	36	617				
铁路、船舶、航空航天和其他运输设备制造业	37	218	30			
电气机械和器材制造业	38	3496	88			
计算机、通信和其他电子设备制造业	39	474	265			
仪器仪表制造业	40	267				
其他制造业	41	395	6			
废弃资源综合利用业	42	1206	58			
金属制品、机械和设备修理业	43	1118	35			
电力、热力、燃气及水生产和供应业	**D**	**7362**	**565**		**1884**	**1816**
电力、热力生产和供应业	44	5830	488		96	28
燃气生产和供应业	45	866	72			
水的生产和供应业	46	666	5		1788	1788
建筑业	**E**	**148180**	**9382**		**5**	**5**
房屋建筑业	47	86889	6976			
土木工程建筑业	48	35630	1489			
建筑安装业	49	9418	468			
建筑装饰、装修和其他建筑业	50	16243	449		5	5
批发和零售业	**F**	**163794**	**7216**		**998**	**13**
批发业	51	79893	4245		185	12
零售业	52	83901	2971		813	1
交通运输、仓储和邮政业	**G**	**33018**	**4912**		**98**	**88**
铁路运输业	53					
道路运输业	54	22503	700		10	
水上运输业	55	12				
航空运输业	56	195				
管道运输业	57					
多式联运和运输代理业	58	1268	34		88	88
装卸搬运和仓储业	59	4610	149			
邮政业	60	4430	4029			
住宿和餐饮业	**H**	**49273**	**2309**		**183**	**183**
住宿业	61	19966	1138		183	183
餐饮业	62	29307	1171			
信息传输、软件和信息技术服务业	**I**	**21116**	**522**		**1258**	**140**
电信、广播电视和卫星传输服务	63	521	10		1258	140
互联网和相关服务	64	2777	78			
软件和信息技术服务业	65	17818	434			

与港澳台商合作经营企业	港澳台商独资经营企业	港澳台商投资股份有限公司	其他港澳台投资企业	外商投资企业	中外合资经营企业	中外合作经营企业	外资企业	外商投资股份有限公司	其他外商投资	代码
				343			343			34
	58			109	109					35
				234	234					36
										37
				21	21					38
				20	20					39
				7	7					40
				19			19			41
				50	50					42
				15			15			43
	68			**1646**	**1602**	**21**			**23**	D
	68			1550	1527				23	44
				75	75					45
				21		21				46
				17	**8**				**9**	E
										47
				5					5	48
										49
				12	8				4	50
	369	**77**	**539**	**1071**	**5**	**3**	**898**		**165**	F
	15		158	312		3	298		11	51
	354	77	381	759	5		600		154	52
		10								G
										53
		10								54
										55
										56
										57
										58
										59
										60
				1808	**318**		**1480**		**10**	H
				318	318					61
				1490			1480		10	62
	1118			**4644**	**649**		**1650**	**2345**		I
	1118			4585	649		1650	2286		63
										64
				59				59		65

2-09 续表 5

行业大类	代码	私营有限责任公司	私营股份有限公司	其他企业	港、澳、台商投资企业	与港澳台商合资经营企业
金融业	J	**1220**	**102**		**26**	**26**
货币金融服务	66	1061	96		26	26
资本市场服务	67	22	5			
保险业	68	76	1			
其他金融业	69	61				
房地产业	K	**64594**	**3342**		**1015**	**282**
房地产业	70	64594	3342		1015	282
租赁和商务服务业	L	**62810**	**2106**			
租赁业	71	8220	329			
商务服务业	72	54590	1777			
科学研究和技术服务业	M	**24638**	**937**		**58**	**58**
研究和试验发展	73	1035	31		58	58
专业技术服务业	74	19756	786			
科技推广和应用服务业	75	3847	120			
水利、环境和公共设施管理业	N	**6406**	**243**		**48**	**48**
水利管理业	76	97				
生态保护和环境治理业	77	410	10			
公共设施管理业	78	5673	233		48	48
土地管理业	79	226				
居民服务、修理和其他服务业	O	**17658**	**690**			
居民服务业	80	6563	304			
机动车、电子产品和日用产品修理业	81	7983	212			
其他服务业	82	3112	174			
教育	P	**9167**	**566**		**1**	
教育	83	9167	566		1	
卫生和社会工作	Q	**3671**	**598**			
卫生	84	3290	555			
社会工作	85	381	43			
文化、体育和娱乐业	R	**13675**	**818**			
新闻和出版业	86	248				
广播、电视、电影和录音制作业	87	1878	68			
文化艺术业	88	3908	207			
体育	89	1077	58			
娱乐业	90	6564	485			

与港澳台商合作经营企业	港澳台商独资经营企业	港澳台商投资股份有限公司	其他港澳台投资企业	外商投资企业	中外合资经营企业	中外合作经营企业	外资企业	外商投资股份有限公司	其他外商投资	代码
										J
										66
										67
										68
										69
	733			**135**	**87**		**47**		**1**	K
	733			135	87		47		1	70
				4					**4**	L
										71
				4					4	72
				2378	**2363**		**1**		**14**	M
										73
				2363	2354		1		8	74
				15	9				6	75
										N
										76
										77
										78
										79
				1					**1**	O
				1					1	80
										81
										82
			1							P
			1							83
										Q
										84
										85
				2					**2**	R
										86
										87
										88
										89
				2					2	90

2-10 按地区、控股情况分组的企业法人单位数

地区	法人单位数(个)						
		国有控股	集体控股	私人控股	港澳台商控股	外商控股	其他
全省	**145228**	**3541**	**1743**	**129669**	**79**	**63**	**10133**
兰州	46819	1304	585	42944	41	24	1921
嘉峪关	3962	94	32	3675			161
金昌	3283	115	36	2892	1	3	236
白银	11052	171	104	10207	5	3	562
天水	11518	289	183	9915	1	6	1124
武威	6631	164	85	5443	8	2	929
张掖	11628	254	75	10375	2	4	918
平凉	6628	211	101	5715	1	2	598
酒泉	10769	230	97	9334	11	7	1090
庆阳	8993	167	77	8399	1	5	344
定西	8360	206	130	7160	2	3	859
陇南	6752	151	89	5894	2	2	614
临夏	6191	103	74	5606	2	2	404
甘南	2642	82	75	2110	2		373

2-11　按地区、控股情况分组的企业法人单位从业人员数

地区	从业人员数（人）	国有控股	集体控股	私人控股	港澳台商控股	外商控股	其他
全　省	**2287904**	**751476**	**104800**	**1261212**	**4419**	**11324**	**154673**
兰　州	863434	388753	24900	394325	3164	7026	45266
嘉峪关	75284	40772	3830	29199			1483
金　昌	96418	65033	1305	25150	2	989	3939
白　银	150069	50682	6958	79986	395	760	11288
天　水	175367	38189	16829	105173	10	768	14398
武　威	103468	16365	3669	68129	195	3	15107
张　掖	118754	15416	3312	91700	118	202	8006
平　凉	122770	35038	11359	65827	30	22	10494
酒　泉	111258	23667	7252	67335	278	89	12637
庆　阳	148597	31845	5676	103469	15	747	6845
定　西	106862	13383	5657	80223	140	19	7440
陇　南	87331	13971	4107	59061	4	9	10179
临　夏	95494	12780	8614	69541		690	3869
甘　南	32798	5582	1332	22094	68		3722

2-12 按行业(大类)、控股情况分组的企业法人单位数

行业大类	代码	法人单位数(个)	国有控股	集体控股	私人控股	港澳台商控股	外商控股	其他
总　计	**00**	**145228**	**3541**	**1743**	**129669**	**79**	**63**	**10133**
农、林、牧、渔业	**A**	**941**	**21**	**21**	**792**		**1**	**106**
农业	01	3			1			2
林业	02	2	1		1			
畜牧业	03	3			3			
渔业	04							
农、林、牧、渔专业及辅助性活动	05	933	20	21	787		1	104
采矿业	**B**	**1227**	**50**	**23**	**1048**			**106**
煤炭开采和洗选业	06	91	19	7	56			9
石油和天然气开采业	07	7	2		4			1
黑色金属矿采选业	08	112	2	1	97			12
有色金属矿采选业	09	123	12	5	94			12
非金属矿采选业	10	752	9	9	676			58
开采专业及辅助性活动	11	97	6		86			5
其他采矿业	12	45		1	35			9
制造业	**C**	**14623**	**381**	**216**	**12938**	**15**	**20**	**1053**
农副食品加工业	13	1798	29	16	1598	2	4	149
食品制造业	14	679	6	5	622			46
酒、饮料和精制茶制造业	15	560	14	5	492	2	5	42
烟草制品业	16	3	2		1			
纺织业	17	151	4	5	131			11
纺织服装、服饰业	18	222	5	7	193			17
皮革、毛皮、羽毛及其制品和制鞋业	19	80	2		69			9
木材加工和木、竹、藤、棕、草制品业	20	295	5		269			21
家具制造业	21	274		1	263			10
造纸和纸制品业	22	181	1	4	164	1		11
印刷和记录媒介复制业	23	708	21	26	614		1	46
文教、工美、体育和娱乐用品制造业	24	438		4	398			36
石油、煤炭及其他燃料加工业	25	87	9	1	74	1		2
化学原料和化学制品制造业	26	755	26	10	669	2	2	46
医药制造业	27	478	13	5	412		1	47
化学纤维制造业	28	6			6			
橡胶和塑料制品业	29	654	8	8	588	2		48
非金属矿物制品业	30	3387	74	50	3053	1		209
黑色金属冶炼和压延加工业	31	162	7	6	138			11
有色金属冶炼和压延加工业	32	171	29	4	122			16
金属制品业	33	1457	20	11	1324	2		100

2-12 续表 1

行业大类	代码	法人单位数(个)	国有控股	集体控股	私人控股	港澳台商控股	外商控股	其他
通用设备制造业	34	446	24	15	373		1	33
专用设备制造业	35	458	27	7	389	2	1	32
汽车制造业	36	52	6	1	40		1	4
铁路、船舶、航空航天和其他运输设备制造业	37	39	1	3	29			6
电气机械和器材制造业	38	366	26	12	287			41
计算机、通信和其他电子设备制造业	39	96	3	1	83		2	7
仪器仪表制造业	40	60	4	2	49			5
其他制造业	41	76	1		66			9
废弃资源综合利用业	42	170	4	4	150		1	11
金属制品、机械和设备修理业	43	314	10	3	272		1	28
电力、热力、燃气及水生产和供应业	**D**	**1556**	**407**	**88**	**910**	**3**	**4**	**144**
电力、热力生产和供应业	44	1207	294	70	722	3	3	115
燃气生产和供应业	45	107	9		94		1	3
水的生产和供应业	46	242	104	18	94			26
建筑业	**E**	**13472**	**233**	**157**	**12072**	**5**	**4**	**1001**
房屋建筑业	47	3601	46	82	3233	1		239
土木工程建筑业	48	3643	133	38	3129	1	2	340
建筑安装业	49	1789	28	21	1612	1	1	126
建筑装饰、装修和其他建筑业	50	4439	26	16	4098	2	1	296
批发和零售业	**F**	**53613**	**447**	**504**	**49231**	**21**	**11**	**3399**
批发业	51	24411	260	214	22560	9	5	1363
零售业	52	29202	187	290	26671	12	6	2036
交通运输、仓储和邮政业	**G**	**4646**	**250**	**76**	**3949**	**2**		**369**
铁路运输业	53	1		1				
道路运输业	54	2930	81	51	2575	1		222
水上运输业	55	12			8			4
航空运输业	56	27	7		16			4
管道运输业	57	2	1		1			
多式联运和运输代理业	58	411	12	3	366	1		29
装卸搬运和仓储业	59	863	105	17	665			76
邮政业	60	400	44	4	318			34
住宿和餐饮业	**H**	**5839**	**125**	**89**	**5232**	**2**	**2**	**389**
住宿业	61	2400	100	63	2074	1	1	161
餐饮业	62	3439	25	26	3158	1	1	228
信息传输、软件和信息技术服务业	**I**	**4089**	**113**	**20**	**3729**	**8**	**10**	**209**
电信、广播电视和卫星传输服务	63	275	78	5	162	6	9	15
互联网和相关服务	64	1070	5	1	996	1		67
软件和信息技术服务业	65	2744	30	14	2571	1	1	127

2-12 续表 2

行业大类	代码	法人单位数（个）	国有控股	集体控股	私人控股	港澳台商控股	外商控股	其他
金融业	J	**462**	**41**	**11**	**365**	**1**		**44**
货币金融服务	66	372	11	9	316	1		35
资本市场服务	67	25	8	2	13			2
保险业	68	12	1		10			1
其他金融业	69	53	21		26			6
房地产业	K	**7282**	**369**	**213**	**6058**	**11**	**6**	**625**
房地产业	70	7282	369	213	6058	11	6	625
租赁和商务服务业	L	**17809**	**490**	**119**	**15906**	**5**	**1**	**1288**
租赁业	71	3066	30	9	2800			227
商务服务业	72	14743	460	110	13106	5	1	1061
科学研究和技术服务业	M	**5522**	**302**	**99**	**4746**	**4**	**2**	**369**
研究和试验发展	73	327	17	7	286			17
专业技术服务业	74	3754	227	61	3196	2	1	267
科技推广和应用服务业	75	1441	58	31	1264	2	1	85
水利、环境和公共设施管理业	N	**1142**	**126**	**22**	**890**		**1**	**103**
水利管理业	76	58	25	3	25			5
生态保护和环境治理业	77	137	10	2	110			15
公共设施管理业	78	916	87	17	730		1	81
土地管理业	79	31	4		25			2
居民服务、修理和其他服务业	O	**5517**	**32**	**25**	**5086**			**374**
居民服务业	80	2084	13	11	1943			117
机动车、电子产品和日用产品修理业	81	2808	12	9	2580			207
其他服务业	82	625	7	5	563			50
教育	P	**2198**	**15**	**27**	**2003**		**1**	**152**
教育	83	2198	15	27	2003		1	152
卫生和社会工作	Q	**654**	**22**	**8**	**582**	**1**		**41**
卫生	84	576	18	8	516	1		33
社会工作	85	78	4		66			8
文化、体育和娱乐业	R	**4636**	**117**	**25**	**4132**	**1**		**361**
新闻和出版业	86	51	21	1	24			5
广播、电视、电影和录音制作业	87	502	34	3	429			36
文化艺术业	88	1249	51	12	1050			136
体育	89	320	7	2	286			25
娱乐业	90	2514	4	7	2343	1		159

2-13　按行业(大类)、控股情况分组的企业法人单位从业人员数

行业大类	代码	从业人员数(人)	国有控股	集体控股	私人控股	港澳台商控股	外商控股	其他
总　计	**00**	**2287904**	**751476**	**104800**	**1261212**	**4419**	**11324**	**154673**
农、林、牧、渔业	**A**	**5277**	**310**	**68**	**4261**		**2**	**636**
农业	01							
林业	02							
畜牧业	03							
渔业	04							
农、林、牧、渔专业及辅助性活动	05	5277	310	68	4261		2	636
采矿业	**B**	**96333**	**72982**	**1923**	**18582**			**2846**
煤炭开采和洗选业	06	54472	48844	1309	3787			532
石油和天然气开采业	07	17882	17830		37			15
黑色金属矿采选业	08	3533	1750		1177			606
有色金属矿采选业	09	6970	2481	486	2937			1066
非金属矿采选业	10	8605	1009	126	6960			510
开采专业及辅助性活动	11	4641	1068		3515			58
其他采矿业	12	230		2	169			59
制造业	**C**	**461504**	**187705**	**23866**	**221476**	**827**	**3571**	**24059**
农副食品加工业	13	31681	1831	474	25558	340	603	2875
食品制造业	14	15981	791	271	14007			912
酒、饮料和精制茶制造业	15	16291	3076	107	7596	310	1373	3829
烟草制品业	16	2669	2669					
纺织业	17	4589	1530	96	2412			551
纺织服装、服饰业	18	5001	910	127	3438			526
皮革、毛皮、羽毛及其制品和制鞋业	19	2075	514		1528			33
木材加工和木、竹、藤、棕、草制品业	20	2243	230		1892			121
家具制造业	21	1975		3	1914			58
造纸和纸制品业	22	3204	1	173	2883	20		127
印刷和记录媒介复制业	23	6337	1918	358	3766		18	277
文教、工美、体育和娱乐用品制造业	24	3963		24	3688			251
石油、煤炭及其他燃料加工业	25	27905	25563	40	1546	17		739
化学原料和化学制品制造业	26	29552	9899	1884	16143	35	724	867
医药制造业	27	17638	4852	386	11407		138	855
化学纤维制造业	28	259			259			
橡胶和塑料制品业	29	11443	1297	793	8736	10		607
非金属矿物制品业	30	81828	12731	3364	61692	30		4011
黑色金属冶炼和压延加工业	31	33807	24741	1994	7025			47
有色金属冶炼和压延加工业	32	72858	63899	539	7232			1188

2-13 续表 1

行业大类	代码	从业人员数(人)	国有控股	集体控股	私人控股	港澳台商控股	外商控股	其他
金属制品业	33	14891	1991	171	11914	4		811
通用设备制造业	34	15917	6122	1097	5525		343	2830
专用设备制造业	35	20280	10584	1364	7060	61	12	1199
汽车制造业	36	1719	249	12	1189		234	35
铁路、船舶、航空航天和其他运输设备制造业	37	846	23	150	555			118
电气机械和器材制造业	38	15722	8410	513	5943			856
计算机、通信和其他电子设备制造业	39	12233	592	9451	2087		61	42
仪器仪表制造业	40	786	31	53	691			11
其他制造业	41	799	129		612			58
废弃资源综合利用业	42	2664	755	162	1640		50	57
金属制品、机械和设备修理业	43	4348	2367	260	1538		15	168
电力、热力、燃气及水生产和供应业	**D**	**107693**	**88775**	**2039**	**14047**	**88**	**44**	**2700**
电力、热力生产和供应业	44	91920	76560	1792	11189	88	28	2263
燃气生产和供应业	45	4885	2840		1989		16	40
水的生产和供应业	46	10888	9375	247	869			397
建筑业	**E**	**541285**	**178161**	**54082**	**273751**	**22**	**722**	**34547**
房屋建筑业	47	357687	112880	45561	175894			23352
土木工程建筑业	48	117442	44769	5503	59658	2	716	6794
建筑安装业	49	36766	18280	2252	13635	7	1	2591
建筑装饰、装修和其他建筑业	50	29390	2232	766	24564	13	5	1810
批发和零售业	**F**	**305185**	**23819**	**4899**	**243025**	**1275**	**930**	**31237**
批发业	51	137786	14005	2078	109520	255	310	11618
零售业	52	167399	9814	2821	133505	1020	620	19619
交通运输、仓储和邮政业	**G**	**114287**	**48033**	**2673**	**55834**	**12**		**7735**
铁路运输业	53	162		162				
道路运输业	54	64598	20053	2024	37162	10		5349
水上运输业	55	115			37			78
航空运输业	56	3949	3712		212			25
管道运输业	57	268	263		5			
多式联运和运输代理业	58	4630	1899	70	2378	2		281
装卸搬运和仓储业	59	10747	2964	409	6089			1285
邮政业	60	29818	19142	8	9951			717
住宿和餐饮业	**H**	**100552**	**12192**	**2441**	**77222**	**213**	**1798**	**6686**
住宿业	61	47794	10081	1731	32552	183	318	2929
餐饮业	62	52758	2111	710	44670	30	1480	3757
信息传输、软件和信息技术服务业	**I**	**59704**	**27181**	**319**	**26020**	**1266**	**3785**	**1133**
电信、广播电视和卫星传输服务	63	31328	25204	233	818	1258	3726	89
互联网和相关服务	64	4489	238	10	4060			181
软件和信息技术服务业	65	23887	1739	76	21142	8	59	863

2-13　续表 2

行业大类	代码	从　业 人员数 (人)	国有控股	集体控股	私人控股	港澳台 商控股	外商控股	其他
金融业	J	**3529**	**823**	**53**	**2382**	**10**		**261**
货币金融服务	66	2529	251	44	1996	10		228
资本市场服务	67	203	148	9	43			3
保险业	68	89	1		86			2
其他金融业	69	708	423		257			28
房地产业	K	**141248**	**17804**	**6539**	**101923**	**636**	**407**	**13939**
房地产业	70	141248	17804	6539	101923	636	407	13939
租赁和商务服务业	L	**137847**	**35185**	**2348**	**91211**	**22**	**4**	**9077**
租赁业	71	14704	1756	189	11815			944
商务服务业	72	123143	33429	2159	79396	22	4	8133
科学研究和技术服务业	M	**81504**	**36253**	**1447**	**36996**	**7**	**7**	**6794**
研究和试验发展	73	4231	1842	42	1825			522
专业技术服务业	74	57731	21293	1273	29389		1	5775
科技推广和应用服务业	75	19542	13118	132	5782	7	6	497
水利、环境和公共设施管理业	N	**20323**	**6140**	**339**	**9592**		**50**	**4202**
水利管理业	76	821	621	24	148			28
生态保护和环境治理业	77	2579	1711	3	743			122
公共设施管理业	78	16556	3751	312	8391		50	4052
土地管理业	79	367	57		310			
居民服务、修理和其他服务业	O	**33639**	**4670**	**224**	**26499**			**2246**
居民服务业	80	12644	874	97	10687			986
机动车、电子产品和日用产品修理业	81	12628	197	91	11424			916
其他服务业	82	8367	3599	36	4388			344
教育	P	**18111**	**215**	**536**	**16030**		**4**	**1326**
教育	83	18111	215	536	16030		4	1326
卫生和社会工作	Q	**21549**	**1424**	**565**	**17497**	**35**		**2028**
卫生	84	20658	1332	565	16739	35		1987
社会工作	85	891	92		758			41
文化、体育和娱乐业	R	**38334**	**9804**	**439**	**24864**	**6**		**3221**
新闻和出版业	86	7135	6526	23	253			333
广播、电视、电影和录音制作业	87	3812	645	8	2566			593
文化艺术业	88	11386	2175	363	7584			1264
体育	89	2184	112	12	1934			126
娱乐业	90	13817	346	33	12527	6		905

2-14　按地区、开业(成立)时间

地　区	法　人单位数(个)	1949年以前	1950-1977年	1978-1991年	1992-2000年	2001年	2002年	2003年	2004年	2005年	2006年
全　省	**145228**	**42**	**352**	**1204**	**4366**	**1302**	**1465**	**1657**	**1821**	**1929**	**2155**
兰　州	46819	21	103	398	1868	547	591	665	747	811	885
嘉峪关	3962	1	2	11	113	32	31	38	55	55	63
金　昌	3283		10	40	101	26	39	45	44	63	58
白　银	11052	3	27	75	244	46	78	97	143	119	126
天　水	11518	7	41	121	330	94	122	154	107	142	173
武　威	6631	1	10	68	225	38	98	91	104	76	96
张　掖	11628	2	14	77	228	116	75	96	102	85	102
平　凉	6628		23	47	139	51	50	69	68	66	79
酒　泉	10769		17	60	304	88	94	94	111	126	151
庆　阳	8993	2	18	51	178	70	107	97	90	84	87
定　西	8360		23	66	207	86	61	81	72	91	97
陇　南	6752	4	28	62	145	42	49	65	76	80	117
临　夏	6191	1	29	90	235	54	58	45	67	91	74
甘　南	2642		7	38	49	12	12	20	35	40	47

2-15　按地区、开业(成立)时间分组的

地　区	从　业人员数(人)	1949年以前	1950-1977年	1978-1991年	1992-2000年	2001年	2002年	2003年	2004年	2005年	2006年
全　省	**2287904**	**6311**	**242639**	**190155**	**253379**	**65710**	**84764**	**69798**	**63985**	**71779**	**75214**
兰　州	863434	6136	101601	87164	128157	23502	28818	33244	20702	38090	29293
嘉峪关	75284	6	21048	2237	4284	1035	2786	682	1743	1013	6751
金　昌	96418		50231	4652	3996	543	1554	1983	2568	1421	2264
白　银	150069	108	16862	15705	11686	4087	2374	6957	5099	2309	3063
天　水	175367	28	21873	5533	12372	6119	9011	5576	6378	6489	13725
武　威	103468	5	678	9188	12654	728	3001	2208	4946	6194	1531
张　掖	118754	24	1834	5796	9548	4146	2517	2198	3685	3140	2600
平　凉	122770		10488	8435	11851	3645	21071	2879	3640	2288	3402
酒　泉	111258		1915	7695	17884	3120	1108	2116	2132	2802	3122
庆　阳	148597	4	5812	10536	11384	6103	5389	4624	3395	1664	1547
定　西	106862		2605	9287	10866	5893	3688	2197	2844	1313	2860
陇　南	87331		1549	4014	9115	4086	1464	2387	2492	1698	2171
临　夏	95494		4971	19056	7229	1743	1459	1539	3113	2112	1644
甘　南	32798		1172	857	2353	960	524	1208	1248	1246	1241

分组的企业法人单位数

2007年	2008年	2009年	2010年	2011年	2012年	2013年	2014年	2015年	2016年	2017年	2018年	无开业年份
2284	**2601**	**3116**	**4047**	**4505**	**5613**	**6864**	**11688**	**16356**	**21674**	**24672**	**25367**	**148**
921	1028	1181	1457	1518	1761	2226	4259	4911	6121	7008	7743	49
82	78	89	123	147	176	215	319	429	597	643	661	2
60	84	67	105	100	182	172	268	322	496	562	439	
141	180	246	256	364	448	487	806	1299	1761	2058	2037	11
157	178	222	295	298	383	434	759	1323	1915	2181	2070	12
100	100	158	221	241	274	362	436	746	968	1112	1101	5
132	120	163	244	273	343	499	845	1284	2125	2419	2279	5
95	110	109	142	233	254	329	560	868	974	1107	1252	3
177	161	217	322	389	451	532	805	1125	1555	1827	2157	6
90	133	169	231	281	366	429	831	1091	1435	1551	1600	2
112	127	141	237	244	358	464	626	1017	1273	1368	1578	31
93	150	178	194	168	252	306	492	875	1149	1250	965	12
81	109	119	165	175	259	274	471	734	919	1138	997	6
43	43	57	55	74	106	135	211	332	386	448	488	4

企业法人单位从业人员数

2007年	2008年	2009年	2010年	2011年	2012年	2013年	2014年	2015年	2016年	2017年	2018年	无开业年份
67443	**80529**	**64370**	**70695**	**81203**	**87284**	**81541**	**103152**	**125724**	**146989**	**145660**	**109397**	**183**
23726	24797	17762	20908	30218	29830	25870	34174	39866	44836	43500	31223	17
970	3127	2540	1938	2226	2668	2221	3943	2737	5381	3496	2446	6
604	3269	791	1699	1255	2576	3528	2312	2841	3784	2790	1757	
14314	3401	4294	6929	5734	5646	4680	5156	8179	7638	9061	6787	
3127	3819	5297	5525	6612	5028	4867	7533	10692	12043	13136	10582	2
3651	1763	2732	4041	3148	7323	5038	4553	6828	8200	9791	5235	32
1981	2243	3478	5116	4624	4741	5799	8436	9500	14213	12851	10251	33
2128	2891	2749	2287	2798	4103	3581	5810	7702	7606	6771	6634	11
3681	3675	4321	6875	5820	5078	4545	5579	6307	8611	7732	7131	9
4137	20894	9393	5762	6427	4953	6569	7107	8172	8846	8680	7199	
2328	3935	2920	3098	3786	5592	4985	6989	7481	8699	8581	6860	55
2814	3799	5014	4191	5273	4169	2604	4837	5732	7855	7855	4198	14
2304	2325	1997	1696	2047	3639	5317	4940	6528	6441	8811	6581	2
1678	591	1082	630	1235	1938	1937	1783	3159	2836	2605	2513	2

2-16 按行业(大类)、运营状态

行业大类	代码	法人单位数(个)	正常运营	停业(歇业)
总 计	**00**	**145228**	**123651**	**11190**
农、林、牧、渔业	**A**	**941**	**677**	**153**
农业	01	3	2	1
林业	02	2	2	
畜牧业	03	3	2	1
渔业	04			
农、林、牧、渔专业及辅助性活动	05	933	671	151
采矿业	**B**	**1227**	**826**	**285**
煤炭开采和洗选业	06	91	71	10
石油和天然气开采业	07	7	6	1
黑色金属矿采选业	08	112	54	48
有色金属矿采选业	09	123	59	57
非金属矿采选业	10	752	530	144
开采专业及辅助性活动	11	97	90	2
其他采矿业	12	45	16	23
制造业	**C**	**14623**	**12097**	**1480**
农副食品加工业	13	1798	1512	177
食品制造业	14	679	579	58
酒、饮料和精制茶制造业	15	560	466	56
烟草制品业	16	3	2	
纺织业	17	151	119	23
纺织服装、服饰业	18	222	188	11
皮革、毛皮、羽毛及其制品和制鞋业	19	80	52	13
木材加工和木、竹、藤、棕、草制品业	20	295	242	24
家具制造业	21	274	246	17
造纸和纸制品业	22	181	145	22
印刷和记录媒介复制业	23	708	674	19
文教、工美、体育和娱乐用品制造业	24	438	380	31
石油、煤炭及其他燃料加工业	25	87	63	12
化学原料和化学制品制造业	26	755	569	94
医药制造业	27	478	326	94
化学纤维制造业	28	6	5	
橡胶和塑料制品业	29	654	546	62
非金属矿物制品业	30	3387	2728	410
黑色金属冶炼和压延加工业	31	162	140	12
有色金属冶炼和压延加工业	32	171	134	23
金属制品业	33	1457	1258	125

分组的企业法人单位数

筹建	当年关闭	当年破产	当年注销	当年吊销	其他	代码
6196	**1875**	**120**	**1205**	**34**	**957**	**00**
62	**14**	**2**	**23**		**10**	**A**
						01
						02
						03
						04
62	14	2	23		10	05
80	**22**		**6**	**1**	**7**	**B**
6	1		1		2	06
						07
7	3					08
3	3				1	09
57	13		3	1	4	10
2	1		2			11
5	1					12
648	**181**	**23**	**99**	**11**	**84**	**C**
76	13	1	12	2	5	13
31	7		3		1	14
25	5	2	3		3	15
	1					16
4	1	1	2		1	17
13	5	1	2		2	18
5	1	1	8			19
18	6		5			20
8	2				1	21
9	2	1			2	22
7	1		4		3	23
17	7		3			24
9					3	25
74	5	1	3		9	26
33	17		5	2	1	27
					1	28
30	4	1	5		6	29
124	73	10	21	3	18	30
6			2		2	31
9	1			1	3	32
37	16	1	12	1	7	33

2-16 续表 1

行业大类	代码	法人单位数(个)	正常运营	停业(歇业)
通用设备制造业	34	446	383	40
专用设备制造业	35	458	386	43
汽车制造业	36	52	37	5
铁路、船舶、航空航天和其他运输设备制造业	37	39	31	5
电气机械和器材制造业	38	366	300	41
计算机、通信和其他电子设备制造业	39	96	80	6
仪器仪表制造业	40	60	53	4
其他制造业	41	76	61	8
废弃资源综合利用业	42	170	121	24
金属制品、机械和设备修理业	43	314	271	21
电力、热力、燃气及水生产和供应业	**D**	**1556**	**1357**	**77**
电力、热力生产和供应业	44	1207	1055	60
燃气生产和供应业	45	107	85	6
水的生产和供应业	46	242	217	11
建筑业	**E**	**13472**	**11445**	**960**
房屋建筑业	47	3601	3027	256
土木工程建筑业	48	3643	3078	266
建筑安装业	49	1789	1561	117
建筑装饰、装修和其他建筑业	50	4439	3779	321
批发和零售业	**F**	**53613**	**46182**	**4051**
批发业	51	24411	20773	1997
零售业	52	29202	25409	2054
交通运输、仓储和邮政业	**G**	**4646**	**3986**	**348**
铁路运输业	53	1	1	
道路运输业	54	2930	2527	199
水上运输业	55	12	10	2
航空运输业	56	27	19	1
管道运输业	57	2	2	
多式联运和运输代理业	58	411	339	39
装卸搬运和仓储业	59	863	720	88
邮政业	60	400	368	19
住宿和餐饮业	**H**	**5839**	**5120**	**342**
住宿业	61	2400	2180	99
餐饮业	62	3439	2940	243
信息传输、软件和信息技术服务业	**I**	**4089**	**3322**	**323**
电信、广播电视和卫星传输服务	63	275	248	14
互联网和相关服务	64	1070	859	106
软件和信息技术服务业	65	2744	2215	203

筹建	当年关闭	当年破产	当年注销	当年吊销	其他	代码
15	2		1		5	34
20	3	1		1	4	35
6		1	1		2	36
3						37
22		1			2	38
9			1			39
3						40
5	1		1			41
21	1		2		1	42
9	7		3	1	2	43
93	**17**	**1**	**10**		**1**	**D**
67	15	1	8		1	44
15			1			45
11	2		1			46
749	**131**	**5**	**85**	**2**	**95**	**E**
226	40	2	24	1	25	47
213	35	1	23		27	48
80	11	1	10		9	49
230	45	1	28	1	34	50
1815	**725**	**45**	**488**	**12**	**295**	**F**
896	395	18	185	6	141	51
919	330	27	303	6	154	52
202	**39**	**6**	**30**	**2**	**33**	**G**
						53
137	23	4	20		20	54
						55
7						56
						57
21	5		2		5	58
33	8	2	6	1	5	59
4	3		2	1	3	60
208	**86**	**7**	**44**		**32**	**H**
87	11	4	11		8	61
121	75	3	33		24	62
239	**116**	**2**	**56**		**31**	**I**
7	4		1		1	63
49	25	1	23		7	64
183	87	1	32		23	65

2-16 续表 2

行业大类	代码	法人单位数(个)	正常运营	停业(歇业)
金融业	J	**462**	**412**	**28**
货币金融服务	66	372	335	22
资本市场服务	67	25	20	1
保险业	68	12	10	1
其他金融业	69	53	47	4
房地产业	K	**7282**	**6383**	**453**
房地产业	70	7282	6383	453
租赁和商务服务业	L	**17809**	**14965**	**1413**
租赁业	71	3066	2594	239
商务服务业	72	14743	12371	1174
科学研究和技术服务业	M	**5522**	**4592**	**377**
研究和试验发展	73	327	233	36
专业技术服务业	74	3754	3280	183
科技推广和应用服务业	75	1441	1079	158
水利、环境和公共设施管理业	N	**1142**	**915**	**110**
水利管理业	76	58	48	7
生态保护和环境治理业	77	137	108	13
公共设施管理业	78	916	733	88
土地管理业	79	31	26	2
居民服务、修理和其他服务业	O	**5517**	**4933**	**289**
居民服务业	80	2084	1841	119
机动车、电子产品和日用产品修理业	81	2808	2564	124
其他服务业	82	625	528	46
教育	P	**2198**	**1942**	**92**
教育	83	2198	1942	92
卫生和社会工作	Q	**654**	**591**	**23**
卫生	84	576	538	11
社会工作	85	78	53	12
文化、体育和娱乐业	R	**4636**	**3906**	**386**
新闻和出版业	86	51	46	3
广播、电视、电影和录音制作业	87	502	438	30
文化艺术业	88	1249	1030	127
体育	89	320	273	21
娱乐业	90	2514	2119	205

筹建	当年关闭	当年破产	当年注销	当年吊销	其他	代码
7	**7**		**5**		**3**	J
6	4		4		1	66
	3				1	67
					1	68
1			1			69
257	**41**	**3**	**39**		**106**	K
257	41	3	39		106	70
918	**198**	**11**	**164**	**4**	**136**	L
134	32	4	35		28	71
784	166	7	129	4	108	72
352	**110**	**3**	**48**		**40**	M
35	16		4		3	73
186	56	1	24		24	74
131	38	2	20		13	75
84	**10**		**9**		**14**	N
3						76
15	1					77
63	9		9		14	78
3						79
152	**71**	**4**	**45**	**1**	**22**	O
62	29	3	21	1	8	80
61	31	1	17		10	81
29	11		7		4	82
113	**20**	**1**	**17**	**1**	**12**	P
113	20	1	17	1	12	83
34	**4**		**1**		**1**	Q
21	4		1		1	84
13						85
183	**83**	**7**	**36**		**35**	R
	1				1	86
24	3	1	2		4	87
55	17	1	10		9	88
19	4		2		1	89
85	58	5	22		20	90

2-17 按行业(大类)、运营状态分组的

行业大类	代码	从业人员数(人)		
			正常运营	停业(歇业)
总 计	**00**	**2287904**	**2249943**	**16034**
农、林、牧、渔业	**A**	**5277**	**4948**	**143**
农业	01			
林业	02			
畜牧业	03			
渔业	04			
农、林、牧、渔专业及辅助性活动	05	5277	4948	143
采矿业	**B**	**96333**	**94413**	**944**
煤炭开采和洗选业	06	54472	53848	37
石油和天然气开采业	07	17882	17878	4
黑色金属矿采选业	08	3533	3311	182
有色金属矿采选业	09	6970	6527	404
非金属矿采选业	10	8605	8106	265
开采专业及辅助性活动	11	4641	4578	2
其他采矿业	12	230	165	50
制造业	**C**	**461504**	**453357**	**3551**
农副食品加工业	13	31681	30820	467
食品制造业	14	15981	15753	63
酒、饮料和精制茶制造业	15	16291	15852	125
烟草制品业	16	2669	2669	
纺织业	17	4589	4432	125
纺织服装、服饰业	18	5001	4957	9
皮革、毛皮、羽毛及其制品和制鞋业	19	2075	1923	60
木材加工和木、竹、藤、棕、草制品业	20	2243	2176	37
家具制造业	21	1975	1938	12
造纸和纸制品业	22	3204	3155	29
印刷和记录媒介复制业	23	6337	6289	26
文教、工美、体育和娱乐用品制造业	24	3963	3851	55
石油、煤炭及其他燃料加工业	25	27905	27860	28
化学原料和化学制品制造业	26	29552	28626	241
医药制造业	27	17638	17351	33
化学纤维制造业	28	259	256	
橡胶和塑料制品业	29	11443	11181	95
非金属矿物制品业	30	81828	79627	994
黑色金属冶炼和压延加工业	31	33807	33659	96
有色金属冶炼和压延加工业	32	72858	72357	142
金属制品业	33	14891	14567	199

企业法人单位从业人员数

筹建	当年关闭	当年破产	当年注销	当年吊销	其他	代码
14711	**1690**	**156**	**1270**	**54**	**4046**	**00**
128	**5**		**36**		**17**	**A**
						01
						02
						03
						04
128	5		36		17	05
639	**27**		**2**		**308**	**B**
299					288	06
						07
38	2					08
20	1				18	09
208	24				2	10
59			2			11
15						12
3581	**151**	**30**	**153**	**2**	**679**	**C**
323	1		62		8	13
144	21					14
204	19	3			88	15
						16
16		7	1		8	17
13	5	5	2		10	18
84	2		6			19
17	10		3			20
25						21
7	5	8				22
16			3		3	23
40	11		6			24
17						25
603	12		15		55	26
247	2		5			27
					3	28
158	2		1		6	29
922	54	7	43	1	180	30
52						31
62					297	32
118	3		1	1	2	33

2-17 续表 1

行业大类	代码	从业人员数(人)	正常运营	停业(歇业)
通用设备制造业	34	15917	15733	114
专用设备制造业	35	20280	20064	103
汽车制造业	36	1719	1694	5
铁路、船舶、航空航天和其他运输设备制造业	37	846	792	53
电气机械和器材制造业	38	15722	15240	362
计算机、通信和其他电子设备制造业	39	12233	12208	9
仪器仪表制造业	40	786	778	6
其他制造业	41	799	727	11
废弃资源综合利用业	42	2664	2533	23
金属制品、机械和设备修理业	43	4348	4289	29
电力、热力、燃气及水生产和供应业	**D**	**107693**	**106887**	**205**
电力、热力生产和供应业	44	91920	91300	174
燃气生产和供应业	45	4885	4820	5
水的生产和供应业	46	10888	10767	26
建筑业	**E**	**541285**	**537175**	**1961**
房屋建筑业	47	357687	355784	1010
土木工程建筑业	48	117442	116003	584
建筑安装业	49	36766	36556	98
建筑装饰、装修和其他建筑业	50	29390	28832	269
批发和零售业	**F**	**305185**	**296937**	**3869**
批发业	51	137786	134081	1963
零售业	52	167399	162856	1906
交通运输、仓储和邮政业	**G**	**114287**	**113445**	**374**
铁路运输业	53	162	162	
道路运输业	54	64598	64154	170
水上运输业	55	115	114	1
航空运输业	56	3949	3925	
管道运输业	57	268	268	
多式联运和运输代理业	58	4630	4534	62
装卸搬运和仓储业	59	10747	10498	116
邮政业	60	29818	29790	25
住宿和餐饮业	**H**	**100552**	**98292**	**781**
住宿业	61	47794	46766	206
餐饮业	62	52758	51526	575
信息传输、软件和信息技术服务业	**I**	**59704**	**59077**	**179**
电信、广播电视和卫星传输服务	63	31328	31317	6
互联网和相关服务	64	4489	4335	53
软件和信息技术服务业	65	23887	23425	120

筹建	当年关闭	当年破产	当年注销	当年吊销	其他	代码
56			1		13	34
104	4				5	35
20						36
1						37
120						38
15			1			39
2						40
61						41
107					1	42
27			3			43
544	**11**		**46**			D
432	11		3			44
55			5			45
57			38			46
1310	**235**	**2**	**85**	**33**	**484**	E
291	132		32	33	405	47
695	88		17		55	48
93	6		12		1	49
231	9	2	24		23	50
3130	**322**	**51**	**411**	**5**	**460**	F
1231	109	13	184	3	202	51
1899	213	38	227	2	258	52
338	**29**	**12**	**26**		**63**	G
						53
172	23	11	23		45	54
						55
24						56
						57
30	1				3	58
112	4	1	1		15	59
	1		2			60
864	**234**	**37**	**164**		**180**	H
673	35	6	86		22	61
191	199	31	78		158	62
391	**29**		**8**		**20**	I
3			1		1	63
74	21		3		3	64
314	8		4		16	65

2-17 续表 2

行业大类	代码	从业人员数（人）	正常运营	停业(歇业)
金融业	J	**3529**	**3473**	**32**
货币金融服务	66	2529	2484	32
资本市场服务	67	203	193	
保险业	68	89	88	
其他金融业	69	708	708	
房地产业	K	**141248**	**137723**	**1439**
房地产业	70	141248	137723	1439
租赁和商务服务业	L	**137847**	**134640**	**1239**
租赁业	71	14704	14302	217
商务服务业	72	123143	120338	1022
科学研究和技术服务业	M	**81504**	**80486**	**325**
研究和试验发展	73	4231	4099	35
专业技术服务业	74	57731	57270	156
科技推广和应用服务业	75	19542	19117	134
水利、环境和公共设施管理业	N	**20323**	**19948**	**133**
水利管理业	76	821	803	
生态保护和环境治理业	77	2579	2510	43
公共设施管理业	78	16556	16268	90
土地管理业	79	367	367	
居民服务、修理和其他服务业	O	**33639**	**32946**	**323**
居民服务业	80	12644	12407	114
机动车、电子产品和日用产品修理业	81	12628	12335	137
其他服务业	82	8367	8204	72
教育	P	**18111**	**17688**	**121**
教育	83	18111	17688	121
卫生和社会工作	Q	**21549**	**21455**	**7**
卫生	84	20658	20582	3
社会工作	85	891	873	4
文化、体育和娱乐业	R	**38334**	**37053**	**408**
新闻和出版业	86	7135	6861	1
广播、电视、电影和录音制作业	87	3812	3696	39
文化艺术业	88	11386	11051	179
体育	89	2184	2061	28
娱乐业	90	13817	13384	161

筹建	当年关闭	当年破产	当年注销	当年吊销	其他	代码
10			**3**		**11**	**J**
10			3			66
					10	67
					1	68
						69
481	**101**	**3**	**70**		**1431**	**K**
481	101	3	70		1431	70
1530	**94**	**13**	**114**	**4**	**213**	**L**
130	20	4	15		16	71
1400	74	9	99	4	197	72
563	**24**	**3**	**49**		**54**	**M**
87			9		1	73
244	13		36		12	74
232	11	3	4		41	75
217			**20**		**5**	**N**
18						76
26						77
173			20		5	78
						79
205	**77**	**4**	**34**	**10**	**40**	**O**
54	28	4	18	10	9	80
91	22		12		31	81
60	27		4			82
250	**21**		**19**		**12**	**P**
250	21		19		12	83
69			**4**		**14**	**Q**
55			4		14	84
14						85
461	**330**	**1**	**26**		**55**	**R**
	269				4	86
66	2		1		8	87
119	12		1		24	88
91	3		1			89
185	44	1	23		19	90

2-18 按地区、运营状态分组的企业法人单位数

地区	法人单位数（个）	正常运营	停业(歇业)	筹建	当年关闭	当年破产	当年注销	当年吊销	其他
全省	**145228**	**123651**	**11190**	**6196**	**1875**	**120**	**1205**	**34**	**957**
兰州	46819	40596	2745	1957	899	13	314	8	287
嘉峪关	3962	3206	511	199	5		22	2	17
金昌	3283	2842	247	154	15	1	12		12
白银	11052	9267	1077	418	69	10	103	4	104
天水	11518	10098	708	452	100	17	76	2	65
武威	6631	5780	451	275	46	4	35	1	39
张掖	11628	8996	1714	655	132	1	83	2	45
平凉	6628	6100	251	204	28	1	22	4	18
酒泉	10769	8589	1145	655	138	17	154	2	69
庆阳	8993	8337	346	138	41	11	64	1	55
定西	8360	6821	708	493	134	23	111	3	67
陇南	6752	5594	677	203	141	9	57	1	70
临夏	6191	5131	452	261	110	12	142	4	79
甘南	2642	2294	158	132	17	1	10		30

2-19 按地区、运营状态分组的企业法人单位从业人员数

地区	从业人员数（人）	正常运营	停业(歇业)	筹建	当年关闭	当年破产	当年注销	当年吊销	其他
全省	**2287904**	**2249943**	**16034**	**14711**	**1690**	**156**	**1270**	**54**	**4046**
兰州	863434	853682	3393	4467	511	9	273	34	1065
嘉峪关	75284	74241	593	318	2		78		52
金昌	96418	95568	207	406	85		38		114
白银	150069	148268	928	425	41	29	51	1	326
天水	175367	171732	1851	1017	160	17	154	2	434
武威	103468	101252	828	770	111	2	45		460
张掖	118754	115372	1574	1515	170		17	1	105
平凉	122770	120941	941	722	59	8	16		83
酒泉	111258	107841	1659	1488	103	10	100		57
庆阳	148597	146915	766	667	81	17	54		97
定西	106862	103836	1254	1230	212	34	122	10	164
陇南	87331	85251	1018	298	71	5	78	3	607
临夏	95494	93152	800	1023	78	24	239	3	175
甘南	32798	31892	222	365	6	1	5		307

2-20 按地区、单位规模分组的企业法人单位数

地 区	法人单位数(个)	大型	中型	小型	微型
全 省	**141792**	**201**	**2246**	**15368**	**123977**
兰 州	45724	122	884	5233	39485
嘉峪关	3883	11	73	377	3422
金 昌	3182	9	47	437	2689
白 银	10819	8	113	854	9844
天 水	11258	12	170	1177	9899
武 威	6422	3	103	802	5514
张 掖	11371	6	162	1183	10020
平 凉	6432	4	113	753	5562
酒 泉	10496	7	173	1027	9289
庆 阳	8790	6	105	960	7719
定 西	8182	3	111	927	7141
陇 南	6582	6	86	684	5806
临 夏	6075	3	77	608	5387
甘 南	2576	1	29	346	2200

注：本表不含无单位规模标识的单位数据

2-21 按地区、单位规模分组的企业法人单位从业人员数

地 区	从业人员数(人)	大型	中型	小型	微型
全 省	**2246407**	**528601**	**516817**	**635836**	**565153**
兰 州	849169	294471	185229	199679	169790
嘉峪关	74452	33870	13592	14537	12453
金 昌	95342	56269	8518	17917	12638
白 银	148381	34236	36583	36930	40632
天 水	171735	33420	35247	52022	51046
武 威	101325	6278	34102	34640	26305
张 掖	116297	4578	22296	45439	43984
平 凉	119907	20153	35628	35080	29046
酒 泉	109194	11593	25105	38365	34131
庆 阳	145914	22079	40119	45323	38393
定 西	104514	996	26279	41690	35549
陇 南	84359	6938	18965	29367	29089
临 夏	93771	3031	30294	30940	29506
甘 南	32047	689	4860	13907	12591

注：本表不含无单位规模标识的单位数据。

2-22 按行业(大类)、单位规模分组的企业法人单位数

行业大类	代码	法人单位数(个)	大型	中型	小型	微型
总　计	**00**	**141792**	**201**	**2246**	**15368**	**123977**
农、林、牧、渔业	**A**	**941**		**80**	**204**	**657**
农业	01	3				3
林业	02	2				2
畜牧业	03	3				3
渔业	04					
农、林、牧、渔专业及辅助性活动	05	933		80	204	649
采矿业	**B**	**1227**	**5**	**22**	**170**	**1030**
煤炭开采和洗选业	06	91	3	11	24	53
石油和天然气开采业	07	7	1	1		5
黑色金属矿采选业	08	112	1	2	13	96
有色金属矿采选业	09	123		4	38	81
非金属矿采选业	10	752		2	67	683
开采专业及辅助性活动	11	97		2	27	68
其他采矿业	12	45			1	44
制造业	**C**	**14623**	**37**	**150**	**2147**	**12289**
农副食品加工业	13	1798		10	299	1489
食品制造业	14	679	1	3	106	569
酒、饮料和精制茶制造业	15	560	2	9	56	493
烟草制品业	16	3	1		1	1
纺织业	17	151		3	16	132
纺织服装、服饰业	18	222		3	16	203
皮革、毛皮、羽毛及其制品和制鞋业	19	80		2	6	72
木材加工和木、竹、藤、棕、草制品业	20	295			12	283
家具制造业	21	274			8	266
造纸和纸制品业	22	181		1	27	153
印刷和记录媒介复制业	23	708		3	37	668
文教、工美、体育和娱乐用品制造业	24	438			25	413
石油、煤炭及其他燃料加工业	25	87	3	5	13	66
化学原料和化学制品制造业	26	755	3	18	148	586
医药制造业	27	478	2	11	117	348
化学纤维制造业	28	6			2	4
橡胶和塑料制品业	29	654		2	115	537
非金属矿物制品业	30	3387	3	25	662	2697
黑色金属冶炼和压延加工业	31	162	5	4	34	119
有色金属冶炼和压延加工业	32	171	9	14	41	107

注：本表不含无单位规模标识的单位数据。

2-22　续表 1

行业大类	代码	法人单位数（个）	大型	中型	小型	微型
金属制品业	33	1457		3	118	1336
通用设备制造业	34	446	2	13	66	365
专用设备制造业	35	458	3	8	72	375
汽车制造业	36	52		1	12	39
铁路、船舶、航空航天和其他运输设备制造业	37	39			10	29
电气机械和器材制造业	38	366	1	8	71	286
计算机、通信和其他电子设备制造业	39	96	1	2	13	80
仪器仪表制造业	40	60			9	51
其他制造业	41	76			6	70
废弃资源综合利用业	42	170		1	15	154
金属制品、机械和设备修理业	43	314	1	1	14	298
电力、热力、燃气及水生产和供应业	**D**	**1556**	**7**	**29**	**435**	**1085**
电力、热力生产和供应业	44	1207	5	26	335	841
燃气生产和供应业	45	107	1	1	28	77
水的生产和供应业	46	242	1	2	72	167
建筑业	**E**	**13472**	**30**	**420**	**1847**	**11175**
房屋建筑业	47	3601	18	240	702	2641
土木工程建筑业	48	3643	10	141	575	2917
建筑安装业	49	1789	2	22	244	1521
建筑装饰、装修和其他建筑业	50	4439		17	326	4096
批发和零售业	**F**	**53613**	**49**	**633**	**3088**	**49843**
批发业	51	24411	29	302	1461	22619
零售业	52	29202	20	331	1627	27224
交通运输、仓储和邮政业	**G**	**4645**	**5**	**41**	**519**	**4080**
铁路运输业	53					
道路运输业	54	2930	1	21	314	2594
水上运输业	55	12			1	11
航空运输业	56	27	1	1	3	22
管道运输业	57	2			1	1
多式联运和运输代理业	58	411		1	23	387
装卸搬运和仓储业	59	863	1	6	114	742
邮政业	60	400	2	12	63	323
住宿和餐饮业	**H**	**5839**	**3**	**65**	**1619**	**4152**
住宿业	61	2400	2	44	758	1596
餐饮业	62	3439	1	21	861	2556
信息传输、软件和信息技术服务业	**I**	**4089**	**2**	**63**	**306**	**3718**
电信、广播电视和卫星传输服务	63	275		48	29	198
互联网和相关服务	64	1070		1	43	1026
软件和信息技术服务业	65	2744	2	14	234	2494

2-22 续表 2

行业大类	代码	法人单位数（个）				
			大型	中型	小型	微型
金融业	**J**	**462**		**1**	**5**	**456**
货币金融服务	66	372				372
资本市场服务	67	25		1	3	21
保险业	68	12				12
其他金融业	69	53			2	51
房地产业	**K**	**6567**	**6**	**555**	**680**	**5326**
房地产业	70	6567	6	555	680	5326
租赁和商务服务业	**L**	**17809**	**6**	**40**	**1480**	**16283**
租赁业	71	3066		5	209	2852
商务服务业	72	14743	6	35	1271	13431
科学研究和技术服务业	**M**	**5522**	**30**	**72**	**1194**	**4226**
研究和试验发展	73	327	4	3	46	274
专业技术服务业	74	3754	24	64	978	2688
科技推广和应用服务业	75	1441	2	5	170	1264
水利、环境和公共设施管理业	**N**	**1142**	**7**	**22**	**245**	**868**
水利管理业	76	58		2	18	38
生态保护和环境治理业	77	137	2	1	25	109
公共设施管理业	78	916	5	18	193	700
土地管理业	79	31		1	9	21
居民服务、修理和其他服务业	**O**	**5517**	**5**	**10**	**675**	**4827**
居民服务业	80	2084	1	7	278	1798
机动车、电子产品和日用产品修理业	81	2808			291	2517
其他服务业	82	625	4	3	106	512
教育	**P**					
教育	83					
卫生和社会工作	**Q**	**132**	**3**	**26**	**44**	**59**
卫生	84	54	3	24	26	1
社会工作	85	78		2	18	58
文化、体育和娱乐业	**R**	**4636**	**6**	**17**	**710**	**3903**
新闻和出版业	86	51	2	3	24	22
广播、电视、电影和录音制作业	87	502		1	116	385
文化艺术业	88	1249	1	6	264	978
体育	89	320		1	55	264
娱乐业	90	2514	3	6	251	2254

2-23　按行业(大类)、单位规模分组的企业法人单位从业人员数

行业大类	代码	从业人员数(人)				
			大型	中型	小型	微型
总　计	00	**2246407**	**528601**	**516817**	**635836**	**565153**
农、林、牧、渔业	A	**5277**		**1590**	**1900**	**1787**
农业	01					
林业	02					
畜牧业	03					
渔业	04					
农、林、牧、渔专业及辅助性活动	05	5277		1590	1900	1787
采矿业	B	**96333**	**61654**	**13084**	**13484**	**8111**
煤炭开采和洗选业	06	54472	43006	7377	2271	1818
石油和天然气开采业	07	17882	17350	480		52
黑色金属矿采选业	08	3533	1298	870	782	583
有色金属矿采选业	09	6970		2059	4305	606
非金属矿采选业	10	8605		933	3369	4303
开采专业及辅助性活动	11	4641		1365	2729	547
其他采矿业	12	230			28	202
制造业	C	**461504**	**154842**	**77910**	**140596**	**88156**
农副食品加工业	13	31681		4936	17338	9407
食品制造业	14	15981	2741	1235	8192	3813
酒、饮料和精制茶制造业	15	16291	2903	4828	4727	3833
烟草制品业	16	2669	2413		256	
纺织业	17	4589		2291	1246	1052
纺织服装、服饰业	18	5001		1141	1705	2155
皮革、毛皮、羽毛及其制品和制鞋业	19	2075		934	545	596
木材加工和木、竹、藤、棕、草制品业	20	2243			674	1569
家具制造业	21	1975			533	1442
造纸和纸制品业	22	3204		352	1863	989
印刷和记录媒介复制业	23	6337		1383	1727	3227
文教、工美、体育和娱乐用品制造业	24	3963			1389	2574
石油、煤炭及其他燃料加工业	25	27905	23864	2292	755	994
化学原料和化学制品制造业	26	29552	4354	10471	9761	4966
医药制造业	27	17638	2631	4135	9029	1843
化学纤维制造业	28	259			159	100
橡胶和塑料制品业	29	11443		1220	6902	3321
非金属矿物制品业	30	81828	5420	11775	37757	26876
黑色金属冶炼和压延加工业	31	33807	27760	1639	3692	716
有色金属冶炼和压延加工业	32	72858	58785	9292	4214	567

注：本表不含无单位规模标识的单位数据。

2-23 续表 1

行业大类	代码	从业人员数（人）				
			大型	中型	小型	微型
金属制品业	33	14891		1270	7008	6613
通用设备制造业	34	15917	2841	6307	4443	2326
专用设备制造业	35	20280	8156	3899	5838	2387
汽车制造业	36	1719		408	1121	190
铁路、船舶、航空航天和其他运输设备制造业	37	846			629	217
电气机械和器材制造业	38	15722	1966	6237	5532	1987
计算机、通信和其他电子设备制造业	39	12233	9451	704	829	1249
仪器仪表制造业	40	786			494	292
其他制造业	41	799			308	491
废弃资源综合利用业	42	2664		490	1196	978
金属制品、机械和设备修理业	43	4348	1557	671	734	1386
电力、热力、燃气及水生产和供应业	**D**	**107693**	**54977**	**15716**	**28648**	**8352**
电力、热力生产和供应业	44	91920	51643	13788	20324	6165
燃气生产和供应业	45	4885	1546	901	1838	600
水的生产和供应业	46	10888	1788	1027	6486	1587
建筑业	**E**	**541285**	**134208**	**210699**	**123556**	**72822**
房屋建筑业	47	357687	97976	155757	76849	27105
土木工程建筑业	48	117442	22150	44303	30136	20853
建筑安装业	49	36766	14082	6714	8516	7454
建筑装饰、装修和其他建筑业	50	29390		3925	8055	17410
批发和零售业	**F**	**305185**	**29082**	**56598**	**59740**	**159765**
批发业	51	137786	10358	22136	24340	80952
零售业	52	167399	18724	34462	35400	78813
交通运输、仓储和邮政业	**G**	**114125**	**17824**	**22147**	**50708**	**23446**
铁路运输业	53					
道路运输业	54	64598	9571	12033	27463	15531
水上运输业	55	115			55	60
航空运输业	56	3949	2148	1162	525	114
管道运输业	57	268			263	5
多式联运和运输代理业	58	4630		575	2598	1457
装卸搬运和仓储业	59	10747	389	724	5446	4188
邮政业	60	29818	5716	7653	14358	2091
住宿和餐饮业	**H**	**100552**	**2250**	**15043**	**55880**	**27379**
住宿业	61	47794	770	9897	26806	10321
餐饮业	62	52758	1480	5146	29074	17058
信息传输、软件和信息技术服务业	**I**	**59704**	**7732**	**31645**	**8863**	**11464**
电信、广播电视和卫星传输服务	63	31328		28642	1510	1176
互联网和相关服务	64	4489		191	1262	3036
软件和信息技术服务业	65	23887	7732	2812	6091	7252

2-24 按地区、营业收入组距分组的企业法人单位数

地 区	法 人 单位数 (个)	100万元 及以下	100- 200万元	200- 500万元	500- 1000万元	1000- 2000万元	2000- 5000万元	5000万元- 1亿元	1亿元 以上
全 省	**145228**	**106468**	**11401**	**11875**	**5356**	**3574**	**3277**	**1559**	**1718**
兰 州	46819	32088	3944	4576	2153	1473	1247	543	795
嘉峪关	3962	2807	330	344	161	122	81	38	79
金 昌	3283	2177	318	297	161	97	120	62	51
白 银	11052	8959	622	657	273	184	176	87	94
天 水	11518	8825	824	784	369	214	270	124	108
武 威	6631	4627	574	570	264	205	189	117	85
张 掖	11628	8790	927	886	353	221	251	105	95
平 凉	6628	4855	551	529	243	190	118	77	65
酒 泉	10769	7926	822	884	371	270	238	149	109
庆 阳	8993	6809	731	717	276	155	169	75	61
定 西	8360	6437	603	537	287	175	171	79	71
陇 南	6752	5271	455	481	201	127	121	47	49
临 夏	6191	4861	499	423	154	94	84	34	42
甘 南	2642	2036	201	190	90	47	42	22	14

2-25 按地区、营业收入组距分组的企业法人单位从业人员数

地 区	从业人员数(人)	100万元及以下	100-200万元	200-500万元	500-1000万元	1000-2000万元	2000-5000万元	5000万元-1亿元	1亿元以上
全 省	**2287904**	**429092**	**110701**	**182952**	**138417**	**138495**	**203873**	**186174**	**898200**
兰 州	863434	126106	31914	60810	55807	54727	73912	58097	402061
嘉峪关	75284	8989	3338	4069	2875	4152	3662	2267	45932
金 昌	96418	8005	2991	4354	3399	4006	6240	2976	64447
白 银	150069	28982	6457	10685	6246	7679	11889	9311	68820
天 水	175367	41187	9093	13031	10241	8949	16953	20186	55727
武 威	103468	19005	5418	8328	6736	6514	8659	11208	37600
张 掖	118754	32738	9306	13672	8561	8738	13345	11280	21114
平 凉	122770	24001	5501	8406	6138	8768	10233	14594	45129
酒 泉	111258	24020	6657	10935	7272	6876	13001	14104	28393
庆 阳	148597	30753	7604	13516	7889	7165	14284	14261	53125
定 西	106862	28010	7358	10911	8312	6160	11217	11541	23353
陇 南	87331	22676	5452	10637	6422	6205	8544	7285	20110
临 夏	95494	23056	7158	9369	5564	6173	9009	6842	28323
甘 南	32798	11564	2454	4229	2955	2383	2925	2222	4066

2-26 按行业(大类)、营业收入组距

行业大类	代码	法人单位数(个)	100万元及以下	100-200万元
总 计	**00**	**145228**	**106468**	**11401**
农、林、牧、渔业	**A**	**941**	**728**	**65**
农业	01	3	3	
林业	02	2	2	
畜牧业	03	3	3	
渔业	04			
农、林、牧、渔专业及辅助性活动	05	933	720	65
采矿业	**B**	**1227**	**736**	**100**
煤炭开采和洗选业	06	91	39	4
石油和天然气开采业	07	7	4	1
黑色金属矿采选业	08	112	72	5
有色金属矿采选业	09	123	70	2
非金属矿采选业	10	752	475	77
开采专业及辅助性活动	11	97	36	10
其他采矿业	12	45	40	1
制造业	**C**	**14623**	**9049**	**1293**
农副食品加工业	13	1798	1133	131
食品制造业	14	679	456	49
酒、饮料和精制茶制造业	15	560	421	35
烟草制品业	16	3	1	
纺织业	17	151	116	7
纺织服装、服饰业	18	222	173	13
皮革、毛皮、羽毛及其制品和制鞋业	19	80	65	4
木材加工和木、竹、藤、棕、草制品业	20	295	229	23
家具制造业	21	274	207	31
造纸和纸制品业	22	181	107	23
印刷和记录媒介复制业	23	708	523	67
文教、工美、体育和娱乐用品制造业	24	438	366	30
石油、煤炭及其他燃料加工业	25	87	41	3
化学原料和化学制品制造业	26	755	415	63
医药制造业	27	478	271	14
化学纤维制造业	28	6	3	
橡胶和塑料制品业	29	654	376	59
非金属矿物制品业	30	3387	1796	381
黑色金属冶炼和压延加工业	31	162	83	15
有色金属冶炼和压延加工业	32	171	83	10
金属制品业	33	1457	981	133

分组的企业法人单位数

200-500万元	500-1000万元	1000-2000万元	2000-5000万元	5000万元-1亿元	1亿元以上	代码
11875	**5356**	**3574**	**3277**	**1559**	**1718**	**00**
71	**27**	**17**	**23**	**7**	**3**	**A**
						01
						02
						03
						04
71	27	17	23	7	3	05
135	**68**	**64**	**53**	**32**	**39**	**B**
3	2	6	14	7	16	06
					2	07
10	7	6	3	4	5	08
7	7	6	8	13	10	09
105	45	24	19	4	3	10
10	6	19	9	4	3	11
	1	3				12
1529	**739**	**643**	**707**	**280**	**383**	**C**
140	75	106	121	55	37	13
57	35	29	24	17	12	14
28	22	8	21	9	16	15
				1	1	16
6	4	9	4	3	2	17
17	7	5	5	2		18
1	1	2	4	2	1	19
26	10	4	2	1		20
25	7	3	1			21
21	7	8	8	5	2	22
72	17	14	13	2		23
21	12	3	5	1		24
9	6	7	8	2	11	25
80	46	34	57	15	45	26
40	27	33	49	18	26	27
	1	1		1		28
72	41	37	46	10	13	29
501	204	171	189	63	82	30
17	7	2	9	4	25	31
6	7	10	11	3	41	32
144	74	48	41	20	16	33

2-26 续表 1

行业大类	代码	法人单位数(个)	100万元及以下	100-200万元
通用设备制造业	34	446	234	64
专用设备制造业	35	458	264	37
汽车制造业	36	52	31	3
铁路、船舶、航空航天和其他运输设备制造业	37	39	17	3
电气机械和器材制造业	38	366	171	39
计算机、通信和其他电子设备制造业	39	96	60	8
仪器仪表制造业	40	60	33	5
其他制造业	41	76	54	5
废弃资源综合利用业	42	170	116	8
金属制品、机械和设备修理业	43	314	223	30
电力、热力、燃气及水生产和供应业	**D**	**1556**	**635**	**102**
电力、热力生产和供应业	44	1207	458	86
燃气生产和供应业	45	107	49	8
水的生产和供应业	46	242	128	8
建筑业	**E**	**13472**	**8955**	**1198**
房屋建筑业	47	3601	2011	329
土木工程建筑业	48	3643	2235	353
建筑安装业	49	1789	1223	166
建筑装饰、装修和其他建筑业	50	4439	3486	350
批发和零售业	**F**	**53613**	**39652**	**4294**
批发业	51	24411	16338	2241
零售业	52	29202	23314	2053
交通运输、仓储和邮政业	**G**	**4646**	**3101**	**399**
铁路运输业	53	1		
道路运输业	54	2930	1912	261
水上运输业	55	12	10	
航空运输业	56	27	19	1
管道运输业	57	2	1	
多式联运和运输代理业	58	411	319	27
装卸搬运和仓储业	59	863	546	75
邮政业	60	400	294	35
住宿和餐饮业	**H**	**5839**	**3972**	**687**
住宿业	61	2400	1489	319
餐饮业	62	3439	2483	368
信息传输、软件和信息技术服务业	**I**	**4089**	**3397**	**203**
电信、广播电视和卫星传输服务	63	275	183	8
互联网和相关服务	64	1070	960	45
软件和信息技术服务业	65	2744	2254	150

200-500万元	500-1000万元	1000-2000万元	2000-5000万元	5000万元-1亿元	1亿元以上	代码
57	25	27	14	8	17	34
57	31	26	20	12	11	35
6	1	3	3	3	2	36
5	7	4	3			37
48	27	23	30	12	16	38
8	5	5	2	5	3	39
11	4	3	4			40
8	5	1	2	1		41
16	8	8	7	5	2	42
30	16	9	4		2	43
177	**134**	**125**	**167**	**119**	**97**	**D**
127	100	99	149	103	85	44
8	7	9	8	7	11	45
42	27	17	10	9	1	46
1290	**541**	**397**	**451**	**301**	**339**	**E**
353	165	147	221	170	205	47
424	166	122	145	90	108	48
176	85	59	46	18	16	49
337	125	69	39	23	10	50
4184	**2109**	**1315**	**1092**	**475**	**492**	**F**
2313	1313	837	732	297	340	51
1871	796	478	360	178	152	52
486	**266**	**167**	**125**	**64**	**38**	**G**
		1				53
318	185	120	87	37	10	54
1	1					55
	2		1	2	2	56
					1	57
28	12	13	6		6	58
110	51	29	23	18	11	59
29	15	4	8	7	8	60
739	**256**	**111**	**61**	**9**	**4**	**H**
362	123	57	42	5	3	61
377	133	54	19	4	1	62
212	**87**	**69**	**52**	**16**	**53**	**I**
8	7	8	9	8	44	63
42	11	8	3		1	64
162	69	53	40	8	8	65

2-26 续表 2

行业大类	代码	法人单位数（个）	100万元及以下	100-200万元
金融业	**J**	**462**	**333**	**54**
货币金融服务	66	372	271	52
资本市场服务	67	25	20	
保险业	68	12	11	1
其他金融业	69	53	31	1
房地产业	**K**	**7282**	**5030**	**507**
房地产业	70	7282	5030	507
租赁和商务服务业	**L**	**17809**	**14776**	**1205**
租赁业	71	3066	2481	267
商务服务业	72	14743	12295	938
科学研究和技术服务业	**M**	**5522**	**3953**	**459**
研究和试验发展	73	327	255	25
专业技术服务业	74	3754	2489	360
科技推广和应用服务业	75	1441	1209	74
水利、环境和公共设施管理业	**N**	**1142**	**834**	**105**
水利管理业	76	58	41	6
生态保护和环境治理业	77	137	101	14
公共设施管理业	78	916	671	82
土地管理业	79	31	21	3
居民服务、修理和其他服务业	**O**	**5517**	**4928**	**287**
居民服务业	80	2084	1927	75
机动车、电子产品和日用产品修理业	81	2808	2458	179
其他服务业	82	625	543	33
教育	**P**	**2198**	**1909**	**147**
教育	83	2198	1909	147
卫生和社会工作	**Q**	**654**	**359**	**63**
卫生	84	576	292	59
社会工作	85	78	67	4
文化、体育和娱乐业	**R**	**4636**	**4121**	**233**
新闻和出版业	86	51	21	8
广播、电视、电影和录音制作业	87	502	370	51
文化艺术业	88	1249	1136	52
体育	89	320	286	17
娱乐业	90	2514	2308	105

200-500万元	500-1000万元	1000-2000万元	2000-5000万元	5000万元-1亿元	1亿元以上	代码
38	**15**	**8**	**4**	**2**	**8**	**J**
31	9	4	3		2	66
		1	1		3	67
						68
7	6	3		2	3	69
621	**321**	**260**	**228**	**145**	**170**	**K**
621	321	260	228	145	170	70
1138	**309**	**151**	**132**	**53**	**45**	**L**
246	42	14	13	1	2	71
892	267	137	119	52	43	72
564	**228**	**137**	**115**	**35**	**31**	**M**
20	9	5	5	5	3	73
444	197	112	102	26	24	74
100	22	20	8	4	4	75
101	**49**	**28**	**13**	**5**	**7**	**N**
4	3	3	1			76
14	4	2		2		77
79	41	22	11	3	7	78
4	1	1	1			79
233	**34**	**20**	**13**		**2**	**O**
57	10	10	4		1	80
142	20	7	2			81
34	4	3	7		1	82
98	**29**	**12**	**3**			**P**
98	29	12	3			83
94	**80**	**27**	**23**	**5**	**3**	**Q**
91	78	26	23	4	3	84
3	2	1		1		85
165	**64**	**23**	**15**	**11**	**4**	**R**
6	6	3	3	2	2	86
45	22	9	2	3		87
34	13	5	5	2	2	88
13	2	1	1			89
67	21	5	4	4		90

2-27 按行业(大类)、营业收入组距分组的

行业大类	代码	从业人员数(人)		
			100万元及以下	100-200万元
总　　计	**00**	**2287904**	**429092**	**110701**
农、林、牧、渔业	**A**	**5277**	**2322**	**506**
农业	01			
林业	02			
畜牧业	03			
渔业	04			
农、林、牧、渔专业及辅助性活动	05	5277	2322	506
采矿业	**B**	**96333**	**4935**	**1164**
煤炭开采和洗选业	06	54472	1651	65
石油和天然气开采业	07	17882	48	4
黑色金属矿采选业	08	3533	293	53
有色金属矿采选业	09	6970	430	54
非金属矿采选业	10	8605	2178	789
开采专业及辅助性活动	11	4641	202	154
其他采矿业	12	230	133	45
制造业	**C**	**461504**	**47403**	**16677**
农副食品加工业	13	31681	5265	1594
食品制造业	14	15981	2352	640
酒、饮料和精制茶制造业	15	16291	2633	548
烟草制品业	16	2669		
纺织业	17	4589	889	80
纺织服装、服饰业	18	5001	1425	208
皮革、毛皮、羽毛及其制品和制鞋业	19	2075	457	115
木材加工和木、竹、藤、棕、草制品业	20	2243	996	297
家具制造业	21	1975	870	288
造纸和纸制品业	22	3204	518	234
印刷和记录媒介复制业	23	6337	1932	514
文教、工美、体育和娱乐用品制造业	24	3963	1952	407
石油、煤炭及其他燃料加工业	25	27905	748	43
化学原料和化学制品制造业	26	29552	2799	962
医药制造业	27	17638	993	153
化学纤维制造业	28	259	85	
橡胶和塑料制品业	29	11443	1822	548
非金属矿物制品业	30	81828	11464	6849
黑色金属冶炼和压延加工业	31	33807	360	134
有色金属冶炼和压延加工业	32	72858	343	88
金属制品业	33	14891	3608	1108

企业法人单位从业人员数

200-500万元	500-1000万元	1000-2000万元	2000-5000万元	5000万元-1亿元	1亿元以上	代码
182952	**138417**	**138495**	**203873**	**186174**	**898200**	**00**
914	**506**	**323**	**482**	**189**	**35**	**A**
						01
						02
						03
						04
914	506	323	482	189	35	05
2001	**1257**	**2885**	**4955**	**5424**	**73712**	**B**
24	59	501	1815	1316	49041	06
					17830	07
182	111	76	96	465	2257	08
244	151	224	731	2498	2638	09
1447	747	803	1469	344	828	10
104	177	1241	844	801	1118	11
	12	40				12
28951	**18170**	**23454**	**42754**	**33864**	**250231**	**C**
2323	1486	3281	5905	5498	6329	13
914	1087	1541	2216	2078	5153	14
681	844	343	1728	1057	8457	15
				256	2413	16
148	78	479	423	651	1841	17
611	588	515	1266	388		18
3	54	21	693	582	150	19
273	358	98	156	65		20
289	168	167	193			21
305	146	228	548	613	612	22
867	299	578	1104	1043		23
653	310	157	434	50		24
82	92	104	215	62	26559	25
1212	1041	1264	2688	1763	17823	26
656	670	1398	2742	2098	8928	27
	24	15		135		28
915	935	1036	2716	843	2628	29
13088	5551	5818	10125	5094	23839	30
597	134	102	539	360	31581	31
141	251	421	717	694	70203	32
1656	1159	1355	1947	1490	2568	33

2-27 续表 1

行业大类	代码	从业人员数(人)		
			100万元及以下	100-200万元
通用设备制造业	34	15917	1080	525
专用设备制造业	35	20280	1240	291
汽车制造业	36	1719	103	41
铁路、船舶、航空航天和其他运输设备制造业	37	846	74	31
电气机械和器材制造业	38	15722	757	297
计算机、通信和其他电子设备制造业	39	12233	1024	97
仪器仪表制造业	40	786	95	38
其他制造业	41	799	269	108
废弃资源综合利用业	42	2664	578	104
金属制品、机械和设备修理业	43	4348	672	335
电力、热力、燃气及水生产和供应业	**D**	**107693**	**3134**	**1155**
电力、热力生产和供应业	44	91920	2177	880
燃气生产和供应业	45	4885	212	93
水的生产和供应业	46	10888	745	182
建筑业	**E**	**541285**	**37084**	**12547**
房屋建筑业	47	357687	10608	4830
土木工程建筑业	48	117442	10515	3631
建筑安装业	49	36766	4532	1323
建筑装饰、装修和其他建筑业	50	29390	11429	2763
批发和零售业	**F**	**305185**	**106291**	**21783**
批发业	51	137786	43802	10818
零售业	52	167399	62489	10965
交通运输、仓储和邮政业	**G**	**114287**	**15046**	**4721**
铁路运输业	53	162		
道路运输业	54	64598	9617	2901
水上运输业	55	115	42	
航空运输业	56	3949	108	4
管道运输业	57	268	5	
多式联运和运输代理业	58	4630	1022	178
装卸搬运和仓储业	59	10747	2439	756
邮政业	60	29818	1813	882
住宿和餐饮业	**H**	**100552**	**26502**	**11482**
住宿业	61	47794	9725	4775
餐饮业	62	52758	16777	6707
信息传输、软件和信息技术服务业	**I**	**59704**	**10304**	**1646**
电信、广播电视和卫星传输服务	63	31328	1124	133
互联网和相关服务	64	4489	2758	385
软件和信息技术服务业	65	23887	6422	1128

200-500万元	500-1000万元	1000-2000万元	2000-5000万元	5000万元-1亿元	1亿元以上	代码
900	502	1260	1142	2396	8112	34
863	754	1141	2154	3681	10156	35
107	29	105	151	541	642	36
62	154	303	222			37
769	702	809	1660	1621	9107	38
83	102	178	145	449	10155	39
161	45	251	196			40
106	76	8	103	129		41
193	97	293	425	227	747	42
293	434	185	201		2228	43
3586	**3931**	**6369**	**7630**	**9414**	**72474**	D
2119	2433	3663	5954	7378	67316	44
95	178	237	310	390	3370	45
1372	1320	2469	1366	1646	1788	46
20498	**16365**	**17905**	**46576**	**72521**	**317789**	E
7906	6718	9015	30345	51069	237196	47
6447	5125	4748	12268	16172	58536	48
2223	2128	2133	2479	3195	18753	49
3922	2394	2009	1484	2085	3304	50
29554	**22883**	**20042**	**25375**	**19264**	**59993**	F
14221	11137	9225	13322	8762	26499	51
15333	11746	10817	12053	10502	33494	52
9860	**20554**	**10157**	**12753**	**13007**	**28189**	G
		162				53
6438	7867	6716	10308	8012	12739	54
55	18					55
	96		1	430	3310	56
					263	57
259	216	1960	112		883	58
1930	1465	1148	1100	892	1017	59
1178	10892	171	1232	3673	9977	60
20930	**13633**	**10351**	**11700**	**3692**	**2262**	H
9983	7066	5342	8273	1848	782	61
10947	6567	5009	3427	1844	1480	62
2062	**1639**	**8679**	**3869**	**1871**	**29634**	I
60	425	6914	535	1240	20897	63
454	261	249	191		191	64
1548	953	1516	3143	631	8546	65

2-27 续表 2

行业大类	代码	从业人员数（人）		
			100万元及以下	100-200万元
金融业	**J**	**3529**	**1555**	**550**
货币金融服务	66	2529	1329	469
资本市场服务	67	203	68	
保险业	68	89	19	70
其他金融业	69	708	139	11
房地产业	**K**	**141248**	**42828**	**10803**
房地产业	70	141248	42828	10803
租赁和商务服务业	**L**	**137847**	**59818**	**11704**
租赁业	71	14704	7092	1797
商务服务业	72	123143	52726	9907
科学研究和技术服务业	**M**	**81504**	**14452**	**4563**
研究和试验发展	73	4231	745	253
专业技术服务业	74	57731	10008	3658
科技推广和应用服务业	75	19542	3699	652
水利、环境和公共设施管理业	**N**	**20323**	**4835**	**1454**
水利管理业	76	821	243	49
生态保护和环境治理业	77	2579	1170	93
公共设施管理业	78	16556	3308	1266
土地管理业	79	367	114	46
居民服务、修理和其他服务业	**O**	**33639**	**19782**	**2883**
居民服务业	80	12644	8185	877
机动车、电子产品和日用产品修理业	81	12628	8874	1651
其他服务业	82	8367	2723	355
教育	**P**	**18111**	**10650**	**2657**
教育	83	18111	10650	2657
卫生和社会工作	**Q**	**21549**	**3168**	**1630**
卫生	84	20658	2729	1432
社会工作	85	891	439	198
文化、体育和娱乐业	**R**	**38334**	**18983**	**2776**
新闻和出版业	86	7135	63	82
广播、电视、电影和录音制作业	87	3812	1413	492
文化艺术业	88	11386	7296	1035
体育	89	2184	1406	183
娱乐业	90	13817	8805	984

200-500万元	500-1000万元	1000-2000万元	2000-5000万元	5000万元-1亿元	1亿元以上	代码
419	**224**	**211**	**79**	**113**	**378**	J
361	130	57	64		119	66
		15	15		105	67
						68
58	94	139		113	154	69
18519	**12415**	**14089**	**16435**	**9985**	**16174**	K
18519	12415	14089	16435	9985	16174	70
16461	**8620**	**8813**	**12012**	**8417**	**12002**	L
2835	1229	296	829	46	580	71
13626	7391	8517	11183	8371	11422	72
8976	**6911**	**6388**	**11486**	**5237**	**23491**	M
302	362	155	942	754	718	73
7407	6210	5413	10287	4203	10545	74
1267	339	820	257	280	12228	75
2532	**2026**	**2987**	**1700**	**843**	**3946**	N
143	138	210	38			76
942	176	28		170		77
1416	1682	2727	1538	673	3946	78
31	30	22	124			79
3691	**1106**	**1060**	**1467**		**3650**	O
1395	417	819	383		568	80
1651	295	108	49			81
645	394	133	1035		3082	82
2588	**999**	**777**	**440**			P
2588	999	777	440			83
3135	**5068**	**2323**	**3013**	**1079**	**2133**	Q
3088	5051	2193	3013	1019	2133	84
47	17	130		60		85
8275	**2110**	**1682**	**1147**	**1254**	**2107**	R
4698	158	54	247	59	1774	86
696	562	328	38	283		87
1162	485	537	407	131	333	88
253	55	32	255			89
1466	850	731	200	781		90

2-28 按地区、资产总计组距分组的企业法人单位数

地区	法人单位数（个）	50万元及以下	50-100万元	100-500万元	500-1000万元	1000-5000万元	5000万元-1亿元	1亿元以上
全省	**145228**	**72543**	**16122**	**29103**	**9299**	**11200**	**2826**	**4135**
兰州	46819	21684	5001	10063	3679	3933	900	1559
嘉峪关	3962	1853	382	860	316	335	76	140
金昌	3283	1383	436	720	249	313	62	120
白银	11052	6556	1147	1852	534	573	152	238
天水	11518	6308	1429	2008	561	743	213	256
武威	6631	2868	683	1511	490	659	174	246
张掖	11628	6273	1231	2173	570	817	274	290
平凉	6628	2933	815	1494	461	622	133	170
酒泉	10769	5675	1085	1937	635	856	238	343
庆阳	8993	4529	1175	1859	495	611	155	169
定西	8360	4362	888	1599	439	664	162	246
陇南	6752	3673	784	1232	360	426	113	164
临夏	6191	3328	752	1198	317	382	103	111
甘南	2642	1118	314	597	193	266	71	83

2-29 按地区、资产总计组距分组的企业法人单位从业人员数

地 区	从 业 人员数 (人)	50万元及以下	50-100万元	100-500万元	500-1000万元	1000-5000万元	5000万元-1亿元	1亿元以上
全 省	**2287904**	**223728**	**89177**	**265223**	**133410**	**333541**	**210685**	**1032140**
兰 州	863434	63922	26452	81121	51007	114397	59799	466736
嘉峪关	75284	4204	1748	8104	2922	7287	3086	47933
金 昌	96418	3898	2358	7063	3452	10658	2052	66937
白 银	150069	17019	5587	16663	7139	16657	10795	76209
天 水	175367	23875	9797	20081	9469	27118	18420	66607
武 威	103468	8986	3706	12957	5990	15750	13779	42300
张 掖	118754	18173	6997	20376	6547	21563	13900	31198
平 凉	122770	11931	4593	13930	6368	19624	18486	47838
酒 泉	111258	14052	4864	13986	7841	16979	12797	40739
庆 阳	148597	15858	6810	18324	9013	25772	21261	51559
定 西	106862	13857	4986	18118	6717	19982	10553	32649
陇 南	87331	11198	4806	13480	6945	14020	8766	28116
临 夏	95494	12727	4642	14538	7080	16589	12725	27193
甘 南	32798	4028	1831	6482	2920	7145	4266	6126

2-30 按行业(大类)、资产总计

行业大类	代码	法人单位数(个)	
			50万元及以下
总　计	**00**	**145228**	**72543**
农、林、牧、渔业	**A**	**941**	**491**
农业	01	3	3
林业	02	2	2
畜牧业	03	3	3
渔业	04		
农、林、牧、渔专业及辅助性活动	05	933	483
采矿业	**B**	**1227**	**363**
煤炭开采和洗选业	06	91	15
石油和天然气开采业	07	7	1
黑色金属矿采选业	08	112	31
有色金属矿采选业	09	123	37
非金属矿采选业	10	752	242
开采专业及辅助性活动	11	97	18
其他采矿业	12	45	19
制造业	**C**	**14623**	**5104**
农副食品加工业	13	1798	630
食品制造业	14	679	254
酒、饮料和精制茶制造业	15	560	205
烟草制品业	16	3	1
纺织业	17	151	75
纺织服装、服饰业	18	222	117
皮革、毛皮、羽毛及其制品和制鞋业	19	80	41
木材加工和木、竹、藤、棕、草制品业	20	295	134
家具制造业	21	274	129
造纸和纸制品业	22	181	68
印刷和记录媒介复制业	23	708	308
文教、工美、体育和娱乐用品制造业	24	438	234
石油、煤炭及其他燃料加工业	25	87	22
化学原料和化学制品制造业	26	755	196
医药制造业	27	478	187
化学纤维制造业	28	6	1
橡胶和塑料制品业	29	654	205
非金属矿物制品业	30	3387	953
黑色金属冶炼和压延加工业	31	162	50
有色金属冶炼和压延加工业	32	171	46
金属制品业	33	1457	585

组距分组的企业法人单位数

50-100万元	100-500万元	500-1000万元	1000-5000万元	5000万元-1亿元	1亿元以上	代码
16122	**29103**	**9299**	**11200**	**2826**	**4135**	00
66	**192**	**72**	**87**	**24**	**9**	A
						01
						02
						03
						04
66	192	72	87	24	9	05
86	**316**	**117**	**180**	**61**	**104**	B
3	10	2	17	12	32	06
	1			3	2	07
5	22	5	21	12	16	08
4	10	7	26	8	31	09
57	249	90	83	17	14	10
11	15	11	26	9	7	11
6	9	2	7		2	12
1444	**3439**	**1204**	**2127**	**567**	**738**	C
145	366	143	309	109	96	13
69	164	52	83	25	32	14
62	113	37	79	20	44	15
			1		1	16
11	33	8	15	4	5	17
28	41	17	10	7	2	18
10	8	5	9	2	5	19
40	77	25	16	2	1	20
39	70	17	17	1	1	21
21	41	17	21	8	5	22
135	181	35	38	6	5	23
53	91	30	24	3	3	24
4	14	8	23		16	25
59	149	79	165	37	70	26
17	56	21	115	29	53	27
	1		1	1	2	28
62	162	59	112	23	31	29
301	962	295	572	157	147	30
15	31	13	20	12	21	31
12	22	12	20	9	50	32
183	364	108	157	36	24	33

2-30 续表 1

行业大类	代码	法人单位数(个)	
			50万元及以下
通用设备制造业	34	446	137
专用设备制造业	35	458	134
汽车制造业	36	52	18
铁路、船舶、航空航天和其他运输设备制造业	37	39	10
电气机械和器材制造业	38	366	81
计算机、通信和其他电子设备制造业	39	96	41
仪器仪表制造业	40	60	17
其他制造业	41	76	27
废弃资源综合利用业	42	170	65
金属制品、机械和设备修理业	43	314	133
电力、热力、燃气及水生产和供应业	**D**	**1556**	**294**
电力、热力生产和供应业	44	1207	211
燃气生产和供应业	45	107	25
水的生产和供应业	46	242	58
建筑业	**E**	**13472**	**6338**
房屋建筑业	47	3601	1430
土木工程建筑业	48	3643	1555
建筑安装业	49	1789	843
建筑装饰、装修和其他建筑业	50	4439	2510
批发和零售业	**F**	**53613**	**27989**
批发业	51	24411	10896
零售业	52	29202	17093
交通运输、仓储和邮政业	**G**	**4646**	**2111**
铁路运输业	53	1	
道路运输业	54	2930	1296
水上运输业	55	12	5
航空运输业	56	27	11
管道运输业	57	2	
多式联运和运输代理业	58	411	244
装卸搬运和仓储业	59	863	283
邮政业	60	400	272
住宿和餐饮业	**H**	**5839**	**2350**
住宿业	61	2400	659
餐饮业	62	3439	1691
信息传输、软件和信息技术服务业	**I**	**4089**	**2608**
电信、广播电视和卫星传输服务	63	275	149
互联网和相关服务	64	1070	754
软件和信息技术服务业	65	2744	1705

50-100万元	100-500万元	500-1000万元	1000-5000万元	5000万元-1亿元	1亿元以上	代码
29	132	50	58	11	29	34
32	105	59	81	19	28	35
4	10	1	8	3	8	36
4	8	6	7	4		37
24	86	41	78	18	38	38
6	17	8	11	5	8	39
6	12	11	10	2	2	40
8	21	11	6	3		41
20	33	14	22	7	9	42
45	69	22	39	4	2	43
65	**200**	**114**	**283**	**132**	**468**	D
43	136	85	230	95	407	44
5	16	8	21	14	18	45
17	48	21	32	23	43	46
1396	**2647**	**945**	**1298**	**430**	**418**	E
313	637	268	496	242	215	47
356	781	260	404	135	152	48
191	376	145	175	34	25	49
536	853	272	223	19	26	50
6488	**11321**	**3658**	**3206**	**515**	**436**	F
2793	5869	2177	2025	337	314	51
3695	5452	1481	1181	178	122	52
458	**925**	**377**	**519**	**130**	**126**	G
				1		53
304	623	273	308	70	56	54
2	2	1	2			55
1	4	1	5	1	4	56
			1		1	57
41	70	22	18	5	11	58
66	177	71	174	46	46	59
44	49	9	11	7	8	60
678	**1574**	**493**	**578**	**113**	**53**	H
220	730	290	381	79	41	61
458	844	203	197	34	12	62
392	**610**	**200**	**176**	**21**	**82**	I
20	24	8	13	3	58	63
105	149	35	19	3	5	64
267	437	157	144	15	19	65

2-30 续表 2

行业大类	代码	法人单位数（个）	
			50万元及以下
金融业	**J**	**462**	**85**
货币金融服务	66	372	55
资本市场服务	67	25	6
保险业	68	12	10
其他金融业	69	53	14
房地产业	**K**	**7282**	**2812**
房地产业	70	7282	2812
租赁和商务服务业	**L**	**17809**	**10721**
租赁业	71	3066	1481
商务服务业	72	14743	9240
科学研究和技术服务业	**M**	**5522**	**2771**
研究和试验发展	73	327	168
专业技术服务业	74	3754	1738
科技推广和应用服务业	75	1441	865
水利、环境和公共设施管理业	**N**	**1142**	**510**
水利管理业	76	58	18
生态保护和环境治理业	77	137	63
公共设施管理业	78	916	422
土地管理业	79	31	7
居民服务、修理和其他服务业	**O**	**5517**	**3634**
居民服务业	80	2084	1506
机动车、电子产品和日用产品修理业	81	2808	1737
其他服务业	82	625	391
教育	**P**	**2198**	**1392**
教育	83	2198	1392
卫生和社会工作	**Q**	**654**	**257**
卫生	84	576	214
社会工作	85	78	43
文化、体育和娱乐业	**R**	**4636**	**2713**
新闻和出版业	86	51	9
广播、电视、电影和录音制作业	87	502	234
文化艺术业	88	1249	886
体育	89	320	182
娱乐业	90	2514	1402

50-100万元	100-500万元	500-1000万元	1000-5000万元	5000万元-1亿元	1亿元以上	代码
5	**29**	**30**	**210**	**39**	**64**	**J**
4	23	27	198	29	36	66
	2	1	6	2	8	67
1		1				68
	4	1	6	8	20	69
607	**997**	**434**	**956**	**466**	**1010**	**K**
607	997	434	956	466	1010	70
2077	**3182**	**683**	**617**	**162**	**367**	**L**
432	860	165	105	9	14	71
1645	2322	518	512	153	353	72
528	**1159**	**420**	**447**	**81**	**116**	**M**
32	60	18	28	10	11	73
373	878	323	318	54	70	74
123	221	79	101	17	35	75
99	**226**	**89**	**114**	**30**	**74**	**N**
5	13	4	3	2	13	76
10	33	9	13	6	3	77
79	171	74	94	21	55	78
5	9	2	4	1	3	79
734	**891**	**135**	**101**	**12**	**10**	**O**
237	252	38	39	4	8	80
413	540	70	42	5	1	81
84	99	27	20	3	1	82
246	**413**	**69**	**69**	**3**	**6**	**P**
246	413	69	69	3	6	83
57	**166**	**79**	**73**	**8**	**14**	**Q**
51	152	77	66	8	8	84
6	14	2	7		6	85
696	**816**	**180**	**159**	**32**	**40**	**R**
6	16	1	10	6	3	86
51	123	52	35	3	4	87
106	154	40	40	8	15	88
43	63	19	10	2	1	89
490	460	68	64	13	17	90

2-31 按行业(大类)、资产总计组距

行业大类	代码	从业人员数(人)	50万元及以下
总　　计	00	**2287904**	**223728**
农、林、牧、渔业	A	**5277**	**1143**
农业	01		
林业	02		
畜牧业	03		
渔业	04		
农、林、牧、渔专业及辅助性活动	05	5277	1143
采矿业	B	**96333**	**805**
煤炭开采和洗选业	06	54472	5
石油和天然气开采业	07	17882	15
黑色金属矿采选业	08	3533	50
有色金属矿采选业	09	6970	103
非金属矿采选业	10	8605	561
开采专业及辅助性活动	11	4641	66
其他采矿业	12	230	5
制造业	C	**461504**	**17112**
农副食品加工业	13	31681	1979
食品制造业	14	15981	896
酒、饮料和精制茶制造业	15	16291	682
烟草制品业	16	2669	
纺织业	17	4589	247
纺织服装、服饰业	18	5001	780
皮革、毛皮、羽毛及其制品和制鞋业	19	2075	166
木材加工和木、竹、藤、棕、草制品业	20	2243	384
家具制造业	21	1975	437
造纸和纸制品业	22	3204	247
印刷和记录媒介复制业	23	6337	933
文教、工美、体育和娱乐用品制造业	24	3963	909
石油、煤炭及其他燃料加工业	25	27905	27
化学原料和化学制品制造业	26	29552	498
医药制造业	27	17638	296
化学纤维制造业	28	259	3
橡胶和塑料制品业	29	11443	664
非金属矿物制品业	30	81828	3537
黑色金属冶炼和压延加工业	31	33807	124
有色金属冶炼和压延加工业	32	72858	83
金属制品业	33	14891	1675

分组的企业法人单位从业人员数

50-100万元	100-500万元	500-1000万元	1000-5000万元	5000万元-1亿元	1亿元以上	代码
89177	**265223**	**133410**	**333541**	**210685**	**1032140**	**00**
250	**1203**	**596**	**1356**	**509**	**220**	**A**
						01
						02
						03
						04
250	1203	596	1356	509	220	05
466	**2773**	**1505**	**4815**	**3716**	**82253**	**B**
9	94	18	605	938	52803	06
	4			33	17830	07
7	186	20	216	236	2818	08
10	36	189	650	562	5420	09
348	2301	1005	1651	953	1786	10
64	90	259	1603	994	1565	11
28	62	14	90		31	12
9053	**37179**	**18330**	**58112**	**31144**	**290574**	**C**
712	2969	1951	7751	4859	11460	13
505	1699	808	3195	1582	7296	14
326	919	647	1632	849	11236	15
			256		2413	16
68	345	261	1004	242	2422	17
314	992	732	735	1034	414	18
123	196	32	322	72	1164	19
304	567	446	374	166	2	20
241	521	221	313	49	193	21
124	357	250	653	583	990	22
620	1299	406	1189	687	1203	23
294	940	462	811	169	378	24
10	87	95	403		27283	25
291	1165	977	3974	1944	20703	26
43	597	281	3194	1538	11689	27
	1		135	15	105	28
365	1324	844	2641	926	4679	29
2672	16273	5305	16351	7669	30021	30
58	212	160	1397	1262	30594	31
69	138	212	595	440	71321	32
833	2575	1300	3344	1913	3251	33

2-31 续表 1

行业大类	代码	从业人员数（人）	
			50万元及以下
通用设备制造业	34	15917	410
专用设备制造业	35	20280	352
汽车制造业	36	1719	36
铁路、船舶、航空航天和其他运输设备制造业	37	846	15
电气机械和器材制造业	38	15722	231
计算机、通信和其他电子设备制造业	39	12233	891
仪器仪表制造业	40	786	47
其他制造业	41	799	65
废弃资源综合利用业	42	2664	138
金属制品、机械和设备修理业	43	4348	360
电力、热力、燃气及水生产和供应业	**D**	**107693**	**2137**
电力、热力生产和供应业	44	91920	1846
燃气生产和供应业	45	4885	84
水的生产和供应业	46	10888	207
建筑业	**E**	**541285**	**22430**
房屋建筑业	47	357687	6721
土木工程建筑业	48	117442	5698
建筑安装业	49	36766	2575
建筑装饰、装修和其他建筑业	50	29390	7436
批发和零售业	**F**	**305185**	**63248**
批发业	51	137786	23105
零售业	52	167399	40143
交通运输、仓储和邮政业	**G**	**114287**	**8282**
铁路运输业	53	162	
道路运输业	54	64598	4377
水上运输业	55	115	11
航空运输业	56	3949	29
管道运输业	57	268	
多式联运和运输代理业	58	4630	724
装卸搬运和仓储业	59	10747	1051
邮政业	60	29818	2090
住宿和餐饮业	**H**	**100552**	**13879**
住宿业	61	47794	3360
餐饮业	62	52758	10519
信息传输、软件和信息技术服务业	**I**	**59704**	**6621**
电信、广播电视和卫星传输服务	63	31328	514
互联网和相关服务	64	4489	1798
软件和信息技术服务业	65	23887	4309

50-100万元	100-500万元	500-1000万元	1000-5000万元	5000万元-1亿元	1亿元以上	代码
188	1068	614	1899	1103	10635	34
232	1076	727	1770	1586	14537	35
11	109	6	136	288	1133	36
31	90	232	171	307		37
149	493	618	2088	914	11229	38
64	137	90	211	280	10560	39
21	43	73	269	222	111	40
100	247	113	195	79		41
105	273	192	331	301	1324	42
180	467	275	773	65	2228	43
328	**2720**	**2020**	**6243**	**4717**	**89528**	**D**
221	1800	1344	4752	2840	79117	44
15	110	87	350	640	3599	45
92	810	589	1141	1237	6812	46
9657	**26278**	**15757**	**76312**	**89564**	**301287**	**E**
2299	8638	7006	47041	68709	217273	47
2987	9181	3632	18817	15905	61222	48
1152	2880	2424	4625	3468	19642	49
3219	5579	2695	5829	1482	3150	50
23239	**58653**	**31308**	**55628**	**20909**	**52200**	**F**
9687	27836	15073	27204	9962	24919	51
13552	30817	16235	28424	10947	27281	52
3096	**12380**	**7771**	**20284**	**13588**	**48886**	**G**
				162		53
1584	8243	5889	14750	8659	21096	54
11	20	15	58			55
2	25	3	273	1	3616	56
			5		263	57
179	489	181	280	322	2455	58
519	1651	650	3130	1310	2436	59
801	1952	1033	1788	3134	19020	60
6951	**24734**	**11565**	**24424**	**11263**	**7736**	**H**
1839	9353	5731	13952	7060	6499	61
5112	15381	5834	10472	4203	1237	62
1811	**4014**	**2858**	**5414**	**1059**	**37927**	**I**
105	370	112	1250	398	28579	63
588	876	326	548	105	248	64
1118	2768	2420	3616	556	9100	65

2-31 续表 2

行业大类	代码	从业人员数(人)	
			50万元及以下
金融业	**J**	**3529**	**201**
货币金融服务	66	2529	144
资本市场服务	67	203	6
保险业	68	89	14
其他金融业	69	708	37
房地产业	**K**	**141248**	**15918**
房地产业	70	141248	15918
租赁和商务服务业	**L**	**137847**	**31244**
租赁业	71	14704	3470
商务服务业	72	123143	27774
科学研究和技术服务业	**M**	**81504**	**7890**
研究和试验发展	73	4231	352
专业技术服务业	74	57731	5471
科技推广和应用服务业	75	19542	2067
水利、环境和公共设施管理业	**N**	**20323**	**2804**
水利管理业	76	821	39
生态保护和环境治理业	77	2579	141
公共设施管理业	78	16556	2605
土地管理业	79	367	19
居民服务、修理和其他服务业	**O**	**33639**	**12419**
居民服务业	80	12644	5658
机动车、电子产品和日用产品修理业	81	12628	5409
其他服务业	82	8367	1352
教育	**P**	**18111**	**6148**
教育	83	18111	6148
卫生和社会工作	**Q**	**21549**	**1389**
卫生	84	20658	1251
社会工作	85	891	138
文化、体育和娱乐业	**R**	**38334**	**10058**
新闻和出版业	86	7135	20
广播、电视、电影和录音制作业	87	3812	626
文化艺术业	88	11386	4981
体育	89	2184	659
娱乐业	90	13817	3772

50-100万元	100-500万元	500-1000万元	1000-5000万元	5000万元-1亿元	1亿元以上	代码
20	**257**	**197**	**1450**	**365**	**1039**	J
15	121	116	1384	288	461	66
	6	9	32	11	139	67
5		70				68
	130	2	34	66	439	69
8470	**21806**	**12074**	**26737**	**14092**	**42151**	K
8470	21806	12074	26737	14092	42151	70
11428	**32867**	**9713**	**16059**	**6575**	**29961**	L
1544	4737	1613	1604	294	1442	71
9884	28130	8100	14455	6281	28519	72
2901	**12110**	**7768**	**15308**	**8086**	**27441**	M
147	365	140	432	707	2088	73
2295	10392	6991	13492	6869	12221	74
459	1353	637	1384	510	13132	75
718	**2283**	**1475**	**4078**	**1248**	**7717**	N
42	81	39	66	20	534	76
25	216	214	220	802	961	77
633	1888	1182	3651	426	6171	78
18	98	40	141		51	79
4250	**7841**	**1916**	**5723**	**183**	**1307**	O
1531	2534	551	1147	73	1150	80
2020	3747	737	628	64	23	81
699	1560	628	3948	46	134	82
1925	**5735**	**1519**	**2335**	**128**	**321**	P
1925	5735	1519	2335	128	321	83
991	**5290**	**4272**	**5302**	**1581**	**2724**	Q
958	5053	4142	5129	1581	2544	84
33	237	130	173		180	85
3623	**7100**	**2766**	**3961**	**1958**	**8868**	R
29	176	5	569	210	6126	86
313	944	837	768	239	85	87
787	2261	761	1199	570	827	88
241	578	234	160	277	35	89
2253	3141	929	1265	662	1795	90

2-32 按行业(大类)、地区分组的

行业大类	代码	法人单位数(个)				
			兰州	嘉峪关	金昌	白银
总　　计	**00**	**3541**	**1304**	**94**	**115**	**171**
农、林、牧、渔业	**A**	**21**	**3**			
农业	01					
林业	02	1				
畜牧业	03					
渔业	04					
农、林、牧、渔专业及辅助性活动	05	20	3			
采矿业	**B**	**50**	**3**		**1**	**5**
煤炭开采和洗选业	06	19	2			5
石油和天然气开采业	07	2				
黑色金属矿采选业	08	2				
有色金属矿采选业	09	12				
非金属矿采选业	10	9	1		1	
开采专业及辅助性活动	11	6				
其他采矿业	12					
制造业	**C**	**381**	**152**	**19**	**24**	**19**
农副食品加工业	13	29	1		1	2
食品制造业	14	6	1	1	1	
酒、饮料和精制茶制造业	15	14	3	1		
烟草制品业	16	2	2			
纺织业	17	4	3			
纺织服装、服饰业	18	5	2			
皮革、毛皮、羽毛及其制品和制鞋业	19	2	2			
木材加工和木、竹、藤、棕、草制品业	20	5				
家具制造业	21					
造纸和纸制品业	22	1				
印刷和记录媒介复制业	23	21	13		1	
文教、工美、体育和娱乐用品制造业	24					
石油、煤炭及其他燃料加工业	25	9	4	1		
化学原料和化学制品制造业	26	26	11	1	7	2
医药制造业	27	13	7			
化学纤维制造业	28					
橡胶和塑料制品业	29	8	3		2	
非金属矿物制品业	30	74	32	3	1	4
黑色金属冶炼和压延加工业	31	7	2	4	1	
有色金属冶炼和压延加工业	32	29	6	4	6	4
金属制品业	33	20	12		1	1

国有控股企业法人单位数

天水	武威	张掖	平凉	酒泉	庆阳	定西	陇南	临夏	甘南	代码
289	**164**	**254**	**211**	**230**	**167**	**206**	**151**	**103**	**82**	**00**
6		**2**	**1**	**1**	**1**	**3**	**2**	**1**	**1**	**A**
										01
									1	02
										03
										04
6		2	1	1	1	3	2	1		05
3	**1**	**5**	**8**	**6**	**7**		**8**	**3**		**B**
	1	1	7		3					06
					2					07
		1		1						08
1		2		2			7			09
		1		2			1	3		10
2			1	1	2					11
										12
47	**18**	**24**	**10**	**25**	**7**	**16**	**9**	**4**	**7**	**C**
1	5	10		5	2				2	13
		2		1						14
2	1	2	1	1		2	1			15
										16
			1							17
1	1			1						18
										19
2						3				20
										21
		1								22
1	1	1	2			1			1	23
										24
1				2	1					25
					1		1	3		26
1	2		1	1		1				27
										28
1		1			1					29
7	4	6	2	4	2	4	4		1	30
										31
				1		3	3		2	32
1				4				1		33

2-32 续表 1

行业大类	代码	法人单位数(个)	兰州	嘉峪关	金昌	白银
通用设备制造业	34	24	9			2
专用设备制造业	35	27	15	1	2	1
汽车制造业	36	6	5			
铁路、船舶、航空航天和其他运输设备制造业	37	1	1			
电气机械和器材制造业	38	26	7	1		2
计算机、通信和其他电子设备制造业	39	3	2			
仪器仪表制造业	40	4	1			
其他制造业	41	1	1			
废弃资源综合利用业	42	4	1	2		1
金属制品、机械和设备修理业	43	10	6		1	
电力、热力、燃气及水生产和供应业	**D**	**407**	**43**	**9**	**20**	**29**
电力、热力生产和供应业	44	294	35	8	17	21
燃气生产和供应业	45	9	1	1	1	1
水的生产和供应业	46	104	7		2	7
建筑业	**E**	**233**	**106**	**7**	**6**	**11**
房屋建筑业	47	46	26	2	3	
土木工程建筑业	48	133	51	3	2	10
建筑安装业	49	28	16		1	
建筑装饰、装修和其他建筑业	50	26	13	2		1
批发和零售业	**F**	**447**	**161**	**12**	**12**	**20**
批发业	51	260	105	9	8	13
零售业	52	187	56	3	4	7
交通运输、仓储和邮政业	**G**	**250**	**74**	**4**	**4**	**14**
铁路运输业	53					
道路运输业	54	81	33	2	1	5
水上运输业	55					
航空运输业	56	7	5		1	
管道运输业	57	1	1			
多式联运和运输代理业	58	12	7	1		
装卸搬运和仓储业	59	105	21		1	7
邮政业	60	44	7	1	1	2
住宿和餐饮业	**H**	**125**	**49**	**4**	**1**	**3**
住宿业	61	100	44	3	1	
餐饮业	62	25	5	1		3
信息传输、软件和信息技术服务业	**I**	**113**	**38**	**5**	**7**	**7**
电信、广播电视和卫星传输服务	63	78	14	5	5	4
互联网和相关服务	64	5	4			
软件和信息技术服务业	65	30	20		2	3

天水	武威	张掖	平凉	酒泉	庆阳	定西	陇南	临夏	甘南	代码
8	2			2		1				34
3	2		3							35
1										36
										37
14				2						38
1										39
2						1				40
										41
										42
		1		1					1	43
26	**26**	**37**	**25**	**72**	**22**	**29**	**32**	**15**	**22**	**D**
15	19	28	9	66	9	16	21	12	18	44
	1	1		2	1					45
11	6	8	16	4	12	13	11	3	4	46
20	**11**	**13**	**17**	**11**	**5**	**14**	**5**	**4**	**3**	**E**
4	2		3	1		2	1	2		47
8	7	11	11	8	3	11	3	2	3	48
1	2	1	3	1	2		1			49
7		1		1		1				50
34	**22**	**32**	**22**	**27**	**28**	**29**	**19**	**20**	**9**	**F**
16	14	17	16	17	14	10	6	11	4	51
18	8	15	6	10	14	19	13	9	5	52
26	**17**	**18**	**16**	**10**	**17**	**17**	**17**	**11**	**5**	**G**
										53
2	8	4	6	1	6	5	4	3	1	54
										55
1										56
										57
			1			1	1	1		58
10	6	13	8	8	7	8	8	6	2	59
13	3	1	1	1	4	3	4	1	2	60
14	**1**	**8**	**11**	**5**	**12**	**5**	**5**	**2**	**5**	**H**
9		8	10	4	6	5	5	2	3	61
5	1		1	1	6				2	62
11	**4**	**7**	**6**	**6**	**3**	**6**	**7**	**2**	**4**	**I**
10	4	6	5	5	3	6	7	1	3	63
									1	64
1		1	1	1				1		65

2-32 续表 2

行业大类	代码	法人单位数（个）	兰州	嘉峪关	金昌	白银
金融业	**J**	**41**	**23**	**1**		**1**
货币金融服务	66	11	8			
资本市场服务	67	8	5			
保险业	68	1	1			
其他金融业	69	21	9	1		1
房地产业	**K**	**369**	**195**	**9**	**10**	**16**
房地产业	70	369	195	9	10	16
租赁和商务服务业	**L**	**490**	**194**	**6**	**10**	**25**
租赁业	71	30	13			1
商务服务业	72	460	181	6	10	24
科学研究和技术服务业	**M**	**302**	**155**	**9**	**9**	**12**
研究和试验发展	73	17	12			1
专业技术服务业	74	227	120	8	7	9
科技推广和应用服务业	75	58	23	1	2	2
水利、环境和公共设施管理业	**N**	**126**	**34**	**4**	**4**	**7**
水利管理业	76	25	3	3	1	2
生态保护和环境治理业	77	10	4			
公共设施管理业	78	87	24	1	3	5
土地管理业	79	4	3			
居民服务、修理和其他服务业	**O**	**32**	**11**		**2**	**1**
居民服务业	80	13	5		2	1
机动车、电子产品和日用产品修理业	81	12	3			
其他服务业	82	7	3			
教育	**P**	**15**	**7**	**1**		
教育	83	15	7	1		
卫生和社会工作	**Q**	**22**	**4**		**3**	
卫生	84	18	4		2	
社会工作	85	4			1	
文化、体育和娱乐业	**R**	**117**	**52**	**4**	**2**	**1**
新闻和出版业	86	21	17			
广播、电视、电影和录音制作业	87	34	20	1		1
文化艺术业	88	51	11	3	2	
体育	89	7	3			
娱乐业	90	4	1			

天水	武威	张掖	平凉	酒泉	庆阳	定西	陇南	临夏	甘南	代码
3	**2**	**1**	**2**	**1**	**5**	**1**		**1**		**J**
			1		1	1				66
1					2					67
										68
2	2	1	1	1	2			1		69
28	**20**	**26**	**21**	**8**	**5**	**17**	**5**	**8**	**1**	**K**
28	20	26	21	8	5	17	5	8	1	70
31	**18**	**37**	**30**	**27**	**31**	**30**	**16**	**22**	**13**	**L**
2	1	3	7	2				1		71
29	17	34	23	25	31	30	16	21	13	72
20	**12**	**15**	**18**	**13**	**8**	**17**	**6**	**6**	**2**	**M**
1	2		1							73
17	8	12	13	7	5	9	5	5	2	74
2	2	3	4	6	3	8	1	1		75
7	**5**	**15**	**12**	**8**	**3**	**10**	**11**	**2**	**4**	**N**
3	1	1	2	2	2	2	3			76
			1	1		2	1		1	77
4	4	14	8	5	1	6	7	2	3	78
			1							79
5	**2**	**1**	**2**	**4**	**1**	**2**	**1**			**O**
2	1			2						80
3	1	1		1	1	1	1			81
			2	1		1				82
1	**1**		**2**		**2**	**1**				**P**
1	1		2		2	1				83
4	**2**	**3**		**1**		**3**	**1**	**1**		**Q**
3	2	2		1		3	1			84
1		1						1		85
3	**2**	**10**	**8**	**5**	**10**	**6**	**7**	**1**	**6**	**R**
		1	1	2						86
2		3	1	1	1	2	1	1		87
1	1	2	5	1	9	4	6		6	88
		4								89
	1		1	1						90

2-33 按行业(大类)、地区分组的国有

行业大类	代码	从业人员数(人)	兰州	嘉峪关	金昌	白银
总　计	**00**	**751476**	**388753**	**40772**	**65033**	**50682**
农、林、牧、渔业	**A**	**310**	**55**			
农业	01					
林业	02					
畜牧业	03					
渔业	04					
农、林、牧、渔专业及辅助性活动	05	310	55			
采矿业	**B**	**72982**	**9573**			**16088**
煤炭开采和洗选业	06	48844	9566			16088
石油和天然气开采业	07	17830				
黑色金属矿采选业	08	1750				
有色金属矿采选业	09	2481				
非金属矿采选业	10	1009	7			
开采专业及辅助性活动	11	1068				
其他采矿业	12					
制造业	**C**	**187705**	**60291**	**32388**	**37588**	**18416**
农副食品加工业	13	1831	6		9	42
食品制造业	14	791	140	266	220	
酒、饮料和精制茶制造业	15	3076	1164	462		
烟草制品业	16	2669	2669			
纺织业	17	1530	1317			
纺织服装、服饰业	18	910	396			
皮革、毛皮、羽毛及其制品和制鞋业	19	514	514			
木材加工和木、竹、藤、棕、草制品业	20	230				
家具制造业	21					
造纸和纸制品业	22	1				
印刷和记录媒介复制业	23	1918	1436		110	
文教、工美、体育和娱乐用品制造业	24					
石油、煤炭及其他燃料加工业	25	25563	14290	633		
化学原料和化学制品制造业	26	9899	3598	16	2447	1637
医药制造业	27	4852	3581			
化学纤维制造业	28					
橡胶和塑料制品业	29	1297	339		703	
非金属矿物制品业	30	12731	4255	928	1586	1639
黑色金属冶炼和压延加工业	31	24741	2462	21830	449	
有色金属冶炼和压延加工业	32	63899	6106	6321	31692	13244
金属制品业	33	1991	1050		263	54

控股企业法人单位从业人员数

天水	武威	张掖	平凉	酒泉	庆阳	定西	陇南	临夏	甘南	代码
38189	**16365**	**15416**	**35038**	**23667**	**31845**	**13383**	**13971**	**12780**	**5582**	**00**
111		**43**	**46**	**14**	**3**	**25**	**6**	**7**		**A**
										01
										02
										03
										04
111		43	46	14	3	25	6	7		05
368	**1496**	**2376**	**21005**	**763**	**19353**		**1811**	**149**		**B**
	1496	126	20946		622					06
					17830					07
		1298		452						08
260		353		97			1771			09
		599		214			40	149		10
108			59		901					11
										12
9383	**2192**	**1421**	**1208**	**12143**	**1715**	**3693**	**4019**	**2087**	**1161**	**C**
116	517	782		232	64				63	13
		85		80						14
590	443	83	20	10		200	104			15
										16
			213							17
110				404						18
										19
212						18				20
										21
		1								22
340	2		20			2			8	23
										24
29				9216	1395					25
					166		127	1908		26
273	472		30	77		419				27
										28
118		89			48					29
797	451	381	748	231	42	637	733		303	30
										31
				472		2242	3055		767	32
28				417				179		33

2-33 续表 1

行业大类	代码	从业人员数（人）	兰州	嘉峪关	金昌	白银
通用设备制造业	34	6122	2436			528
专用设备制造业	35	10584	8683	1276	30	90
汽车制造业	36	249	188			
铁路、船舶、航空航天和其他运输设备制造业	37	23	23			
电气机械和器材制造业	38	8410	2904	161		925
计算机、通信和其他电子设备制造业	39	592	343			
仪器仪表制造业	40	31	6			
其他制造业	41	129	129			
废弃资源综合利用业	42	755	3	495		257
金属制品、机械和设备修理业	43	2367	2253		79	
电力、热力、燃气及水生产和供应业	**D**	**88775**	**55414**	**2297**	**1993**	**5120**
电力、热力生产和供应业	44	76560	51750	2206	1885	4275
燃气生产和供应业	45	2840	1546	91	10	48
水的生产和供应业	46	9375	2118		98	797
建筑业	**E**	**178161**	**116518**	**840**	**21144**	**4717**
房屋建筑业	47	112880	66798	773	20936	
土木工程建筑业	48	44769	30864	48	174	4667
建筑安装业	49	18280	16769		34	
建筑装饰、装修和其他建筑业	50	2232	2087	19		50
批发和零售业	**F**	**23819**	**10808**	**654**	**601**	**927**
批发业	51	14005	6047	257	418	395
零售业	52	9814	4761	397	183	532
交通运输、仓储和邮政业	**G**	**48033**	**33127**	**831**	**318**	**1805**
铁路运输业	53					
道路运输业	54	20053	14218	526	21	986
水上运输业	55					
航空运输业	56	3712	3617			
管道运输业	57	263	263			
多式联运和运输代理业	58	1899	1646	144		
装卸搬运和仓储业	59	2964	999		29	213
邮政业	60	19142	12384	161	268	606
住宿和餐饮业	**H**	**12192**	**6200**	**770**	**11**	**85**
住宿业	61	10081	5553	193	11	
餐饮业	62	2111	647	577		85
信息传输、软件和信息技术服务业	**I**	**27181**	**14510**	**417**	**949**	**583**
电信、广播电视和卫星传输服务	63	25204	13204	417	407	562
互联网和相关服务	64	238	148			
软件和信息技术服务业	65	1739	1158		542	21

天水	武威	张掖	平凉	酒泉	庆阳	定西	陇南	临夏	甘南	代码
2146	39			823		150				34
60	268		177							35
61										36
										37
4254				166						38
249										39
						25				40
										41
										42
				15					20	43
1848	**1783**	**3008**	**3404**	**3032**	**3426**	**1486**	**1947**	**2894**	**1123**	**D**
1186	1294	2552	1982	2774	1157	886	1397	2386	830	44
	78	64		102	901					45
662	411	392	1422	156	1368	600	550	508	293	46
16517	**5508**	**2217**	**2001**	**1192**	**744**	**2367**	**209**	**4026**	**161**	**E**
15918	4274		8	230		93	3	3847		47
468	1200	2168	1755	406	220	2271	188	179	161	48
61	34	48	238	554	524		18			49
70		1		2		3				50
1653	**769**	**1253**	**853**	**1140**	**1314**	**1622**	**930**	**792**	**503**	**F**
646	737	904	720	933	1083	712	417	494	242	51
1007	32	349	133	207	231	910	513	298	261	52
1699	**1597**	**689**	**1940**	**628**	**1452**	**1252**	**1661**	**926**	**108**	**G**
										53
22	825	65	1083	26	699	453	840	278	11	54
										55
95										56
										57
			1				3	105		58
355	187	238	219	155	76	257	107	115	14	59
1227	585	386	637	447	677	542	711	428	83	60
634	**47**	**460**	**863**	**545**	**1428**	**273**	**275**	**417**	**184**	**H**
409		460	768	505	1033	273	275	417	184	61
225	47		95	40	395					62
2566	**990**	**808**	**1224**	**836**	**467**	**1100**	**1608**	**337**	**786**	**I**
2562	990	803	1222	831	467	1100	1608	335	696	63
									90	64
4		5	2	5				2		65

2-33 续表 2

行业大类	代码	从业人员数(人)	兰州	嘉峪关	金昌	白银
金融业	J	**823**	**651**	**21**		**7**
货币金融服务	66	251	210			
资本市场服务	67	148	124			
保险业	68	1	1			
其他金融业	69	423	316	21		7
房地产业	K	**17804**	**11343**	**163**	**261**	**1833**
房地产业	70	17804	11343	163	261	1833
租赁和商务服务业	L	**35185**	**26315**	**1119**	**178**	**596**
租赁业	71	1756	1590			17
商务服务业	72	33429	24725	1119	178	579
科学研究和技术服务业	M	**36253**	**31295**	**622**	**235**	**337**
研究和试验发展	73	1842	1726			22
专业技术服务业	74	21293	16932	615	225	299
科技推广和应用服务业	75	13118	12637	7	10	16
水利、环境和公共设施管理业	N	**6140**	**1430**	**211**	**136**	**161**
水利管理业	76	621	138	123	38	48
生态保护和环境治理业	77	1711	72			
公共设施管理业	78	3751	1172	88	98	113
土地管理业	79	57	48			
居民服务、修理和其他服务业	O	**4670**	**3304**		**626**	
居民服务业	80	874	105		626	
机动车、电子产品和日用产品修理业	81	197	49			
其他服务业	82	3599	3150			
教育	P	**215**	**83**	**14**		
教育	83	215	83	14		
卫生和社会工作	Q	**1424**	**55**		**935**	
卫生	84	1332	55		875	
社会工作	85	92			60	
文化、体育和娱乐业	R	**9804**	**7781**	**425**	**58**	**7**
新闻和出版业	86	6526	6484			
广播、电视、电影和录音制作业	87	645	483	26		7
文化艺术业	88	2175	722	399	58	
体育	89	112	58			
娱乐业	90	346	34			

天水	武威	张掖	平凉	酒泉	庆阳	定西	陇南	临夏	甘南	代码
28	**19**	**1**	**25**	**6**	**42**	**13**		**10**		**J**
			15		13	13				66
3					21					67
										68
25	19	1	10	6	8			10		69
956	**453**	**770**	**587**	**735**	**317**	**222**	**58**	**86**	**20**	**K**
956	453	770	587	735	317	222	58	86	20	70
468	**888**	**1087**	**591**	**1244**	**1031**	**635**	**134**	**820**	**79**	**L**
47		4	45	12				41		71
421	888	1083	546	1232	1031	635	134	779	79	72
1616	**200**	**548**	**346**	**489**	**136**	**252**	**28**	**124**	**25**	**M**
78	6		10							73
1527	177	545	264	190	128	214	28	124	25	74
11	17	3	72	299	8	38				75
149	**46**	**491**	**704**	**116**	**11**	**167**	**1189**	**90**	**1239**	**N**
63	16		107	46	2	12	28			76
			22			118	810		689	77
86	30	491	566	70	9	37	351	90	550	78
			9							79
126	**109**	**1**	**22**	**437**	**28**	**9**	**8**			**O**
45	92			6						80
81	17	1		5	28	8	8			81
			22	426		1				82
6	**5**		**29**		**40**	**38**				**P**
6	5		29		40	38				83
29	**223**	**76**		**3**		**92**		**11**		**Q**
19	223	65		3		92				84
10		11						11		85
32	**40**	**167**	**190**	**344**	**338**	**137**	**88**	**4**	**193**	**R**
		25	11	6						86
		26	14	1	5	14	65	4		87
32	38	62	160	32	333	123	23		193	88
		54								89
	2		5	305						90

2-34 按行业(大类)、地区分组的

行业大类	代码	法人单位数(个)	兰州	嘉峪关	金昌	白银
总　计	**00**	**139345**	**44718**	**3799**	**3126**	**10698**
农、林、牧、渔业	**A**	**861**	**92**	**16**	**6**	**105**
农业	01	3				
林业	02	2				
畜牧业	03	3				
渔业	04					
农、林、牧、渔专业及辅助性活动	05	853	92	16	6	105
采矿业	**B**	**1200**	**96**	**34**	**70**	**157**
煤炭开采和洗选业	06	77	10	1	3	22
石油和天然气开采业	07	5	1			
黑色金属矿采选业	08	109	7	22	12	5
有色金属矿采选业	09	119	2	1		6
非金属矿采选业	10	750	67	9	48	120
开采专业及辅助性活动	11	95	2		7	1
其他采矿业	12	45	7	1		3
制造业	**C**	**14436**	**3690**	**330**	**371**	**1122**
农副食品加工业	13	1788	338	13	29	151
食品制造业	14	675	161	8	19	45
酒、饮料和精制茶制造业	15	549	41	9	10	23
烟草制品业	16	2	2			
纺织业	17	148	30	1	4	11
纺织服装、服饰业	18	219	54	5	3	15
皮革、毛皮、羽毛及其制品和制鞋业	19	78	5		1	2
木材加工和木、竹、藤、棕、草制品业	20	295	57	5	9	13
家具制造业	21	274	157	3	3	8
造纸和纸制品业	22	180	50		3	10
印刷和记录媒介复制业	23	705	190	9	23	42
文教、工美、体育和娱乐用品制造业	24	438	66	4	9	18
石油、煤炭及其他燃料加工业	25	79	20	4	1	9
化学原料和化学制品制造业	26	734	217	16	47	87
医药制造业	27	465	40	1	1	22
化学纤维制造业	28	6	3	1		1
橡胶和塑料制品业	29	652	219	14	24	46
非金属矿物制品业	30	3359	654	53	78	373
黑色金属冶炼和压延加工业	31	153	40	23	5	8
有色金属冶炼和压延加工业	32	148	34	10	8	23
金属制品业	33	1454	482	57	47	84

小微企业法人单位数

天水	武威	张掖	平凉	酒泉	庆阳	定西	陇南	临夏	甘南	代码
11076	**6316**	**11203**	**6315**	**10316**	**8679**	**8068**	**6490**	**5995**	**2546**	**00**
99	**56**	**103**	**19**	**157**	**47**	**65**	**39**	**31**	**26**	**A**
1						1		1		01
		1							1	02
		1	1					1		03
										04
98	56	101	18	157	47	64	39	29	25	05
55	**48**	**91**	**34**	**182**	**108**	**83**	**143**	**52**	**47**	**B**
	12	6	10	5	4		3		1	06
					4					07
5	3	14		36			5			08
4		7	1	29		4	61	1	3	09
35	33	55	21	95	31	79	64	51	42	10
4		2	1	7	69		1		1	11
7		7	1	10			9			12
1261	**889**	**1031**	**632**	**1061**	**1135**	**1042**	**623**	**918**	**331**	**C**
102	191	209	75	137	107	145	85	139	67	13
71	51	48	33	29	56	53	23	61	17	14
66	30	47	34	29	75	45	77	47	16	15
										16
23	8	11	3	11	14		1	25	6	17
43	8	7	9	5	15	16	4	21	14	18
8			1	1	1	2	2	55		19
36	25	31	18	26	13	20	12	24	6	20
19	7	12	10	9	19	6	8	9	4	21
27	12	11	22	8	7	14	10	6		22
57	76	58	23	51	81	33	20	22	20	23
48	15	26	21	13	94	11	13	52	48	24
2	6	7	5	13	4	5	2	1		25
38	42	65	22	56	41	36	25	28	14	26
23	18	24	5	15	14	180	100	2	20	27
		1								28
48	48	62	34	40	37	45	12	21	2	29
225	195	194	176	322	359	254	183	228	65	30
9	12	11	9	7	17	5		4	3	31
1	6	10	3	11	4	15	9	11	3	32
126	61	83	72	128	100	77	24	99	14	33

2-34 续表 1

行业大类	代码	法人单位数（个）	兰州	嘉峪关	金昌	白银
通用设备制造业	34	431	208	22	7	30
专用设备制造业	35	447	183	12	9	38
汽车制造业	36	51	21	2		5
铁路、船舶、航空航天和其他运输设备制造业	37	39	16			2
电气机械和器材制造业	38	357	131	5	7	8
计算机、通信和其他电子设备制造业	39	93	38			6
仪器仪表制造业	40	60	33	2		5
其他制造业	41	76	21	7	2	4
废弃资源综合利用业	42	169	34	22	12	14
金属制品、机械和设备修理业	43	312	145	22	10	19
电力、热力、燃气及水生产和供应业	D	**1520**	**137**	**35**	**59**	**65**
电力、热力生产和供应业	44	1176	107	30	48	40
燃气生产和供应业	45	105	6	2	2	11
水的生产和供应业	46	239	24	3	9	14
建筑业	E	**13022**	**3705**	**252**	**217**	**1120**
房屋建筑业	47	3343	774	36	63	292
土木工程建筑业	48	3492	881	49	42	268
建筑安装业	49	1765	663	56	41	153
建筑装饰、装修和其他建筑业	50	4422	1387	111	71	407
批发和零售业	F	**52931**	**17840**	**1683**	**1242**	**4247**
批发业	51	24080	10621	885	462	1878
零售业	52	28851	7219	798	780	2369
交通运输、仓储和邮政业	G	**4599**	**1324**	**125**	**151**	**392**
铁路运输业	53					
道路运输业	54	2908	815	91	109	298
水上运输业	55	12	2			
航空运输业	56	25	9	3	1	1
管道运输业	57	2	2			
多式联运和运输代理业	58	410	187	10	2	11
装卸搬运和仓储业	59	856	258	11	29	48
邮政业	60	386	51	10	10	34
住宿和餐饮业	H	**5771**	**1797**	**123**	**102**	**273**
住宿业	61	2354	516	74	37	124
餐饮业	62	3417	1281	49	65	149
信息传输、软件和信息技术服务业	I	**4024**	**1972**	**106**	**64**	**310**
电信、广播电视和卫星传输服务	63	227	76	6	7	13
互联网和相关服务	64	1069	326	39	21	105
软件和信息技术服务业	65	2728	1570	61	36	192

天水	武威	张掖	平凉	酒泉	庆阳	定西	陇南	临夏	甘南	代码
47	20	15	6	38	7	16	2	13		34
49	26	36	15	23	13	23	2	16	2	35
5	1	3	2	6	1	4	1			36
9	2	6		1		1		2		37
110	14	9	7	39	7	11		8	1	38
31	1	5		1	4	6		1		39
15		2			1	1		1		40
1		6	5	6	5	4	2	9	4	41
10	11	14	14	9	9	9	4	5	2	42
12	3	18	8	27	30	5	2	8	3	43
64	**80**	**129**	**68**	**246**	**68**	**136**	**198**	**88**	**147**	D
39	65	104	31	210	23	106	168	68	137	44
5	4	6	13	14	10	8	5	17	2	45
20	11	19	24	22	35	22	25	3	8	46
1212	**592**	**1708**	**493**	**1197**	**620**	**672**	**548**	**499**	**187**	E
497	209	440	111	189	145	194	137	180	76	47
221	160	748	119	368	173	143	183	102	35	48
116	55	127	71	227	65	82	49	42	18	49
378	168	393	192	413	237	253	179	175	58	50
4531	**2506**	**3321**	**2366**	**3453**	**3402**	**3161**	**2471**	**2000**	**708**	F
1977	1230	1270	892	1075	1116	1160	749	606	159	51
2554	1276	2051	1474	2378	2286	2001	1722	1394	549	52
324	**201**	**325**	**351**	**349**	**321**	**276**	**181**	**216**	**63**	G
										53
161	135	165	184	241	213	188	115	152	41	54
							1	9		55
1		6	1		2			1		56
										57
33	11	35	18	28	10	19	17	24	5	58
72	26	89	117	60	52	46	26	16	6	59
57	29	30	31	20	44	23	22	14	11	60
585	**217**	**415**	**305**	**394**	**310**	**325**	**287**	**319**	**319**	H
264	78	198	146	240	100	137	129	139	172	61
321	139	217	159	154	210	188	158	180	147	62
211	**115**	**270**	**118**	**243**	**163**	**140**	**171**	**101**	**40**	I
19	3	9	4	4	17	13	46	5	5	63
94	28	119	38	73	61	50	49	45	21	64
98	84	142	76	166	85	77	76	51	14	65

2-34 续表 2

行业大类	代码	法人单位数(个)	兰州	嘉峪关	金昌	白银
金融业	J	**461**	**145**	**18**	**10**	**14**
货币金融服务	66	372	107	14	8	13
资本市场服务	67	24	14	1	1	
保险业	68	12	9	1		
其他金融业	69	53	15	2	1	1
房地产业	K	**6006**	**2235**	**105**	**103**	**481**
房地产业	70	6006	2235	105	103	481
租赁和商务服务业	L	**17763**	**5929**	**536**	**391**	**1235**
租赁业	71	3061	802	79	88	281
商务服务业	72	14702	5127	457	303	954
科学研究和技术服务业	M	**5420**	**2496**	**115**	**95**	**308**
研究和试验发展	73	320	203	4	1	33
专业技术服务业	74	3666	1629	85	68	185
科技推广和应用服务业	75	1434	664	26	26	90
水利、环境和公共设施管理业	N	**1113**	**265**	**34**	**24**	**83**
水利管理业	76	56	8	4	1	2
生态保护和环境治理业	77	134	39	2	4	9
公共设施管理业	78	893	200	27	19	70
土地管理业	79	30	18	1		2
居民服务、修理和其他服务业	O	**5502**	**1706**	**187**	**128**	**348**
居民服务业	80	2076	652	72	44	115
机动车、电子产品和日用产品修理业	81	2808	887	84	74	195
其他服务业	82	618	167	31	10	38
教育	P					
教育	83					
卫生和社会工作	Q	**103**	**34**		**1**	**1**
卫生	84	27	6			
社会工作	85	76	28		1	1
文化、体育和娱乐业	R	**4613**	**1255**	**100**	**92**	**437**
新闻和出版业	86	46	32			2
广播、电视、电影和录音制作业	87	501	219	11	9	34
文化艺术业	88	1242	235	33	18	153
体育	89	319	129	8	5	14
娱乐业	90	2505	640	48	60	234

										代码
天水	武威	张掖	平凉	酒泉	庆阳	定西	陇南	临夏	甘南	
24	**8**	**31**	**73**	**53**	**19**	**35**	**12**	**12**	**7**	J
18	6	27	62	45	14	33	11	9	5	66
2			2	2	2					67
				1	1					68
4	2	4	9	5	2	2	1	3	2	69
491	**292**	**398**	**247**	**366**	**311**	**382**	**234**	**274**	**87**	K
491	292	398	247	366	311	382	234	274	87	70
1014	**654**	**2099**	**793**	**1334**	**1042**	**788**	**795**	**880**	**273**	L
165	117	245	193	309	278	167	111	195	31	71
849	537	1854	600	1025	764	621	684	685	242	72
319	**182**	**363**	**228**	**414**	**315**	**244**	**158**	**122**	**61**	M
8	11	18	1	14	8	9	5	2	3	73
203	122	234	179	296	263	160	118	82	42	74
108	49	111	48	104	44	75	35	38	16	75
76	**74**	**117**	**50**	**118**	**98**	**56**	**53**	**43**	**22**	N
11	3	4	2	10	2	2	6		1	76
5	13	13	5	14	6	8	4	5	7	77
59	58	100	40	92	89	44	43	38	14	78
1			3	2	1	2				79
489	**206**	**339**	**299**	**354**	**446**	**331**	**326**	**250**	**93**	O
163	72	175	118	159	151	118	116	88	33	80
295	104	115	153	143	244	172	174	127	41	81
31	30	49	28	52	51	41	36	35	19	82
										P
										83
12	**6**	**14**	**4**	**3**	**6**	**12**	**3**	**7**		Q
6		1	1	1	4	7		1		84
6	6	13	3	2	2	5	3	6		85
309	**190**	**449**	**235**	**392**	**268**	**320**	**248**	**183**	**135**	R
	1	3	1	2	2		1	1	1	86
33	12	24	28	23	31	24	17	19	17	87
106	37	92	116	84	105	142	60	22	39	88
15	9	26	13	47	14	13	9	12	5	89
155	131	304	77	236	116	141	161	129	73	90

2-35 按行业(大类)、地区分组的

行业大类	代码	从业人员数(人)	兰州	嘉峪关	金昌	白银
总　计	00	**1200989**	**369469**	**26990**	**30555**	**77562**
农、林、牧、渔业	A	**3687**	**394**	**36**	**17**	**327**
农业	01					
林业	02					
畜牧业	03					
渔业	04					
农、林、牧、渔专业及辅助性活动	05	3687	394	36	17	327
采矿业	B	**21595**	**1201**	**178**	**544**	**2036**
煤炭开采和洗选业	06	4089	238	1	49	706
石油和天然气开采业	07	52	1			
黑色金属矿采选业	08	1365	46	91	155	10
有色金属矿采选业	09	4911	1	11		162
非金属矿采选业	10	7672	835	75	303	1144
开采专业及辅助性活动	11	3276	4		37	
其他采矿业	12	230	76			14
制造业	C	**228752**	**58473**	**4355**	**6641**	**17542**
农副食品加工业	13	26745	3432	57	653	1899
食品制造业	14	12005	2249	291	405	747
酒、饮料和精制茶制造业	15	8560	667	20	450	244
烟草制品业	16	256	256			
纺织业	17	2298	417	2	11	42
纺织服装、服饰业	18	3860	818	141	331	96
皮革、毛皮、羽毛及其制品和制鞋业	19	1141	12		5	4
木材加工和木、竹、藤、棕、草制品业	20	2243	371	16	122	101
家具制造业	21	1975	852	7	22	26
造纸和纸制品业	22	2852	884		5	110
印刷和记录媒介复制业	23	4954	1958	52	223	185
文教、工美、体育和娱乐用品制造业	24	3963	335	50	122	110
石油、煤炭及其他燃料加工业	25	1749	473	645	10	68
化学原料和化学制品制造业	26	14727	3551	238	1096	2485
医药制造业	27	10872	2042	9	45	310
化学纤维制造业	28	259	108	1		135
橡胶和塑料制品业	29	10223	3733	127	402	291
非金属矿物制品业	30	64633	14882	620	977	6546
黑色金属冶炼和压延加工业	31	4408	1367	378	40	676
有色金属冶炼和压延加工业	32	4781	1188	194	315	560

小微企业法人单位从业人员数

天水	武威	张掖	平凉	酒泉	庆阳	定西	陇南	临夏	甘南	代码
103068	**60945**	**89423**	**64126**	**72496**	**83716**	**77239**	**58456**	**60446**	**26498**	**00**
535	**378**	**395**	**110**	**577**	**218**	**390**	**133**	**72**	**105**	**A**
										01
										02
										03
										04
535	378	395	110	577	218	390	133	72	105	05
1015	**978**	**1798**	**1618**	**2935**	**3915**	**1053**	**3378**	**558**	**388**	**B**
	512	521	1269	30	757		6			06
					51					07
145	115	54		630			119			08
322		424	45	1118		174	2565		89	09
392	351	654	217	1062	312	879	593	558	297	10
108		140	59	50	2795		81		2	11
48		5	28	45			14			12
21901	**18142**	**16398**	**10531**	**13442**	**16575**	**17517**	**8309**	**14519**	**4407**	**C**
1247	3999	4707	900	1384	1464	2729	1146	2066	1062	13
1249	1101	778	372	569	1074	737	416	1393	624	14
1005	835	1102	442	560	663	498	909	1069	96	15
										16
513	25	167	221	53	211		4	530	102	17
740	153	66	207	25	426	321	36	303	197	18
356				9	6	6	37	706		19
460	209	345	100	112	85	104	70	113	35	20
132	300	97	79	187	105	22	32	87	27	21
528	76	88	709	87	37	202	59	67		22
444	454	316	211	224	309	231	81	161	105	23
679	158	133	282	28	461	55	135	967	448	24
44	185	38	26	180	34	43	3			25
552	1383	1506	280	673	710	700	643	690	220	26
1144	677	782	326	366	537	3495	849	57	233	27
		15								28
811	1386	810	306	585	527	931	142	166	6	29
4755	4151	3362	4596	3930	8114	4825	3201	3812	862	30
94	653	607	207	48	84	24		226	4	31
2	326	87	11	437	28	572	362	497	202	32

2-35 续表 1

行业大类	代码	从业人员数(人)	兰州	嘉峪关	金昌	白银
金属制品业	33	13621	5154	492	872	664
通用设备制造业	34	6769	3364	152	30	514
专用设备制造业	35	8225	2949	64	107	854
汽车制造业	36	1311	637	109		264
铁路、船舶、航空航天和其他运输设备制造业	37	846	439			14
电气机械和器材制造业	38	7519	3320	167	141	99
计算机、通信和其他电子设备制造业	39	2078	718			36
仪器仪表制造业	40	786	328	18		13
其他制造业	41	799	319	72	7	19
废弃资源综合利用业	42	2174	578	315	62	369
金属制品、机械和设备修理业	43	2120	1072	118	188	61
电力、热力、燃气及水生产和供应业	**D**	**37000**	**3737**	**727**	**1499**	**2077**
电力、热力生产和供应业	44	26489	2857	523	1228	990
燃气生产和供应业	45	2438	256	101	77	263
水的生产和供应业	46	8073	624	103	194	824
建筑业	**E**	**196378**	**42839**	**2092**	**4763**	**13914**
房屋建筑业	47	103954	12147	863	2740	8347
土木工程建筑业	48	50989	14398	496	1260	3094
建筑安装业	49	15970	6701	261	469	840
建筑装饰、装修和其他建筑业	50	25465	9593	472	294	1633
批发和零售业	**F**	**219505**	**69736**	**5461**	**5690**	**14739**
批发业	51	105292	42428	3059	2512	6363
零售业	52	114213	27308	2402	3178	8376
交通运输、仓储和邮政业	**G**	**74154**	**29856**	**1870**	**3006**	**4961**
铁路运输业	53					
道路运输业	54	42994	11353	1197	2363	3904
水上运输业	55	115	56			
航空运输业	56	639	496	2		
管道运输业	57	268	268			
多式联运和运输代理业	58	4055	2820	204	2	25
装卸搬运和仓储业	59	9634	3272	156	224	592
邮政业	60	16449	11591	311	417	440
住宿和餐饮业	**H**	**83259**	**24949**	**1644**	**1432**	**3104**
住宿业	61	37127	9034	1133	393	1400
餐饮业	62	46132	15915	511	1039	1704
信息传输、软件和信息技术服务业	**I**	**20327**	**12071**	**309**	**498**	**1126**
电信、广播电视和卫星传输服务	63	2686	1060	89	303	251
互联网和相关服务	64	4298	1706	79	67	238
软件和信息技术服务业	65	13343	9305	141	128	637

天水	武威	张掖	平凉	酒泉	庆阳	定西	陇南	临夏	甘南	代码
1443	363	617	431	1138	751	614	100	867	115	33
559	395	98	93	764	242	355	9	194		34
1009	684	324	348	910	167	723	13	66	7	35
105	58	28	13	34	60	3				36
158	117	24				4		90		37
2226	319	57	102	764	37	129		143	15	38
1170	8	32		2	52	55		5		39
374		21			5	25		2		40
		26	50	65	18	24	4	180	15	41
42	116	110	153	174	111	73	47	22	2	42
60	11	55	66	134	257	17	11	40	30	43
2001	**1919**	**2946**	**2722**	**5539**	**2179**	**2889**	**3043**	**2764**	**2958**	D
1221	1368	2377	1020	4856	917	2021	2336	2246	2529	44
88	117	105	233	347	207	157	90	385	12	45
692	434	464	1469	336	1055	711	617	133	417	46
21126	**8576**	**20359**	**13588**	**10950**	**15004**	**14086**	**12634**	**12037**	**4410**	E
14917	4867	10898	9481	4282	9665	7780	6207	8545	3215	47
3006	2418	6908	1696	3687	2753	4199	4835	1986	253	48
882	388	702	1179	1445	1156	744	516	382	305	49
2321	903	1851	1232	1536	1430	1363	1076	1124	637	50
21620	**11306**	**13021**	**11376**	**13398**	**14987**	**14041**	**11948**	**8994**	**3188**	F
10226	5762	5616	4825	4828	5328	6037	4250	3210	848	51
11394	5544	7405	6551	8570	9659	8004	7698	5784	2340	52
4220	**2552**	**4395**	**3386**	**3419**	**6741**	**4100**	**2156**	**2208**	**1284**	G
										53
2331	1686	2998	2089	2365	5453	3122	1514	1616	1003	54
							2	57		55
95		38	3		2			3		56
										57
165	46	188	58	97	52	118	114	145	21	58
1032	533	771	863	444	617	538	373	175	44	59
597	287	400	373	513	617	322	153	212	216	60
8622	**3453**	**4611**	**4640**	**5466**	**4926**	**5805**	**4613**	**5039**	**4955**	H
3652	1543	2340	2129	3472	1661	2320	2840	1803	3407	61
4970	1910	2271	2511	1994	3265	3485	1773	3236	1548	62
990	**590**	**1099**	**444**	**642**	**510**	**441**	**842**	**376**	**389**	I
187	98	100	52	49	54	106	219	15	103	63
338	106	387	134	191	195	160	274	189	234	64
465	386	612	258	402	261	175	349	172	52	65

2-35 续表 2

行业大类	代码	从业人员数(人)	兰州	嘉峪关	金昌	白银
金融业	J	**3459**	**1424**	**148**	**50**	**56**
货币金融服务	66	2529	783	121	35	49
资本市场服务	67	133	86	3	9	
保险业	68	89	83	2		
其他金融业	69	708	472	22	6	7
房地产业	K	**90198**	**41551**	**1869**	**1492**	**5544**
房地产业	70	90198	41551	1869	1492	5544
租赁和商务服务业	L	**113482**	**43722**	**5321**	**2353**	**6377**
租赁业	71	13219	3804	293	337	985
商务服务业	72	100263	39918	5028	2016	5392
科学研究和技术服务业	M	**42393**	**20015**	**1090**	**1088**	**2015**
研究和试验发展	73	1931	1006	3	20	184
专业技术服务业	74	33749	15773	1003	960	1419
科技推广和应用服务业	75	6713	3236	84	108	412
水利、环境和公共设施管理业	N	**8758**	**2350**	**383**	**231**	**438**
水利管理业	76	600	74	123	38	48
生态保护和环境治理业	77	954	187	2	19	13
公共设施管理业	78	6961	1932	253	174	377
土地管理业	79	243	157	5		
居民服务、修理和其他服务业	O	**27381**	**8749**	**782**	**668**	**1313**
居民服务业	80	10917	3359	340	320	464
机动车、电子产品和日用产品修理业	81	12628	4203	272	258	671
其他服务业	82	3836	1187	170	90	178
教育	P					
教育	83					
卫生和社会工作	Q	**2328**	**551**		**60**	
卫生	84	1692	428			
社会工作	85	636	123		60	
文化、体育和娱乐业	R	**28333**	**7851**	**725**	**523**	**1993**
新闻和出版业	86	629	525			1
广播、电视、电影和录音制作业	87	3645	1937	67	67	117
文化艺术业	88	10170	1520	384	167	1003
体育	89	1929	817	53	55	39
娱乐业	90	11960	3052	221	234	833

天水	武威	张掖	平凉	酒泉	庆阳	定西	陇南	临夏	甘南	代码
197	**57**	**154**	**477**	**284**	**137**	**267**	**114**	**65**	**29**	J
150	38	136	414	258	107	262	108	49	19	66
3			6	5	21					67
				3	1					68
44	19	18	57	18	8	5	6	16	10	69
6952	**4340**	**4719**	**3792**	**3101**	**4649**	**4612**	**2983**	**3631**	**963**	K
6952	4340	4719	3792	3101	4649	4612	2983	3631	963	70
5796	**4492**	**12394**	**4936**	**6326**	**5316**	**4836**	**3756**	**6184**	**1673**	L
845	402	1077	936	893	1238	859	370	968	212	71
4951	4090	11317	4000	5433	4078	3977	3386	5216	1461	72
2346	**1292**	**2498**	**2044**	**2492**	**2931**	**2019**	**1178**	**963**	**422**	M
98	39	141	10	44	103	138	43	10	92	73
1620	1020	1993	1760	1993	2644	1538	977	810	239	74
628	233	364	274	455	184	343	158	143	91	75
616	**429**	**800**	**541**	**695**	**823**	**495**	**496**	**330**	**131**	N
121	20	3	6	95	2	12	54		4	76
37	97	139	113	73	26	176	24	31	17	77
428	312	658	399	504	795	302	418	299	110	78
30			23	23		5				79
2627	**1108**	**1551**	**1585**	**1322**	**2531**	**1815**	**1560**	**1325**	**445**	O
1029	415	775	728	603	922	756	648	368	190	80
1295	483	467	736	506	1225	828	769	741	174	81
303	210	309	121	213	384	231	143	216	81	82
										P
										83
430	**163**	**96**	**78**	**99**	**267**	**466**	**13**	**105**		Q
328		30	71	65	247	444		79		84
102	163	66	7	34	20	22	13	26		85
2074	**1170**	**2189**	**2258**	**1809**	**2007**	**2407**	**1300**	**1276**	**751**	R
	2	44	11	6	29		4	2	5	86
228	54	131	186	108	154	187	182	156	71	87
817	177	753	1497	442	1101	1357	409	179	364	88
79	69	229	61	212	70	72	42	98	33	89
950	868	1032	503	1041	653	791	663	841	278	90

第3篇

文化及相关产业篇

A.概况

3-A-01　文化及相关产业基本情况

分　组	法人单位	
	法人单位数(个)	从业人员期末人数(人)
总　计	**19414**	**133900**
按单位性质分组		
经营性	15899	100684
公益性	3515	33216
按产业类型分组		
文化制造业	1188	11766
文化批发和零售业	2761	10558
文化服务业	15465	111576
按领域分组		
文化核心领域	12489	99377
文化相关领域	6925	34523

3-A-02　分地区文化及相关产业基本情况

地　区	法人单位	
	法人单位数(个)	从业人员期末人数(人)
全　省	**19414**	**133900**
兰　州	5585	52008
嘉峪关	509	3748
金　昌	441	2786
白　银	1760	7053
天　水	1450	9909
武　威	726	4050
张　掖	1558	7593
平　凉	915	7389
酒　泉	1341	7931
庆　阳	1455	8105
定　西	1255	7277
陇　南	1160	6038
临　夏	799	6094
甘　南	460	3919

3-A-03 分地区文化及相关产业法人单位分布情况

地区	法人单位数(个)	文化服务业	#规模以上	文化制造业	#规模以上	文化批发和零售业	#规模以上
全省	**19414**	**15465**	**168**	**1188**	**22**	**2761**	**51**
兰州	5585	4293	63	252	9	1040	27
嘉峪关	509	421	10	12		76	2
金昌	441	338	4	32	1	71	
白银	1760	1577	6	67		116	
天水	1450	1105	6	107	6	238	5
武威	726	565	4	91	3	70	3
张掖	1558	1277	25	86		195	1
平凉	915	753	3	50		112	
酒泉	1341	1084	9	66		191	7
庆阳	1455	1109	14	185		161	2
定西	1255	1021	10	51	1	183	4
陇南	1160	1025	7	41		94	
临夏	799	584	5	78	2	137	
甘南	460	313	2	70		77	

3-A-04 按类别分文化及相关产业法人单位基本情况

分组	法人单位数(个)	从业人员期末人数(人)	资产总计(万元)
总计	**19414**	**133900**	**13325507**
文化核心领域	12489	99377	11706645
文化相关领域	6925	34523	1618861

3-A-05 分地区文化及相关产业企业基本情况

地区	法人单位数(个)	从业人员期末人数(人)	资产总计(万元)	营业收入(万元)
全省	**15899**	**100684**	**11583357**	**2275421**
兰州	5014	42010	5460705	1492523
嘉峪关	398	2747	1090283	61247
金昌	357	1854	134253	28063
白银	1144	4794	287180	42172
天水	1150	6929	362617	102935
武威	649	3307	230100	45951
张掖	1288	6041	526426	92059
平凉	728	5401	406959	45120
酒泉	1169	5051	542978	97638
庆阳	1268	6401	330358	67646
定西	930	5260	374334	71726
陇南	779	4017	179072	39965
临夏	666	4594	368188	65700
甘南	359	2278	1289904	22678

3-A-06 分地区文化及相关产业事业(社团)单位基本情况

地区	法人单位数(个)	从业人员期末人数(人)	资产总计(万元)	本年支出(费用)合计(万元)
全省	**3515**	**33216**	**1742150.00**	**608251.04**
兰州	571	9998	904416	271776
嘉峪关	111	1001	23380	12482
金昌	84	932	31418	11364
白银	616	2259	27994	14234
天水	300	2980	58715	28743
武威	77	743	24272	11187
张掖	270	1552	56270	22123
平凉	187	1988	78505	31285
酒泉	172	2880	252069	81933
庆阳	187	1704	44547	18821
定西	325	2017	50563	31143
陇南	381	2021	35651	37087
临夏	133	1500	49635	20726
甘南	101	1641	104716	15348

B.文化制造业

3-B-01 分地区文化制造业法人单位主要指标

地区	法人单位数(个)			从业人员期末人数(人)		
		规模以上	规模以下		规模以上	规模以下
全省	**1188**	**22**	**1166**	**11766**	**2868**	**8898**
兰州	252	9	243	3904	1724	2180
嘉峪关	12		12	69		69
金昌	32	1	31	345	110	235
白银	67		67	419		419
天水	107	6	101	1652	679	973
武威	91	3	88	596	103	493
张掖	86		86	458		458
平凉	50		50	983		983
酒泉	66		66	255		255
庆阳	185		185	807		807
定西	51	1	50	317	50	267
陇南	41		41	261		261
临夏	78	2	76	1146	202	944
甘南	70		70	554		554

3-B-02 按注册类型和控股情况分规模以上

分组	法人单位数(个)	从业人员期末人数(人)	#女性	资产总计(万元)	营业收入(万元)
总计	**22**	**2868**	**1075**	**213625.80**	**80883.20**
按注册类型分组					
内资企业	22	2868	1075	213626	80883
港、澳、台商投资企业					
外商投资企业					
按控股情况分组					
国有控股	7	1866	631	85812.90	40225.10
集体控股					
私人控股	13	931	407	97362.90	39028.70
港澳台商控股					
外商控股	1	41	12	27538.50	1468.60
其他	1	30	25	2911.50	160.80

3-B-03 分地区规模以上

地区	法人单位数(个)	从业人员期末人数(人)	#女性	资产总计(万元)	营业收入(万元)
全省	**22**	**2868**	**1075**	**213625.80**	**80883.20**
兰州	9	1724	603	119906	44110
嘉峪关					
金昌	1	110	62	6058	3586
白银					
天水	6	679	221	54510	16717
武威	3	103	55	9144	4710
张掖					
平凉					
酒泉					
庆阳					
定西	1	50	12	7031	2158
陇南					
临夏	2	202	122	16977	9602
甘南					

文化制造业企业主要财务指标

营业成本（万元）	税金及附加（万元）	营业利润（万元）	投资收益（万元）	应付职工薪酬（万元）	应交增值税（万元）
67813.80	**921.10**	**-4361.10**	**10.40**	**18884.90**	**1635.70**
67814	921	-4361	10	18885	1636
32729.70	466.40	-3701.90	10.40	12826.10	1117.70
33612.60	415.10	542.50		5574.30	529.60
1301.50	39.10	-1150.00	0.00	388.50	-16.60
170.00	0.50	-51.70	0.00	96.00	5.00

文化制造企业主要财务指标

营业成本（万元）	税金及附加（万元）	营业利润（万元）	投资收益（万元）	应付职工薪酬（万元）	应交增值税（万元）
67813.80	**921.10**	**-4361.10**	**10.40**	**18884.90**	**1635.70**
37469	398	-3867		11512	1110
2751	138	213	10	945	37
13346	199	-1339		4962	357
4462	38	31		373	45
1593	30	272		139	28
8193	119	328		955	58

3-B-04 按注册类型和控股情况分规模

分组	法人单位数（个）	从业人员期末人数（人）	#女性	资产总计（万元）	营业收入（万元）
总计	**1166**	**8898**	**4745**	**389636.94**	**149766.19**
按注册类型分组					
内资企业	1166	8898	4745	389636.94	149766.19
港、澳、台商投资企业					
外商投资企业					
按控股情况分组					
国有控股	16	310	162	7045.09	5853.46
集体控股	29	379	218	9097.79	5310.02
私人控股	1008	7450	3974	350863.45	124546.76
港澳台商控股					
外商控股	1	18	5	737.53	330.19
其他	112	741	386	21893	13726

3-B-05 分地区规模以下

地区	法人单位数（个）	从业人员期末人数（人）	#女性	资产总计（万元）	营业收入（万元）
全省	**1166**	**8898**	**4745**	**389636.94**	**149766.19**
兰州	243	2180	942	141749	73735
嘉峪关	12	69	35	2388	1267
金昌	31	235	158	7447	4603
白银	67	419	202	15122	4506
天水	101	973	556	38695	9764
武威	88	493	313	12009	7468
张掖	86	458	267	19038	7552
平凉	50	983	545	23945	7226
酒泉	66	255	135	11502	5101
庆阳	185	807	542	40268	7937
定西	50	267	147	11049	3507
陇南	41	261	151	8713	2663
临夏	76	944	514	31675	8078
甘南	70	554	238	26037	6361

以下文化制造业企业主要财务指标

营业成本（万元）	税金及附加（万元）	营业利润（万元）	投资收益（万元）	应付职工薪酬（万元）	应交增值税（万元）
119281.30	**1806.95**	**10194.49**	**2304.00**	**26466.12**	**3493.28**
119281.30	1806.95	10194.49	2304.00	26466.12	3493.28
5004.42	49.45	200.61	0.00	2150.54	338.09
4592.09	30.43	34.00	11.00	1033.42	143.39
97825.29	1615.61	9573.60	2120.90	20454.38	2719.15
211.50	14.10	-40.76		163.17	31.67
11648	97	427	172	2665	261

文化制造业企业主要财务指标

营业成本（万元）	税金及附加（万元）	营业利润（万元）	投资收益（万元）	应付职工薪酬（万元）	应交增值税（万元）
119281.30	**1806.95**	**10194.49**	**2304.00**	**26466.12**	**3493.28**
62692	416	2299	390	8970	1997
1118	11	44	11	162	33
3590	27	348	3	552	88
3334	58	326	214	1338	132
6606	183	1037	197	2414	69
5917	115	949	104	1160	150
5669	49	587	119	1133	81
6772	160	-1108	31	2317	324
4279	189	308	163	897	135
5824	172	1768	495	1913	118
2322	74	382	23	602	63
1751	173	599	399	680	39
5572	123	1104	87	2940	187
3835	59	1554	70	1389	79

C.文化批零业

3-C-01 分地区文化批零业法人单位主要指标

地 区	法人单位数（个）	规模以上	规模以下	从业人员期末人数（人）	规模以上	规模以下
全 省	**2761**	**51**	**2710**	**10558**	**1673**	**8885**
兰 州	1040	27	1013	4489	1170	3319
嘉峪关	76	2	74	218	14	204
金 昌	71		71	224		224
白 银	116		116	317		317
天 水	238	5	233	881	89	792
武 威	70	3	67	303	68	235
张 掖	195	1	194	561	12	549
平 凉	112		112	335		335
酒 泉	191	7	184	662	122	540
庆 阳	161	2	159	621	42	579
定 西	183	4	179	804	156	648
陇 南	94		94	350		350
临 夏	137		137	466		466
甘 南	77		77	327		327

3-C-02　按注册类型和控股情况分限额以上文化批零业企业主要财务指标

分　　组	法人单位数（个）	从业人员期末人数（人）	#女性	资产总计（万元）	营业收入（万元）	营业成本（万元）
总　　计	**51**	**1673**	**967**	**1224556.20**	**519242.60**	**474155.00**
按注册类型分组						
内资企业	51	1673	967	1224556.20	519242.60	474155.00
#国有企业						
私营企业						
港、澳、台商投资企业						
外商投资企业						
按控股情况分组						
国有控股	2	449	204	183225.50	104428.40	87772.20
集体控股	1	8	4	2289.00	1003.30	970.50
私人控股	46	1203	755	1038365.50	412609.60	384334.90
港澳台商控股						
外商控股						
其他	2	13	4	676	1201	1077

3-C-02　续表

分　　组	税金及附加（万元）	营业利润（万元）	投资收益（万元）	应付职工薪酬（万元）	应交增值税（万元）
总　　计	**1376.50**	**-6076.10**	**6240.70**	**20100.60**	**17559.30**
按注册类型分组					
内资企业	1376.50	-6076.10	6240.70	20100.60	17559.30
港、澳、台商投资企业					
外商投资企业					
按控股情况分组					
国有控股	173.90	1922.40		15236.40	10.60
集体控股	0.90	-38.40		27.60	74.70
私人控股	1195.80	-7967.80	6240.70	4804.90	17454.40
港澳台商控股					
外商控股					
其他	6	8		32	20

3-C-03 分地区限额以上文化

地 区	法人单位数(个)	从业人员期末人数(人)	#女性	资产总计(万元)	营业收入(万元)
全 省	**51**	**1673**	**967**	**1224556**	**519243**
兰 州	27	1170	654	1153987	477220
嘉峪关	2	14	12	6427	2373
金 昌					
白 银					
天 水	5	89	54	9681	11372
武 威	3	68	37	3379	3364
张 掖	1	12	3	3920	437
平 凉					
酒 泉	7	122	77	5741	13839
庆 阳	2	42	36	6357	1024
定 西	4	156	94	35065	9614
陇 南					
临 夏					
甘 南					

3-C-04 按注册类型和控股情况分限额

分 组	法人单位数(个)	从业人员期末人数(人)	#女性	资产总计(万元)	营业收入(万元)
总 计	**2710**	**8885**	**4747**	**511006.28**	**255662.93**
按注册类型分组					
内资企业	2710	8885	4747	511006.28	255662.93
港、澳、台商投资企业					
外商投资企业					
按控股情况分组					
国有控股	31	363	159	14798.19	15874.46
集体控股	13	163	87	15850.51	2969.95
私人控股	2483	7636	4092	454395.83	225742.10
港澳台商控股					
外商控股	1	2		8.00	3.58
其他	182	721	409	25954	11073

批零业企业主要财务指标

营业成本（万元）	税金及附加（万元）	营业利润（万元）	投资收益（万元）	应付职工薪酬（万元）	应交增值税（万元）
474155	**1377**	**-6076.70**	**6241**	**20101**	**17559**
438308	770	-7121.1	6201	18764	16873
2213	2	-309.1	40	39	136
9866	9	468		151	32
2947	32			188	38
120		295		27	
12076	365	281		409	355
913	22			85	16
7713	176	332		439	110

以下文化批零业企业主要财务指标

营业成本（万元）	税金及附加（万元）	营业利润（万元）	投资收益（万元）	应付职工薪酬（万元）	应交增值税（万元）
211202.50	**4033.39**	**11238.12**	**3709.48**	**26024.90**	**4235.35**
211202.50	4033.39	11238.12	3709.48	26024.90	4235.35
13645.03	111.78	305.20		1688.44	293.41
2577.84	157.35	-1073.64	0.84	654.79	140.21
187050.14	3584.33	10621.92	3306.38	22022.07	3646.00
3.40	0.13	0.06		2.40	
7926	180	1385	402	1657	156

3-C-05 分地区限额以下

地 区	法人单位数(个)	从业人员期末人数(人)		资产总计(万元)	营业收入(万元)
			#女性		
全 省	**2710**	**8885**	**4747**	**511006.28**	**255662.93**
兰 州	1013	3319	1694	232057	156281
嘉峪关	74	204	122	8718	4405
金 昌	71	224	121	10625	6866
白 银	116	317	172	16537	6720
天 水	233	792	419	23164	9926
武 威	67	235	151	10662	5042
张 掖	194	549	346	28308	5692
平 凉	112	335	189	14185	6214
酒 泉	184	540	307	64538	10297
庆 阳	159	579	291	19072	11484
定 西	179	648	354	36649	10098
陇 南	94	350	171	12662	6059
临 夏	137	466	228	18141	7912
甘 南	77	327	182	15690	8667

文化批零业企业主要财务指标

营业成本（万元）	税金及附加（万元）	营业利润（万元）	投资收益（万元）	应付职工薪酬（万元）	应交增值税（万元）
211202.50	**4033.39**	**11238.12**	**3709.48**	**26024.90**	**4235.35**
134917	2314	543	518	11705	2553
3726	102	-91		641	76
5283	79	558	1	739	124
4880	76	541	37	866	70
7638	166	1449	576	1853	209
3596	68	519	65	605	162
4109	145	501	84	1350	61
5379	85	355	66	660	184
7558	379	1222	347	1433	210
9399	158	1131	702	1650	163
7720	135	1589	422	1516	98
4375	57	989	128	886	138
5584	158	1237	701	1267	128
7040	112	696	64	854	61

D.文化服务业

3-D-01 分地区文化服务业法人单位主要指标

地区	法人单位数(个)	规模以上	规模以下企业	事业单位	社会团体	从业人员期末人数(人)	规模以上	规模以下企业	事业单位	社会团体
全省	**15465**	**168**	**11782**	**983**	**2532**	**111576**	**17056**	**61304**	**20880**	**12336**
兰州	4293	63	3659	126	445	43615	10115	23502	5987	4011
嘉峪关	421	10	300	12	99	3461	1078	1382	428	573
金昌	338	4	250	24	60	2217	273	1012	686	246
白银	1577	6	955	88	528	6317	275	3783	681	1578
天水	1105	6	799	67	233	7376	309	4087	1636	1344
武威	565	4	484	36	41	3151	198	2210	601	142
张掖	1277	25	982	96	174	6574	1189	3833	1065	487
平凉	753	3	563	95	92	6071	527	3556	1600	388
酒泉	1084	9	903	75	97	7014	769	3365	2455	425
庆阳	1109	14	908	80	107	6677	599	4374	1209	495
定西	1021	10	686	77	248	6156	452	3687	1012	1005
陇南	1025	7	637	92	289	5427	485	2921	1430	591
临夏	584	5	446	70	63	4482	480	2502	1290	210
甘南	313	2	210	45	56	3038	307	1090	800	841

3-D-02　按注册类型和控股情况分规模以上文化服务业企业主要财务指标

分　组	法人单位数（个）	从业人员期末人数（人）	#女性	资产总计（万元）	营业收入（万元）	营业成本（万元）
总　计	**168**	**17056**	**7104**	**3560372.60**	**533050.40**	**349188.40**
按注册类型分组						
内资企业	168	17056	7104	3560372.60	533050.40	349188.40
港、澳、台商投资企业						
外商投资企业						
按控股情况分组						
国有控股	57	11357	4359	2891846	383328	254538
集体控股	4	298	119	11804	7648	4092
私人控股	92	4545	2223	614069	109686	67091
港澳台商控股						
外商控股						
其他	15	856	403	42653	32388	23467

3-D-02　续表

分　组	税金及附加（万元）	营业利润（万元）	投资收益（万元）	应付职工薪酬（万元）	应交增值税（万元）
总　计	**7867.40**	**21576.10**	**5564.00**	**130290.20**	**13130.60**
按注册类型分组					
内资企业	7867.40	21576.10	5564.00	130290.20	13130.60
港、澳、台商投资企业					
外商投资企业					
按控股情况分组					
国有控股	4860	15937	5476	102566	10115
集体控股	67	738		2950	657
私人控股	2165	3518	16	19579	1635
港澳台商控股					
外商控股					
其他	776	1383	72	5196	724

3-D-03 分地区规模以上文化

地区	法人单位数(个)	从业人员期末人数(人)	#女性	资产总计(万元)	营业收入(万元)
全省	**168**	**17056**	**7104**	**3560372.60**	**533050.40**
兰州	63	10115	3978	1947682	370107
嘉峪关	10	1078	582	825091	41360
金昌	4	273	204	6022	2815
白银	6	275	149	6954	3391
天水	6	309	124	11263	6686
武威	4	198	41	8189	3041
张掖	25	1189	546	251245	42034
平凉	3	527	246	185199	5666
酒泉	9	769	285	63455	27381
庆阳	14	599	245	10320	5979
定西	10	452	170	64070	10914
陇南	7	485	208	47228	4029
临夏	5	480	156	118401	9271
甘南	2	307	170	15256	377

3-D-04 按注册类型和控股情况

分组	法人单位数(个)	从业人员期末人数(人)	#女性	资产总计(万元)	营业收入(万元)
总计	**11782**	**61304**	**27283**	**5684158.82**	**736815.65**
按注册类型分组					
内资企业	11778	61300	27281	5684060	736773
港、澳、台商投资企业	2.0	1.0		15.7	2.9
外商投资企业	2.0	3.0	2.0	83.0	40.0
按控股情况分组					
国有控股	181	8461	3540	2383131	54813
集体控股	53	468	224	53482	12688
私人控股	10470	44937	20116	2823757	599099
港澳台商控股	4	9	6	141	89
外商控股	1	4	2	10	8
其他	1073	7425	3395	423637	70119

服务业企业主要财务指标

营业成本（万元）	税金及附加（万元）	营业利润（万元）	投资收益（万元）	应付职工薪酬（万元）	应交增值税（万元）
349188.40	**7867.40**	**21576.10**	**5564.00**	**130290.20**	**13130.60**
259704	4043	6018	1282	90289	8123
19161	1355	6342	4156	8933	1869
2265	7	-268		1099	20
1663	14	1003		821	44
4681	98	-657		2926	318
1268	72	201		1098	159
24288	851	7373	126	6971	831
4732	114	-5834		5157	101
14269	908	4798		6520	907
3803	33	278		1817	172
7739	27	1065		1328	88
1328	127	89		932	42
4177	188	1423		1380	435
110	30	-255		1019	21

分规模以下文化服务业企业主要财务指标

营业成本（万元）	税金及附加（万元）	营业利润（万元）	投资收益（万元）	应付职工薪酬（万元）	应交增值税（万元）
583122.75	**18031.75**	**4890.59**	**22208.08**	**176717.94**	**18454.22**
583097	18031	4883	22206	176713	18453
5.7		-2.0			0.2
20.0	0.9	10.0	2.0	5.2	0.6
61262	1250	-8769	6960	24493	1950
10896	83	-174	1	3443	
456086	14205	22588	13383	121864	14957
57		21	1	16	
5		1		5	
54817	2494		1863	26897	1554

3-D-05 分地区规模以下

地区	法人单位数(个)	从业人员期末人数(人)		资产总计(万元)	营业收入(万元)
			#女性		
全省	**11782**	**61304**	**27283**	**5684158.82**	**736815.65**
兰州	3659	23502	10020	1865326	371069
嘉峪关	300	1382	683	247660	11841
金昌	250	1012	489	104101	10194
白银	955	3783	1736	248567	27555
天水	799	4087	1872	225304	48471
武威	484	2210	1069	186718	22326
张掖	982	3833	1841	223914	36345
平凉	563	3556	1643	183630	26014
酒泉	903	3365	1598	397743	41021
庆阳	908	4374	1984	254342	41222
定西	686	3687	1623	220470	35435
陇南	637	2921	1291	110469	27213
临夏	446	2502	988	182994	30837
甘南	210	1090	446	1232921	7273

文化服务业企业主要财务指标

营业成本（万元）	税金及附加（万元）	营业利润（万元）	投资收益（万元）	应付职工薪酬（万元）	应交增值税（万元）
583122.75	**18031.75**	**4890.59**	**22208.08**	**176717.94**	**18454.22**
311760	10402	-15647	8383	82509	12142
8746	1129	-1004	1021	3429	840
8032	153	890	128	3029	178
19329	346	1384	1352	8834	640
27463	903	3968	2024	9915	88
15802	335	1563	647	5554	369
26776	636	3819	1056	9457	32
18665	363	660	1020	7102	445
40119	1128	-6278	852	9667	1015
27293	879	5490	1410	12252	737
32439	437	1830	780	8771	686
17907	691	3706	1554	7186	677
23198	435	3209	1288	6439	476
5596	194	1300	694	2575	130

3-D-06 分地区文化服务业行政事业单位主要财务指标

地 区	法人单位数(个)	从业人员期末人数(人)	#女性	资产总计(万元)	本年支出合计(万元)
全 省	**983**	**20880**	**9710**	**1586898.90**	**572396.30**
兰 州	126	5987	2470	887780	259051
嘉峪关	12	428	259	17371	9505
金 昌	24	686	384	31291	11145
白 银	88	681	354	15755	9967
天 水	67	1636	808	51921	26273
武 威	36	601	276	22976	10699
张 掖	96	1065	515	49217	20221
平 凉	95	1600	714	76631	30446
酒 泉	75	2455	1072	244747	79845
庆 阳	80	1209	622	36968	16963
定 西	77	1012	438	25026	27408
陇 南	92	1430	743	31746	36070
临 夏	70	1290	609	38906	19900
甘 南	45	800	446	56565	14905

3-D-07 分地区文化服务业社团单位主要财务指标

地 区	法人单位数(个)	从业人员期末人数(人)	#女性	资产总计(万元)	本年费用合计(万元)
全 省	**2532**	**12336**	**4924**	**155251.11**	**35854.74**
兰 州	445	4011	2178	16636	12725
嘉峪关	99	573	387	6009	2977
金 昌	60	246	153	128	219
白 银	528	1578	401	12239	4267
天 水	233	1344	402	6794	2470
武 威	41	142	40	1296	488
张 掖	174	487	235	7053	1903
平 凉	92	388	109	1874	839
酒 泉	97	425	207	7321	2088
庆 阳	107	495	205	7579	1858
定 西	248	1005	326	25536	3736
陇 南	289	591	120	3905	1017
临 夏	63	210	102	10729	825
甘 南	56	841	59	48151	443

附　录

主要指标解释及分类规定

主要指标解释

法人单位　是指有权拥有资产、承担负债，并独立从事社会经济活动（或与其他单位进行交易）的组织。法人单位应同时具备以下条件：

1. 依法成立，有自己的名称、组织机构和场所，能够独立承担民事责任；

2. 独立拥有（或受权使用）资产，有权与其他单位签订合同；

3. 会计上独立核算，能够编制资产负债表等会计报表。

在统计实践中，法人单位包括：企业法人、事业单位法人、机关法人、社会团体法人、民办非企业单位、基金会、居委会、村委会、其他法人。

企业法人　是指依据《中华人民共和国公司登记管理条例》《中华人民共和国企业法人登记管理条例》等国家法律和法规，经各级市场监管机关登记注册，领取《企业法人营业执照》的企业。包括：

1. 公司制企业法人；

2. 非公司制企业法人。

不具有法人资格、但依法成立的个人独资企业、合伙企业在统计上视同法人。

事业单位法人　是指经国务院或地方县级以上机构编制管理部门批准、经国家或地方县级以上事业单位登记管理部门登记或备案，领取《事业单位法人证书》，取得法人资格的事业单位。包括：

1. 各级党委、政府直属事业单位；

2. 中共中央、国务院直属事业单位举办的事业单位；

3. 各级人大、政协机关，监察委员会、人民法院、人民检察院和各民主党派机关举办的事业单位；

4. 各级党委部门和政府部门举办的事业单位；

5. 使用财政性经费的群众团体举办的事业单位；

6. 国有企业及其他组织利用国有资产举办的事业单位；

7. 依照法律或有关规定，应当由各级登记管理机关登记的其他事业单位。

机关法人　是指各级政党机关和国家机关。包括：

1. 县级以上各级中国共产党委员会及其所属各工作部门；

2. 县级以上各级人民代表大会机关；

3. 县级以上各级人民政府及其所属各工作部门，以及地区行政行署；

4. 县级以上各级政治协商会议机关；

5. 县级以上各级监察委员会、人民法院、检察院机关；

6. 县级以上各民主党派和工商联机关；

7. 乡、镇中国共产党委员会和人民政府。

社会团体法人　是指依据《社会团体登记管理条例》，经国家或县级以上民政部门登记注册或备案，领取《社会团体法人登记证书》的各类社会团体，以及由机构编制管理部门管理其编制的群众团体。

民办非企业单位　指企业单位、事业单位、社会团体和其他社会力量以及公民个人利用非国有资产举办的，从事非营利性社会服务的社会组织。民办非企业法人指经各级民政部门核准登记，领取《民办非企业单位登记证书》的民办非企业单位。

基金会　指民政部、省级、地级或市级民政部门核准登记的，颁发《基金会法人登记证书》的基金会。

居委会　由不设区的市、市辖区的人民政府决定设立的社区（居委会）。

村委会　由乡、民族乡、镇的人民政府提出，经村民会议讨论同意后，报县级人民政府批准，设立的村民委员会。

其他法人　是指除上述类型以外的法人。具体是指依据《中华人民共和国农民专业合作社法》及其他法律、法规成立，具备法人条件的单位。

单产业法人　是指仅包含一个产业活动单位的法人单位，称为单产业法人单位，该法人单位同时也是一个产业活动单位。

多产业法人　是指由两个及以上产业活动单位组成的法人单位，称为多产业法人单位，这些产业活动单位接受法人单位的管理和控制。

从业人员期末人数　指报告期最后一日在本单位工作，并取得工资或其他形式劳动报酬的人员数。该指标为时点指标，不包括最后一日当天及以前已经与单位解除劳动合同关系的人员，是在岗职工、劳务派遣人员及其他从业人员之和。从业人员不包括：

1. 离开本单位仍保留劳动关系，并定期领取生活费的人员；

2. 在本单位实习的各类在校学生；

3. 本单位因劳务外包而使用的人员，如：建筑业整建制使用的人员。

营业收入　指企业经营主要业务和其他业务所确认的收入总额。营业收入包括“主营业务收入”和“其他业务收入”。根据会计“利润表”中“营业收入”项目的本年累计数填报。

资产总计　指企业过去的交易或者事项形成的、由企业拥有或者控制的、预期会给企业带来经济利益的资源。资产一般按流动性（资产的变现或耗用时间长短）分为流动资产和非流动资产。其中流动资产可分为货币资金、交易性金融资产、应收票据、应收账款、预付款项、其他应收款、存货等；非流动资产可分为长期股权投资、固定资产、无形资产及其他非流动资产等。

分类规定

登记注册类型 指企业或企业产业活动单位的登记注册类型，市场监管部门对企业（单位）登记注册的类型分为以下几种：

1. 国有企业：指企业全部资产归国家所有，并按《中华人民共和国企业法人登记管理条例》规定登记注册的非公司制的经济组织。不包括有限责任公司中的国有独资公司。

2. 集体企业：指企业资产归集体所有，并按《中华人民共和国企业法人登记管理条例》规定登记注册的经济组织。

3. 股份合作企业：指以合作制为基础，由企业职工共同出资入股，吸收一定比例的社会资产投资组建，实行自主经营，自负盈亏，共同劳动，民主管理，按劳分配与按股分红相结合的一种集体经济组织。

4. 联营企业：指两个及两个以上相同或不同所有制性质的企业法人或事业单位法人，按自愿、平等、互利的原则，共同投资组成的经济组织。联营企业包括国有联营企业、集体联营企业、国有与集体联营企业和其他联营企业。

国有联营企业 指所有联营单位均为国有。

集体联营企业 指所有联营单位均为集体。

国有与集体联营企业 指联营单位既有国有也有集体。

其他联营企业 指上述三种联营企业之外的其他联营形式的企业。

5. 有限责任公司：指根据《中华人民共和国公司登记管理条例》规定登记注册，由两个以上，五十个以下的股东共同出资，每个股东以其所认缴的出资额对公司承担有限责任，公司以其全部资产对其债务承担责任的经济组织。有限责任公司包括国有独资公司以及其他有限责任公司。

国有独资公司 指国家授权的投资机构或者国家授权的部门单独投资设立的有限责任公司。

其他有限责任公司 指国有独资公司以外的其他有限责任公司。

6. 股份有限公司：指根据《中华人民共和国公司登记管理条例》规定登记注册，其全部注册资本由等额股份构成并通过发行股票筹集资本，股东以其认购的股份对公司承担有限责任，公司以其全部资产对其债务承担责任的经济组织。

7. 私营企业：指由自然人投资设立或由自然人控股，以雇佣劳动为基础的营利性经济组织。包括按照《公司法》《合伙企业法》《私营企业暂行条例》以及《个人独资企业法》规定登记注册的私营独资企业、私营合伙企业、私营有限责任公司、私营股份有限公司和个人独资企业。

私营独资企业 指按《私营企业暂行条例》的规定，由一名自然人投资经营，以雇佣劳动为基础，投资者对企业债务承担无限责任的企业。

私营合伙企业 指按《合伙企业法》或《私营企业暂行条例》的规定，由两个以上自然人按照协议共同投资、共同经营、共负盈亏，以雇佣劳动为基础，对债务承担无限责任的企业。

私营有限责任公司 指按《公司法》《私营企业暂行条例》的规定，由两个以上自然人投资或由单个自然人控股的有限责任公司。

私营股份有限公司 指按《公司法》的规定，由五个以上自然人投资，或由单个自然人控股的股份有限公司。

8. 其他企业：指上述第 1 条至第 7 条之外的其他内资经济组织。

9. 合资经营企业（港或澳、台资）：指港澳台地区投资者与内地的企业依照《中华人民共和国中外合资经营企业法》及有关法律的规定，按合同规定的比例投资设立，分享利润和分担风险的企业。

10. 合作经营企业（港或澳、台资）：指港澳台地区投资者与内地企业依照《中华人民共和国中外合作经营企业法》及有关法律的规定，依照合作合同的约定进行投资或提供条件设立，分配利润、分担风险和亏损的企业。

11. 港、澳、台商独资经营企业：指依照《中华人民共和国外资企业法》及有关法律的规定，在内地由港澳台地区投资者全额投资设立的企业。

12. 港、澳、台商投资股份有限公司：指根据国家有关规定，经商务部（原外经贸部）批准设立，并且其中港、澳、台商的股本占公司注册资本的比例达 25%以上的股份有限公司。凡其中港、澳、台商的股本占公司注册资本的比例小于 25%的，属于内资中的股份有限公司。

13. 其他港、澳、台商投资企业：指在中国境内参照《外国企业或个人在中国境内设立合伙企业管理办法》和《外商投资合伙企业登记管理规定》，依法设立的港、澳、台商投资合伙企业。

14. 中外合资经营企业：指外国企业或外国人与中国内地企业依照《中华人民共和国中外合资经营企业法》及有关法律的规定，按合同规定的比例投资设立，分享利润和分担风险的企业。

15. 中外合作经营企业：指外国企业或外国人与中国内地企业依照《中华人民共和国中外合作经营企业法》及有关法律的规定，依照合作合同的约定进行投资或提供条件设立，分配利润、分担风险和亏损的企业。

16. 外资企业：指依照《中华人民共和国外资企业法》及有关法律的规定，在中国内地由外国投资者全额投资设立的企业。

17. 外商投资股份有限公司：指根据国家有关规定，经商务部（原外经贸部）批准设立，并且其中外资的股本占公司注册资本的比例达25%以上的股份有限公司。凡其中外资股本占公司注册资本的比例小于25%的，属于内资中的股份有限公司。

18. 其他外商投资企业：指在中国境内依照《外国企业或个人在中国境内设立合伙企业管理办法》和《外商投资合伙企业登记管理规定》，依法设立的外商投资合伙企业。

企业控股情况　根据企业实收资本中某种经济成分的出资人的实际投资情况，或出资人对企业资产的实际控制、支配程度进行分类。具体分为国有控股、集体控股、私人控股、港澳台商控股、外商控股和其他六类。

国有控股　包括：（1）在企业的全部实收资本中，国有经济成分的出资人拥有的实收资本（股本）所占企业全部实收资本（股本）的比例大于50%的国有绝对控股。（2）在企业的全部实收资本中，国有经济成分的出资人拥有的实收资本（股本）所占比例虽未大于50%，但相对大于其他任何一方经济成分的出资人所占比例的国有相对控股；或者虽不大于其他经济成分，但根据协议规定拥有企业实际控制权的国有协议控股。（3）投资双方各占50%，且未明确由谁绝对控股的企业，若其中一方为国有经济成分的，一律按国有控股处理。

集体控股　包括：（1）在企业的全部实收资本中，集体经济成分的出资人拥有的实收资本（股本）所占企业全部实收资本（股本）的比例大于50%的集体绝对控股。（2）在企业的全部实收资本中，集体经济成分的出资人拥有的实收资本（股本）所占比例虽未大于50%，但相对大于其他任何一方经济成分的出资人所占比例的集体相对控股；或者虽不大于其他经济成分，但根据协议规定拥有企业实际控制权的集体协议控股。

私人控股　包括：（1）在企业的全部实收资本中，私人经济成分的出资人拥有的实收资本（股本）所占企业全部实收资本（股本）的比例大于50%的私人绝对控股。（2）在企业的全部实收资本中，私人经济成分的出资人拥有的实收资本（股本）所占比例虽未大于50%，但相对大于其他任何一方经济成分的出资人所占比例的私人相对控股；或者虽不大于其他经济成分，但根据协议规定拥有企业实际控制权的私人协议控股。

港澳台商控股　包括：（1）在企业的全部实收资本中，港澳台商经济成分的出资人拥有的实收资本（股本）所占企业全部实收资本（股本）的比例大于50%的港澳台商绝对控股。（2）在企业的全部实收资本中，港澳台商经济成分的出资人拥有的实收资本（股本）所占比例虽未大于50%，但相对大于其他任何一方经济成分的出资人所占比例的港澳台商相对控股；或者虽不大于其他经济成分，但根据协议规定拥有企业实际控制权的港澳台商协议控股。

外商控股　包括：（1）在企业的全部实收资本中，外商经济成分的出资人拥有的实收资本（股本）所占企业全部实收资本（股本）的比例大于50%的外商绝对控股。（2）在企业的全部实收资本中，外商经济成分的出资人拥有的实收资本（股本）所占比例虽未大于50%，但相对大于其他任何一方经济成分的出资人所占比例的外商相对控股；或者虽不大于其他经济成分，但根据协议规定拥有企业实际控制权的外商协议控股。

其他控股情况　除上述五类以外的企业控股情况。

统计上大中小微型企业划分办法

一、根据工业和信息化部、国家统计局、国家发展改革委、财政部《关于印发中小企业划型标准规定的通知》（工信部联企业〔2011〕300号），以《国民经济行业分类》（GB/T4754-2017）为基础，结合统计工作的实际情况，制定本办法。

二、本办法适用对象为在中华人民共和国境内依法设立的各种组织形式的法人企业或单位。个体工商户参照本办法进行划分。

三、本办法适用范围包括：农、林、牧、渔业，采矿业，制造业，电力、热力、燃气及水生产和供应业，建筑业，批发和零售业，交通运输、仓储和邮政业，住宿和餐饮业，信息传输、软件和信息技术服务业，房地产业，租赁和商务服务业，科学研究和技术服务业，水利、环境和公共设施管理业，居民服务、修理和其他服务业，文化、体育和娱乐业等15个行业门类以及社会工作行业大类。

四、本办法按照行业门类、大类、中类和组合类别，依据从业人员、营业收入、资产总额等指标或替代指标，将我国的企业划分为大型、中型、小型、微型等四种类型。具体划分标准见附表。

五、企业划分由政府综合统计部门根据统计年报每年确定一次，定报统计原则上不进行调整。

六、本办法自印发之日起执行，国家统计局2011年印发的《统计上大中小微型企业划分办法》（国统字〔2011〕75号）同时废止。

附表:

统计上大中小微型企业划分标准

行业名称	指标名称	计量单位	大型	中型	小型	微型
农、林、牧、渔业	营业收入(Y)	万元	Y≥20000	500≤Y<20000	50≤Y<500	Y<50
工业*	从业人员(X)	人	X≥1000	300≤X<1000	20≤X<300	X<20
	营业收入(Y)	万元	Y≥40000	2000≤Y<40000	300≤Y<2000	Y<300
建筑业	营业收入(Y)	万元	Y≥80000	6000≤Y<80000	300≤Y<6000	Y<300
	资产总额(Z)	万元	Z≥80000	5000≤Z<80000	300≤Z<5000	Z<300
批发业	从业人员(X)	人	X≥200	20≤X<200	5≤X<20	X<5
	营业收入(Y)	万元	Y≥40000	5000≤Y<40000	1000≤Y<5000	Y<1000
零售业	从业人员(X)	人	X≥300	50≤X<300	10≤X<50	X<10
	营业收入(Y)	万元	Y≥20000	500≤Y<20000	100≤Y<500	Y<100
交通运输业*	从业人员(X)	人	X≥1000	300≤X<1000	20≤X<300	X<20
	营业收入(Y)	万元	Y≥30000	3000≤Y<30000	200≤Y<3000	Y<200
仓储业	从业人员(X)	人	X≥200	100≤X<200	20≤X<100	X<20
	营业收入(Y)	万元	Y≥30000	1000≤Y<30000	100≤Y<1000	Y<100
邮政业	从业人员(X)	人	X≥1000	300≤X<1000	20≤X<300	X<20
	营业收入(Y)	万元	Y≥30000	2000≤Y<30000	100≤Y<2000	Y<100
住宿业	从业人员(X)	人	X≥300	100≤X<300	10≤X<100	X<10
	营业收入(Y)	万元	Y≥10000	2000≤Y<10000	100≤Y<2000	Y<100
餐饮业	从业人员(X)	人	X≥300	100≤X<300	10≤X<100	X<10
	营业收入(Y)	万元	Y≥10000	2000≤Y<10000	100≤Y<2000	Y<100
信息传输业*	从业人员(X)	人	X≥2000	100≤X<2000	10≤X<100	X<10
	营业收入(Y)	万元	Y≥100000	1000≤Y<100000	100≤Y<1000	Y<100
软件和信息技术服务业	从业人员(X)	人	X≥300	100≤X<300	10≤X<100	X<10
	营业收入(Y)	万元	Y≥10000	1000≤Y<10000	50≤Y<1000	Y<50
房地产开发经营	营业收入(Y)	万元	Y≥200000	1000≤Y<200000	100≤Y<1000	Y<100
	资产总额(Z)	万元	Z≥10000	5000≤Z<10000	2000≤Z<5000	Z<2000
物业管理	从业人员(X)	人	X≥1000	300≤X<1000	100≤X<300	X<100
	营业收入(Y)	万元	Y≥5000	1000≤Y<5000	500≤Y<1000	Y<500
租赁和商务服务业	从业人员(X)	人	X≥300	100≤X<300	10≤X<100	X<10
	资产总额(Z)	万元	Z≥120000	8000≤Z<120000	100≤Z<8000	Z<100
其他未列明行业*	从业人员(X)	人	X≥300	100≤X<300	10≤X<100	X<10

说明:

1. 大型、中型和小型企业须同时满足所列指标的下限，否则下划一档；微型企业只须满足所列指标中的一项即可。

2. 附表中各行业的范围以《国民经济行业分类》（GB/T4754-2017）为准。带*的项为行业组合类别，其中，工业包括采矿业，制造业，电力、热力、燃气及水生产和供应业；交通运输业包括道路运输业，水上运输业，航空运输业，管道运输业，多式联运和运输代理业、装卸搬运，不包括铁路运输业；仓储业包括通用仓储，低温仓储，危险品仓储，谷物、棉花等农产品仓储，中药材仓储和其他仓储业；信息传输业包括电信、广播电视和卫星传输服务，互联网和相关服务；其他未列明行业包括科学研究和技术服务业，水利、环境和公共设施管理业，居民服务、修理和其他服务业，社会工作，文化、体育和娱乐业，以及房地产中介服务，其他房地产业等，不包括自有房地产经营活动。

3. 企业划分指标以现行统计制度为准。（1）从业人员，是指期末从业人员数，没有期末从业人员数的，采用全年平均人员数代替。（2）营业收入，工业、建筑业、限额以上批发和零售业、限额以上住宿和餐饮业以及其他设置主营业务收入指标的行业，采用主营业务收入；限额以下批发与零售业企业采用商品销售额代替；限额以下住宿与餐饮业企业采用营业额代替；农、林、牧、渔业企业采用营业总收入代替；其他未设置主营业务收入的行业，采用营业收入指标。（3）资产总额，采用资产总计代替。

文化及相关产业分类(2018)

一、目的和作用

（一）为深化文化体制改革和持续推进社会主义文化强国建设提供统计保障，建立科学可行的文化及相关产业统计制度，制定本分类。

（二）本分类为反映我国文化及相关产业生产活动提供标准分类依据，为文化及相关产业统计提供统一的定义和范围，为发展文化产业、推进社会主义文化繁荣兴盛提供统计服务。

二、定义和范围

（一）定义

本分类规定的文化及相关产业是指为社会公众提供文化产品和文化相关产品的生产活动的集合。

（二）范围

根据以上定义，我国文化及相关产业的范围包括:

1.以文化为核心内容，为直接满足人们的精神需要而进行的创作、制造、传播、展示等文化产品（包括货物和服务）的生产活动。具体包括新闻信息服务、内容创作生产、创意设计服务、文化传播渠道、文化投资运营和文化娱乐休闲服务等活动。

2.为实现文化产品的生产活动所需的文化辅助生产和中介服务、文化装备生产和文化消费终端生产（包括制造和销售）等活动。

三、分类原则

（一）以《国民经济行业分类》为基础

本分类以《国民经济行业分类》(GB/T 4754-2017) 为基础，根据文化生产活动的特点，将行业分类中相关的类别重新组合，是《国民经济行业分类》的派生分类。

（二）兼顾文化管理需要和可操作性

根据我国文化体制改革和发展的实际，本分类在考虑文化生产活动特点的同时，兼顾文化主管部门管理的需要；同时立足于现行统计制度和方法，充分考虑分类的可操作性。

（三）与国际分类标准相衔接

本分类借鉴了联合国教科文组织的《文化统计框架—2009》的分类方法，在定义和覆盖范围上与其衔接。

四、分类方法

本分类采用线分类法和分层次编码方法，将文化及相关产业划分为三层，分别用阿拉伯数字编码表示。第一层为大类，用 01-09 数字表示，共有 9 个大类；第二层为中类，用 3 位数字表示，共有 43 个中类；第三层为小类，用 4 位数字表示，共有 146 个小类。

五、有关说明

(一)本分类建立了与《国民经济行业分类》(GB/T 4754-2017) 的对应关系。在本分类中，如国民经济某行业小类仅部分活动属于文化及相关产业，则在行业代码后加“*”做标识，并对属于文化生产活动的内容进行说明；如国民经济某行业小类全部纳入文化及相关产业，则小类类别名称与行业类别名称完全一致。

（二）本分类全部小类对应或包含在《国民经济行业分类》(GB/T 4754-2017) 相应的行业小类中，具体范围和说明可参见《2017 国民经济行业分类注释》。

（三）本分类 01-06 大类为文化核心领域，07-09 大类为文化相关领域。

六、文化及相关产业分类表

表 1　文化及相关产业的类别名称和行业代码

类　别　名　称	国民经济行业代码
第一部分　文化核心领域	
一、新闻信息服务	
（一）新闻服务	
新闻业	8610
（二）报纸信息服务	
报纸出版	8622
（三）广播电视信息服务	
广播	8710
电视	8720
广播电视集成播控	8740
（四）互联网信息服务	
互联网搜索服务	6421
互联网其他信息服务	6429
二、内容创作生产	
（一）出版服务	
图书出版	8621
期刊出版	8623
音像制品出版	8624
电子出版物出版	8625
数字出版	8626
其他出版业	8629
（二）广播影视节目制作	
影视节目制作	8730
录音制作	8770
（三）创作表演服务	
文艺创作与表演	8810
群众文体活动	8870
其他文化艺术业	8890
（四）数字内容服务	
动漫、游戏数字内容服务	6572
互联网游戏服务	6422
多媒体、游戏动漫和数字出版软件开发	6513*
增值电信文化服务	6319*
其他文化数字内容服务	6579*
（五）内容保存服务	
图书馆	8831
档案馆	8832
文物及非物质文化遗产保护	8840
博物馆	8850
烈士陵园、纪念馆	8860
（六）工艺美术品制造	
雕塑工艺品制造	2431
金属工艺品制造	2432
漆器工艺品制造	2433
花画工艺品制造	2434

续表 1

类　别　名　称	国民经济行业代码
天然植物纤维编织工艺品制造	2435
抽纱刺绣工艺品制造	2436
地毯、挂毯制造	2437
珠宝首饰及有关物品制造	2438
其他工艺美术及礼仪用品制造	2439
（七）艺术陶瓷制造	
陈设艺术陶瓷制造	3075
园艺陶瓷制造	3076
三、创意设计服务	
（一）广告服务	
互联网广告服务	7251
其他广告服务	7259
（二）设计服务	
建筑设计服务	7484*
工业设计服务	7491
专业设计服务	7492
四、文化传播渠道	
（一）出版物发行	
图书批发	5143
报刊批发	5144
音像制品、电子和数字出版物批发	5145
图书、报刊零售	5243
音像制品、电子和数字出版物零售	5244
图书出租	7124
音像制品出租	7125
（二）广播电视节目传输	
有线广播电视传输服务	6321
无线广播电视传输服务	6322
广播电视卫星传输服务	6331
（三）广播影视发行放映	
电影和广播电视节目发行	8750
电影放映	8760
（四）艺术表演	
艺术表演场馆	8820
（五）互联网文化娱乐平台	
互联网文化娱乐平台	6432*
（六）艺术品拍卖及代理	
艺术品、收藏品拍卖	5183
艺术品代理	5184
（七）工艺美术品销售	
首饰、工艺品及收藏品批发	5146
珠宝首饰零售	5245
工艺美术品及收藏品零售	5246
五、文化投资运营	
（一）投资与资产管理	
文化投资与资产管理	7212*

续表 2

类　别　名　称	国民经济行业代码
（二）运营管理	
文化企业总部管理	7211*
文化产业园区管理	7221*
六、文化娱乐休闲服务	
（一）娱乐服务	
歌舞厅娱乐活动	9011
电子游艺厅娱乐活动	9012
网吧活动	9013
其他室内娱乐活动	9019
游乐园	9020
其他娱乐业	9090
（二）景区游览服务	
城市公园管理	7850
名胜风景区管理	7861
森林公园管理	7862
其他游览景区管理	7869
自然遗迹保护管理	7712
动物园、水族馆管理服务	7715
植物园管理服务	7716
（三）休闲观光游览服务	
休闲观光活动	9030
观光游览航空服务	5622
第二部分　文化相关领域	
七、文化辅助生产和中介服务	
（一）文化辅助用品制造	
文化用机制纸及纸板制造	2221*
手工纸制造	2222
油墨及类似产品制造	2642
工艺美术颜料制造	2644
文化用信息化学品制造	2664
（二）印刷复制服务	
书、报刊印刷	2311
本册印制	2312
包装装潢及其他印刷	2319
装订及印刷相关服务	2320
记录媒介复制	2330
摄影扩印服务	8060
（三）版权服务	
版权和文化软件服务	7520*
（四）会议展览服务	
会议、展览及相关服务	7281-7284 7289
（五）文化经纪代理服务	
文化活动服务	9051
文化娱乐经纪人	9053
其他文化艺术经纪代理	9059
婚庆典礼服务	8070*
文化贸易代理服务	5181*

续表 3

类　别　名　称	国民经济行业代码
票务代理服务	7298
（六）文化设备（用品）出租服务	
休闲娱乐用品设备出租	7121
文化用品设备出租	7123
（七）文化科研培训服务	
社会人文科学研究	7350
学术理论社会（文化 ）团体	9521*
文化艺术培训	8393
文化艺术辅导	8399*
八、文化装备生产	
（一）印刷设备制造	
印刷专用设备制造	3542
复印和胶印设备制造	3474
（二）广播电视电影设备制造及销售	
广播电视节目制作及发射设备制造	3931
广播电视接收设备制造	3932
广播电视专用配件制造	3933
专业音响设备制造	3934
应用电视设备及其他广播电视设备制造	3939
广播影视设备批发	5178
电影机械制造	3471
（三）摄录设备制造及销售	
影视录放设备制造	3953
娱乐用智能无人飞行器制造	3963*
幻灯及投影设备制造	3472
照相机及器材制造	3473
照相器材零售	5248
（四）演艺设备制造及销售	
舞台及场地用灯制造	3873
舞台照明设备批发	5175*
（五）游乐游艺设备制造	
露天游乐场所游乐设备制造	2461
游艺用品及室内游艺器材制造	2462
其他娱乐用品制造	2469
（六）乐器制造及销售	
中乐器制造	2421
西乐器制造	2422
电子乐器制造	2423
其他乐器及零件制造	2429
乐器批发	5147
乐器零售	5247
九、文化消费终端生产	
（一）文具制造及销售	
文具制造	2411
文具用品批发	5141

续表 4

类　别　名　称	国民经济行业代码
文具用品零售	5241
（二）笔墨制造	
笔的制造	2412
墨水、墨汁制造	2414
（三）玩具制造	
玩具制造	2451-2456
	2459
（四）节庆用品制造	
焰火、鞭炮产品制造	2672
（五）信息服务终端制造及销售	
电视机制造	3951
音响设备制造	3952
可穿戴智能文化设备制造	3961*
其他智能文化消费设备制造	3969*
家用视听设备批发	5137
家用视听设备零售	5271
其他文化用品批发	5149
其他文化用品零售	5249

表 2　带“*”行业分类文化生产活动内容的说明

序号	国民经济行业分类及代码	文化及相关产业类别名称及小类代码	文化生产活动的内容
1	应用软件开发（6513*）	多媒体、游戏动漫和数字出版软件开发（0243）	包括应用软件开发中的多媒体软件、游戏动漫软件、数字出版软件开发活动。
2	其他电信服务（6319*）	增值电信文化服务（0244）	仅指固定网增值电信、移动网增值电信、其他增值电信中的文化服务，包括手机报、个性化铃音等业务服务。
3	其他数字内容服务（6579*）	其他文化数字内容服务（0245）	仅指文化宣传领域数字内容服务。
4	工程设计活动（7484*）	建筑设计服务（0321）	仅包括房屋建筑工程，体育、休闲娱乐工程，室内装饰和风景园林工程专项设计服务。
5	互联网生活服务平台（6432*）	互联网文化娱乐平台（0450）	仅包括互联网演出购票平台、娱乐应用服务平台、音视频服务平台、读书平台、艺术品鉴定拍卖平台和文化艺术平台。
6	投资与资产管理（7212*）	文化投资与资产管理（0510）	指政府主管部门转变职能后，成立的国有文化资产管理机构和文化行业管理机构的活动；文化投资活动，不包括资本市场的投资。
7	企业总部管理（7211*）	文化企业总部管理（0521）	指不具体从事对外经营业务，只负责文化企业的重大决策、资产管理，协调管理下属各机构和内部日常工作的文化企业总部的活动，其对外经营业务由下属的独立核算单位或单独核算单位承担，还包括派出机构的活动（如办事处等）。
8	园区管理服务（7221*）	文化产业园区管理（0522）	仅指非政府部门的文化产业园区管理服务。
9	机制纸及纸板制造（2221*）	文化用机制纸及纸板制造（0711）	包括未涂布印刷书写用纸制造、涂布类印刷用纸制造、感应纸及纸板制造。
10	知识产权服务（7520*）	版权和文化软件服务（0730）	版权服务包括版权代理服务，版权鉴定服务，版权咨询服务，著作权登记服务，著作权使用报酬收转服务，版权交易、版权贸易服务和其他版权服务。文化软件服务指与文化有关的软件服务，包括软件代理、软件著作权登记、软件鉴定等服务。
11	婚姻服务（8070*）	婚庆典礼服务（0754）	指婚庆礼仪服务。包括婚礼策划、组织服务，婚礼租车服务，婚礼用品出租服务，婚礼摄像服务和其他婚姻服务。
12	贸易代理（5181*）	文化贸易代理服务（0755）	包括文化用品、图书、音像、文化用家用电器和广播电视器材等国际国内贸易代理服务。
13	专业性团体（9521*）	学术理论社会（文化）团体（0772）	学术理论社会团体包括党的理论研究、史学研究、思想工作研究、社会人文科学研究等团体的服务。文化团体包括新闻、图书、报刊、音像、版权、广播、电视、电影、演员、作家、文学艺术、美术家、摄影家、文物、博物馆、图书馆、文化馆、游乐园、公园、文艺理论研究、民族文化等团体的服务。
14	其他未列明教育（8399*）	文化艺术辅导（0774）	包括美术、舞蹈、音乐、书法和武术等辅导服务。
15	智能无人飞行器制造（3963*）	娱乐用智能无人飞行器制造（0832）	指按照国家有关安全规定标准，经允许生产并主要用于娱乐的智能无人飞行器的制造。
16	电气设备批发（5175*）	舞台照明设备批发（0842）	包括各类舞台照明设备的批发。
17	可穿戴智能设备制造（3961*）	可穿戴智能文化设备制造（0953）	指由用户穿戴和控制，并且自然、持续地运行和交互的个人移动计算文化设备产品的制造。
18	其他智能消费设备制造（3969*）	其他智能文化消费设备制造（0954）	仅指虚拟现实设备制造活动。